Direito
Previdenciário

O GEN | Grupo Editorial Nacional – maior plataforma editorial brasileira no segmento científico, técnico e profissional – publica conteúdos nas áreas de concursos, ciências jurídicas, humanas, exatas, da saúde e sociais aplicadas, além de prover serviços direcionados à educação continuada.

As editoras que integram o GEN, das mais respeitadas no mercado editorial, construíram catálogos inigualáveis, com obras decisivas para a formação acadêmica e o aperfeiçoamento de várias gerações de profissionais e estudantes, tendo se tornado sinônimo de qualidade e seriedade.

A missão do GEN e dos núcleos de conteúdo que o compõem é prover a melhor informação científica e distribuí-la de maneira flexível e conveniente, a preços justos, gerando benefícios e servindo a autores, docentes, livreiros, funcionários, colaboradores e acionistas.

Nosso comportamento ético incondicional e nossa responsabilidade social e ambiental são reforçados pela natureza educacional de nossa atividade e dão sustentabilidade ao crescimento contínuo e à rentabilidade do grupo.

Marcela Carvalho **Bocayuva**

COORDENAÇÃO
Renee do Ó **Souza**

Direito
Previdenciário

- A autora deste livro e a editora empenharam seus melhores esforços para assegurar que as informações e os procedimentos apresentados no texto estejam em acordo com os padrões aceitos à época da publicação, e todos os dados foram atualizados pela autora até a data de fechamento do livro. Entretanto, tendo em conta a evolução das ciências, as atualizações legislativas, as mudanças regulamentares governamentais e o constante fluxo de novas informações sobre os temas que constam do livro, recomendamos enfaticamente que os leitores consultem sempre outras fontes fidedignas, de modo a se certificarem de que as informações contidas no texto estão corretas e de que não houve alterações nas recomendações ou na legislação regulamentadora.
- Fechamento desta edição: *27.07.2022*
- A autora e a editora se empenharam para citar adequadamente e dar o devido crédito a todos os detentores de direitos autorais de qualquer material utilizado neste livro, dispondo-se a possíveis acertos posteriores caso, inadvertida e involuntariamente, a identificação de algum deles tenha sido omitida.
- **Atendimento ao cliente: (11) 5080-0751 | faleconosco@grupogen.com.br**
- Direitos exclusivos para a língua portuguesa
  Copyright © 2022 by
  Editora Forense Ltda.
  Uma editora integrante do GEN | Grupo Editorial Nacional
  Travessa do Ouvidor, 11 – Térreo e 6º andar
  Rio de Janeiro – RJ – 20040-040
  www.grupogen.com.br
- Reservados todos os direitos. É proibida a duplicação ou reprodução deste volume, no todo ou em parte, em quaisquer formas ou por quaisquer meios (eletrônico, mecânico, gravação, fotocópia, distribuição pela Internet ou outros), sem permissão, por escrito, da Editora Forense Ltda.
- Capa: Bruno Sales Zorzetto
- **CIP – BRASIL. CATALOGAÇÃO NA PUBLICAÇÃO.**
  SINDICATO NACIONAL DOS EDITORES DE LIVROS, RJ.

  B642d

  Bocayuva, Marcela Carvalho
  Direito previdenciário / Marcela Carvalho Bocayuva; coordenação Renee do Ó Souza. – 1. ed. – Rio de Janeiro: Método, 2022.
  400 p.; 21 cm.   (Método essencial)

  Inclui bibliografia
  ISBN 978-65-5964-467-4

  1. Previdência social – Legislação – Brasil. 2. Serviço público – Brasil – Concursos. I. Souza, Renee do Ó. II. Título. III. Série.

  22-79219   CDU: 349.3(81)

  Gabriela Farray Ferreira Lopes – Bibliotecária – CRB-7/6643

Agradecimentos

A Deus por me permitir o dom da vida diariamente. Ao Fernando, Luís Felipe, Luiz Gustavo e Melba, por todo o apoio incondicional e a todos os amigos e profissionais que direta ou indiretamente me auxiliam nessa jornada diária que tenho imenso prazer de viver.

Lista de siglas

AFO	Administração Financeira e Orçamentária
AFP	Administradoras de Fundos de Pensões
ANFIP	Associação Nacional dos Auditores Fiscais da Receita Federal
Bacen	Banco Central do Brasil
BEPS	Boletim Estatístico da Previdência Social
CAPs	Caixas de Aposentadorias e Pensões
CF/1988	Constituição Federal de 1988
CJF	Conselho da Justiça Federal
CLT	Consolidação das Leis do Trabalho
CNJ	Conselho Nacional de Justiça
CNP	Conselho Nacional da Previdência
CNSS	Conselho Nacional de Seguridade Social
Cofins	Contribuições para o Financiamento da Seguridade Social
CPMF	Contribuição Provisória sobre Movimentação Financeira
CRP	Conselho de Recursos da Previdência
CSLL	Contribuição Social sobre o Lucro Líquido
Dataprev	Empresa de Processamento de Dados da Previdência Social
DBA	Departamento de Benefícios Assistenciais

DRU	Desvinculação de Receitas da União
EAPC	Entidade Aberta de Previdência Complementar
EC	Emenda Constitucional
EFPC	Entidade Fechada de Previdência Complementar
FAT	Fundo de Amparo ao Trabalhador
FET	Fundo de Estabilização Fiscal
FIES	Fundo de Incentivo ao Ensino Superior
FMI	Fundo Monetário Internacional
FNAS	Fundo Nacional de Assistência Social
FNPS	Fórum Nacional sobre Previdência Social
FNS	Fundo Nacional de Saúde
FRGPS	Fundo do Regime Geral de Previdência Social
FS	Fundo Social
Funrural	Fundo de Assistência e Previdência do Trabalhador Rural
Iapas	Instituto de Administração Financeira da Previdência Social
IAPs	Institutos de Aposentadorias e Pensões
IBGE	Instituto Brasileiro de Geografia e Estatística
INAMPS	Instituto Nacional de Assistência Médica da Previdência Social
INPS	Instituto Nacional da Previdência Social
INSS	Instituto Nacional do Seguro Social
Ipea	Instituto de Pesquisas Econômicas Aplicadas
IPI	Imposto sobre Produtos Industrializados
LC	Lei Complementar

LDO	Lei de Diretrizes Orçamentárias
LOA	Lei Orçamentária Anual
LOAS	Lei Orgânica de Assistência Social
LOPS	Lei Orgânica da Previdência Social
LRF	Lei de Responsabilidade Fiscal
MDSA	Ministério do Desenvolvimento Social e Agrário
MDS	Ministério do Desenvolvimento Social e Combate à Fome
MEI	Programa do Microempreendedor
MNPR	Movimento Nacional de População de Rua
MP	Medida Provisória
MPAS	Ministério da Previdência e Assistência Social
MPS	Ministério da Previdência Social
MST	Movimento dos Trabalhadores Rurais Sem Terra
MTE	Ministério do Trabalho e Emprego
MTP	Ministério do Trabalho e Previdência
NAP	Núcleo de Avaliação de Políticas
NCST	Nova Central Sindical do Brasil
OCDE	Organização para Cooperação do Desenvolvimento Econômico
OGMO	Órgão Gestor de Mão de Obra
OIT	Organização Internacional do Trabalho
OMC	Organização Mundial do Comércio
PBF	Programa Bolsa Família
PEC	Proposta de Emenda à Constituição
PFM	*Pension Fund Managing Corporation*

PIB	Produto Interno Bruto
PIS	Programa de Integração Social
PNAD	Pesquisa Nacional por Amostra de Domicílio
PNUD	Programa das Nações Unidas para o Desenvolvimento
Prorural	Programa de Assistência ao Trabalhador Rural
PRPF	Produtor Rural Pessoa Física
RPS	Regulamento da Previdência Social
RPPS	Regime Próprio de Previdência Social
RPV	Requisição de Pequeno Valor
SAT	Seguro Acidente de Trabalho
SIES	Sistema Nacional de Informações em Economia Solidária
Sinpas	Sistema Nacional de Previdência e Assistência Social
SNC	Sociedade em Nome Coletivo
SNAS	Secretaria Nacional de Assistência Social
SPS	Secretaria de Previdência Social
SRFB	Secretaria da Receita Federal do Brasil
SUAS	Sistema Único de Assistência Social
SUS	Sistema Único de Saúde
SUSEP	Superintendência de Seguros Privados
TNUJEF	Turma Nacional de Uniformização dos Juizados Especiais Federais
TRE	Tribunal Regional Eleitoral
TSE	Tribunal Superior Eleitoral

Sumário

Capítulo 1
Introdução ao Direito Previdenciário 1

1.1 A construção da ideia de seguridade social 4
1.2 A construção da ideia de seguridade social no Brasil 22
1.3 As reformas da seguridade social no plano internacional.. 26
1.4 As reformas no sistema da seguridade social no Brasil..... 35
1.5 A evolução da seguridade social 45
1.6 A evolução da proteção social no Brasil 49
1.7 A proteção do risco social 59
1.8 Previdência social no Brasil 61
1.9 A competência legislativa em matéria de seguridade social e previdência social 63

Capítulo 2
Princípios gerais da seguridade social 65

2.1 Princípio da solidariedade 65
2.2 Princípio da universalidade da cobertura 66
2.3 Princípio da irredutibilidade do valor dos benefícios 67
2.4 Princípio da universalidade de participação nos planos previdenciários 70
2.5 Princípio da uniformidade e equivalência dos benefícios e serviços às populações urbanas e rurais 70
2.6 Princípio da seletividade e distributividade na prestação dos benefícios e serviços 71
2.7 Princípio do caráter democrático e descentralizado da gestão do sistema 72
2.8 Princípio da vedação do retrocesso social....................... 73
2.9 Princípio da filiação obrigatória 77
2.10 Princípio do caráter contributivo...................................... 78

2.11 Princípio da facultatividade da previdência complementar.. 80
2.12 Princípio da indisponibilidade dos benefícios previdenciários.. 81

Capítulo 3
O financiamento da seguridade social................................ 85
3.1 Custeio da seguridade social... 88

Capítulo 4
Os regimes previdenciários.. 95
4.1 Regime Geral da Previdência Social....................................... 95
4.2 Regimes de previdência de agentes públicos ocupantes de cargos efetivos e vitalícios... 99
4.3 Regime previdenciário complementar.................................. 100
4.4 Regime dos militares das Forças Armadas........................... 104
    4.4.1 Inatividade remunerada e pensões militares à luz da EC nº 103/2019 105
4.5 Da classificação dos regimes previdenciários...................... 105
4.6 Regime complementar de Previdência Social 106
4.7 Previsão constitucional 107
4.8 Lei Complementar nº 109/2001 110
4.9 Tipos de entidades 112
    4.9.1 Entidades Fechadas de Previdência Complementar.... 112
    4.9.2 Entidades Abertas de Previdência Complementar 118
4.10 Planos de benefícios.. 120
4.11 Planos de benefícios de Entidades Fechadas de Previdência Complementar... 124
4.12 Planos de benefícios das Entidades Abertas de Previdência Complementar... 130
4.13 Fiscalização.. 133
4.14 Intervenção na entidade de previdência complementar .. 135
4.15 Liquidação extrajudicial 136
4.16 Disposições especiais sobre a intervenção e a liquidação extrajudicial 140
4.17 Regime disciplinar 145

4.18 Disposições gerais da Lei Complementar nº 109/2001.... 148
4.19 Planos de benefícios 150
4.20 Custeio 151
4.21 Entidades de previdência complementar patrocinadas pela Administração Pública 151
4.22 Conselho Deliberativo 152
4.23 Conselho Fiscal 154
4.24 Diretoria Executiva 156
4.25 Fiscalização 158

Capítulo 5

Segurados do Regime Geral da Previdência Social.......... 161

5.1 O empregado 162
5.2 Empregado doméstico 175
5.3 Contribuinte individual 177
5.4 Trabalhador avulso 195
5.5 Segurado especial 198
5.6 Manutenção da qualidade de segurado especial 210
5.7 Perda da qualidade de segurado especial 212
5.8 O segurado facultativo do Regime Geral de Previdência Social (RGPS) 214
5.9 O período de carência 223
5.10 A manutenção e a perda da qualidade de segurado do RGPS 235
5.11 A situação do servidor público perante o RGPS 243

Capítulo 6

Benefícios previdenciários e assistenciais 247

6.1 Aposentadoria por invalidez 248
6.2 Aposentadoria por incapacidade permanente 252
6.3 Casos de extinção da aposentadoria por incapacidade permanente 253
6.4 Acréscimo de 25% no salário da aposentadoria por incapacidade permanente 257
6.5 Aposentadoria por tempo de contribuição 259
6.6 A Reforma da Previdência e a extinção da aposentadoria por tempo de contribuição 261

6.7 Aposentadoria do professor 262
6.8 Aposentadoria do professor com o advento da EC nº 103/2019 271
6.9 Aposentadoria especial 276
6.10 Aposentadoria compulsória 284
6.11 Aposentadoria por idade (aposentadoria programada) 285
6.12 Regras de transição 289
    6.12.1 Regra de transição por pontos 289
    6.12.2 Regra de transição por tempo de contribuição + idade mínima 290
    6.12.3 Regra de transição por pedágio de 50% 291
    6.12.4 Regra de transição por pedágio de 100% 292
6.13 Aposentadoria por idade do trabalhador rural 293
6.14 Aposentadoria por idade híbrida 296
6.15 Aposentadoria da pessoa com deficiência 298
6.16 Auxílio-doença (benefício por incapacidade temporária) .. 299
6.17 O salário-família 314
6.18 Salário-maternidade 319
6.19 Auxílio-acidente 321
6.20 Pensão por morte 322
6.21 O auxílio-reclusão 333
6.22 Reabilitação profissional 334
6.23 O serviço social 334
6.24 Revisão da Vida Toda – Tema 1102 do Supremo Tribunal Federal 335
6.25 Assistência social 336

Capítulo 7

As conquistas dos direitos sociais 343

7.1 A assimetria de informação 344
7.2 A judicialização como obstáculo para concessão dos benefícios previdenciários e assistenciais 347
    7.2.1 O congestionamento da estrutura judiciária para demandas assistenciais e previdenciárias 348
    7.2.2 Impacto na quantidade de processos judiciais 350
    7.2.3 Impacto financeiro na estrutura e despesas dos órgãos envolvidos 354

7.3 Os desafios para concessão de benefícios do INSS: análise entre os números de concessões administrativas e judiciais.. 357
7.4 Desjudicialização e debate institucional 362
7.5 A necessidade de informação ao cidadão como incentivo à eficiência estatal 364
7.6 A informação e a desburocratização para o acesso à previdência social como instrumento de redução de desigualdade e afirmação de cidadania............................ 366

Referências 373

1

Introdução ao Direito Previdenciário

O conceito de seguridade social importa para a visão do presente e do futuro, até porque se faz necessário observar que alguns elementos históricos incentivaram as escolhas atuais, que, por sua vez, são moldadas pelo que existiu anteriormente. No que se refere à verdadeira efetivação dos direitos sociais, que começa pelas reformas e vai até a relação institucional entre Estado e o próprio cidadão, é preciso esclarecer o que são, para que servem e como funcionam as instituições jurídicas e, assim, compreender os problemas sociais que delas emergem, as tensões que à volta delas são geradas, o peso relativo dos grupos sociais nelas comprometidos e os valores sociais dominantes.

Rara é a norma jurídica que resolve uma questão puramente técnica. Quase todas elas abordam problemas políticos – como se vê nas imensas discussões sobre a reforma da previdência, por exemplo. As consequências são agendas sociais que envolvem decisões meramente políticas. Isso se deve considerar para avaliar o impacto social, apreciar a efetividade, a aplicabilidade e o alcance de cada regramento.

Dito isso, a evolução da seguridade social e sua verdadeira eficiência deve ser atrelada à compreensão da expressão "proteção social", que pode ser definida como garantia contra infortúnios advindos de determinadas situações de vulnerabilidade e risco. Tal proteção é expressa por mecanismos, criados pela sociedade no decorrer do tempo para atender à proteção do ser humano em situações como doença, idade avançada, acidente, reclusão, maternidade, entre diversas outras que impeçam o seu próprio sustento.

A seguridade social é abordada de maneira heterogênea por diversos autores, de modo que não há um consenso específico sobre sua origem. Não obstante, alguns acontecimentos históricos foram imprescindíveis para desenvolver valores de igualdade, solidariedade e a consequente ideia de seguridade e previdência.

Quanto às políticas sociais, parte dos maiores movimentos de massa na defesa da proteção social começaram a surgir no final do século XIX, momento pós-Segunda Guerra Mundial. Tal período foi marcado pela solidificação do Estado social *versus* trabalho.

Naquele momento da história, a sociedade sedimentava os valores da liberdade, da igualdade e da solidariedade. No decorrer dessa transição, firmou-se a concepção do princípio da dignidade da pessoa humana. Consubstanciou-se, portanto, valores fundamentais – liberdade e igualdade – e a solidariedade, que ganhou notoriedade no século XX, como fundamento dos direitos metaindividuais e dos direitos sociais; os quais, a partir de então, simbolizaram o começo dos direitos sociais prestacionais e direitos previdenciários.

No Brasil, ao tempo em que ocorreram avanços na legislação social e desenvolvimento do país, houve retrocesso em razão dos direitos adquiridos, tendo como base os fundamentos neoliberais. Inevitavelmente, essa descentralização do Estado em relação à seguridade social evidencia a tentativa constante de desmonte da seguridade social, que inclui a previdência e que, após inúmeras reformas, não consegue firmar-se conforme preconiza a Constituição Federal de 1988 (CF/1988).

Para melhor compreensão da evolução da seguridade social até as recentes diretrizes sociais liberais, demonstrar-se-á a realidade entre a breve contextualização da seguridade social em paralelo com os direitos destituídos.

Direito Previdenciário: é o ramo do direito público que estuda a organização e o funcionamento das regras de custeio e os benefícios do regime de seguro social. A partir da evolução do Direito Constitucional, o constituinte originário de 1988 implementou a seguridade social em capítulo próprio, entre os arts. 194 e 204, o que importa à comunidade como um todo a garantia da segurança social.

Seguridade Social: a formação de um sistema de proteção social no Brasil, a exemplo do que se verificou na Europa, se deu por um lento processo de reconhecimento da necessidade de que o Estado intervenha para suprir deficiências da liberdade absoluta[1] – postulado fundamental do liberalismo clássico – partindo do assistencialismo para o Seguro Social, e deste para a formação da Seguridade Social.

---

[1] "A sociedade, no seio da qual o indivíduo vive, e que por razões de conveniência geral, lhe exige a renúncia de uma parcela de liberdade, não poderá deixar de compensá-lo da perda que sofre, com a atribuição da desejada segurança". (COIMBRA, J. R. F. *Direito previdenciário brasileiro*. Rio de Janeiro: Ed. Trabalhistas, 2001.)

1.1 A construção da ideia de seguridade social

O Estado do bem-estar social começou a ganhar corpo quando o Poder Público assumiu responsabilidades com o indivíduo, em especial aqueles mais pródigos, que necessitam de tutela estatal para efetivação da proteção de seu risco social.

Assim surgiu a ideia contributiva, que existe desde o aparecimento das primeiras organizações de supostas previdências, em que cada um depositava um valor que serviria para que futuramente um determinado membro daquele grupo pudesse ser beneficiado com auxílio, caso acontecesse eventual dano.

Tome-se como exemplo os cortadores de pedras do Baixo Egito, em torno de 1400 a.C. (PEYRELEVADE, 2000, p. 226), que mantinham um fundo em caso de acidente. O mesmo fenômeno ocorreu, de acordo com Teofrastes, na Grécia, no seio das *hetairiai* (companhias), cujos membros, os *hetairioi* (companheiros), estavam unidos por fortes laços de família e religiosidade (CONSEIL D'ÉTAT DA FRANÇA, 2006, p. 14). Além, ainda, do *theôrikon*, fundo público financiado com imposto destinado a assegurar um mínimo de suporte aos pobres, encarregado de suprir as necessidades de uma parte crescente da população e para que pudesse comprar seus lugares nos espetáculos de teatro.

Muito embora o início da proteção social estivesse vinculado aos movimentos revolucionários, antes disso, por volta do ano de 1600, surgiu a Lei dos Pobres – *Poor Relief Act* –, em que ocorreu uma tímida manifestação estatal quanto à proteção social. Era um mecanismo inglês de proteção social às pessoas carentes e necessitadas. Deveras, não era um mecanismo previdenciário, e sim um mecanismo assistencial, em que eram garantidos direitos humanos básicos para as pessoas que não possuíam condições financeiras (HUMPHREYS, 2001, p. 6).

A Revolução Industrial também teve um papel significativo na evolução da proteção do risco social, uma vez que trouxe a ideia de indenização de danos advindos de atividades públicas não culposas (CONSEIL D'ÉTAT DA FRANÇA, 2006, p. 9). Ou seja, o Estado já tinha a ideia de ser o responsável pela cobertura dos riscos sociais.

Até meados do século XIX, a proteção social se dava pela caritativa individual, isto é, era ofertada ao desabastado por sua própria família, sem o auxílio do Estado. Além do auxílio da caricatura individual, era possível notar o mecanismo protetivo de assistência voluntária, quando pessoas estranhas à família auxiliavam os necessitados.

O primeiro tipo de proteção social a que se faz referência é o tipo liberal, no qual há preeminência da assistência aos pobres enquanto uma preocupação do Estado. À vista disso, o Estado dá assistência e o mercado providencia o restante (ANDRADE, 2003, p. 18).

A ideia coletiva de proteção social decorre de vários acontecimentos históricos que serão expostos amiúde. O ponto crucial é considerar que há uma função social do Estado na proteção dos direitos sociais, por natureza considerados fundamentais, como mostra Gough (2003).[2]

---

[2] "(...) el Estado del Bienstar engloba uma actitud racional que también se opone a la del mercado. Em algún sentido actúa para 'satisfazer las necesidades' y extender los derechos y haciendolo así, contradice los simples requerimientos directos del sistema de economia capitalista. (...) esta e, pue, la razón por la que nosotros caracterizamos el Estado del Bienstar como um fenômeno contradictório". (GOUGH, Ian. Capital global, necesidades básicas y políticas sociales. Tradução de Valéria Durán y Hermán Seiguer. Buenos Aires: Miño y Dávila/Ciepp, 2003.)

É inevitável associar o início do Estado social com os movimentos revolucionários que ocorreram na Europa no século XIX, assim aponta Pizón (1998),[3] uma vez que os movimentos sociais reivindicavam educação, melhores condições de trabalho e melhores condições de vida.

Ainda, em meados do século XIX, ocorreu a necessidade de reavaliar a condição humana de trabalho. Desse modo, surgiram os movimentos reivindicatórios, que influenciaram diretamente o início da reflexão acerca dos problemas sociais, das doenças em razão do trabalho e, ainda, sobre a pobreza.

Com esse crescimento da proteção dos direitos sociais, a maioria dos países europeus adotou a proteção do risco como política social. A intervenção do Estado se baseou na integração dos trabalhadores ao sistema produtivo e, ao mesmo tempo, na preocupação com os conflitos sociais decorrentes dos efeitos devastadores da massificação do mercado de trabalho sem a contraprestação de uma mínima proteção.

Posteriormente, a seguridade pôde ser observada desde que o Estado desempenhou um papel mais solidário, as organizações passaram a desempenhar função política, social e, alternativamente, o Estado usou as organizações para construir um sistema político e facilitar sua aceitação, lançado pelos movimentos trabalhistas e pela união dos empregadores.

A administração da seguridade social não era uma ideia inteiramente nova, pois os seguros sociais pré-guerra incorporaram certas inovações já iniciadas anteriormente. O que era

---

[3.] *"En efecto, hay que señalar las fechas de 1848 y 1871 con los movimientos sociales e revolucionarios que surgieron como unas fechas clave en el origen del Estado social pues las reivindicaciones sociales y políticas que los impulsó apuntan a un modelo estatal bien distinto del estado liberal existente: sufragio universal, educación, mejores condiciones de vida, derecho al trabajo, etc.".* (PIZÓN, José Martinez. *Políticas de Bienestar*: um estúdio sobre los derechos sociales. Madrid: Tecnos, 1998, p. 33.)

novo era o caráter unificado e obrigatório da previdência social. Isso significava dizer que o Estado teve um papel de destaque. A seguridade poderia ser (e de fato foi) apresentada pelo Estado como progresso para os trabalhadores e poderia ser usada como um instrumento para manter o desenvolvimento da sociedade e melhorar a paz social no período pós-guerra.

Essa mudança foi mais eficaz à medida que as organizações sociais foram capazes de desempenhar um papel no sistema de seguridade. As organizações agiam como intermediadoras entre Estado, trabalhadores e empregadores. Outra razão para o envolvimento contínuo das organizações sociais era ligada à própria origem dos seguros sociais, porquanto aquelas organizações não estavam preparadas para desistir do poder político que elas próprias construíram.

O fato de o Estado cooperar estreitamente com essas organizações também era uma questão de evitar conflitos políticos. A seguridade social, portanto, contribuiu para a modernização e a democratização do Estado, uma vez que houve a mudança para o Estado social com a intensa participação das organizações que, consequentemente, era uma forma de democratização e participação.

Para entender as recentes discussões, é preciso explicar o que permitiu o aperfeiçoamento para a proteção ao risco e a sua construção histórica. Tal estudo trará uma análise mais objetiva das recentes crises.

Alguns autores, como Touchard (1961), indicam fases evolutivas da proteção social para o trabalhador; as mais importantes delas são: a) experimental; b) de consolidação; c) de expansão; e, finalmente, d) de redefinição, que tem início na década de 1980 e se encontra em curso (CRUZ, 2001, p. 219). Apesar das definições teóricas da evolução da proteção social descritas por inúmeros autores, pretende-se ilustrar, no tópico que segue, o formato geral do resultado da evolução histórica do tema e como se deu sua construção.

A primeira fase da evolução da proteção social é a experimental. A abordagem dessa fase remete à Revolução Industrial. Não obstante, como já mencionado, por volta do ano de 1600, já existia a Lei dos Pobres – *Poor Relief Act* –, que consistia numa breve manifestação estatal quanto à proteção social aos pobres e aos necessitados.

Nela, a situação de guerra foi fator preponderante para a organização dos regimes solidários, pois, na França, por exemplo, a lei dos dias 3 a 22 de abril de 1790 determinava que o soldado ferido era credor de alguma possível indenização (CONSEIL D'ÉTAT DA FRANÇA, 2006, p. 19). No ano de 1762, surge a primeira manifestação de seguro de vida, com a fundação em Londres, da primeira companhia de seguros de vida dentro de bases científicas.

Pode-se notar alguns dispositivos franceses nessa fase experimental, como a Lei de 11 de agosto de 1792 (BAECQUE; VIGNAUD, 1947, p. 612), que dispunha de auxílio assistencial para as vítimas civis de guerra, ou seja, já havia uma previsão, ainda que tímida, de uma responsabilidade nacional do Estado.

Em 1835, surgiram os chamados montepios, instituições organizadas de modo que cada membro realizava pagamento de sua cota-parte. Com o pagamento dessas cotas, os membros adquiriam o direito, por ocasião de seu falecimento, de deixar pensão pecuniária para uma pessoa de sua escolha (esposa e/ou filhos, geralmente). Esse instituto foi o precursor da pensão por morte.

Em 1849, surgiram empresas que se dedicavam à instituição de seguros populares, destinados à classe trabalhadora

(ROCHA, 2004, p. 28). A partir dos meados da década de 1880, iniciaram-se intensos debates sobre acidentes de trabalho. Nessa mesma época, na França, ocorreram debates e diversas propostas no parlamento para cobertura do risco social e do risco profissional (CONSEIL D'ÉTAT DA FRANÇA, 2006, p. 26).

A Lei de Bismark, surgida no ano de 1883, considerada o primeiro grande marco previdenciário, instituiu a proteção dos acidentes de trabalho e os benefícios em decorrência de invalidez.

A Constituição do México, de 1917, também pode ser considerada um marco para evolução da proteção social, porquanto positivou a expressão "Previdência Social". A referida Constituição foi a primeira a relacionar e sistematizar um conjunto de direitos sociais. Isso foi um claro reflexo da evolução do Estado Liberal para o Estado Social (*Welfare State*).

No ano de 1919, destaca-se a Constituição de Weimar, que vigeu na curta república de Weimar da Alemanha (1919-1933). A Alemanha, um dos berços da Previdência Social, portanto, seguiu os passos da Constituição do México e abarcou o tema em seu texto constitucional.

No que concerne à República de Weimar, é inevitável citar o chanceler alemão Bismark, o qual desencadeou uma norma jurídica que demandava seguro-doença, aposentadoria e proteção a vítimas de acidentes de trabalho em favor dos trabalhadores industriais. Esse seguro era patrocinado pelo próprio trabalhador e por seu empregador, que deveriam contribuir para o Estado.

A previdência social estava mudando de paradigma, pois a sua prioridade era o pleno emprego, consequentemente, uma alternativa ao seguro-desemprego. O sistema daquele período deu prioridade à política de emprego e ao seguro obrigatório de desemprego para lidar com o problema do próprio desemprego. Parecia uma retórica redundante e todo esse cenário gerou instabilidade social e política na Europa por volta da década de 1930.

Na França e na Bélgica, a comissão Van Rhijn defendeu um sistema integrado de seguros sociais e uma organização mais racional. Entendida como a própria seguridade social, a segurança social cobriria todos os cidadãos, enquanto os seguros sociais eram patrocinados pelos empregadores e pelos empregados; estava implícita, tinha um papel mais importante para o Estado e era tida como emanação da comunidade nacional.

O trabalho dessa comissão foi inspirado no relatório Beveridge, cuja publicação foi o motivo para o governo holandês, naquele momento de exílio, instalar a comissão Van Rhijn. Isso implicou um novo sistema de seguridade social.

Em 1935, instituiu-se, nos Estados Unidos, o *Social Security Act*, um sistema previdenciário nacional, como disposto na lei sancionada pelo presidente dos Estados Unidos à época, Franklin Roosevelt. O movimento foi impulsionado pelo próprio presidente de então, ao instituir a política do *new deal*, com forte intervenção no domínio econômico e injeção de recursos orçamentários (CRUZ, 2001, p. 228). Aqui se encerra o primeiro marco da proteção social. Sem dúvidas, até a atualidade a segurança social possui traços dessa primeira lei americana, especialmente no que se refere às formulações de políticas públicas, ainda que de forma simbólica.

Ao analisar a possível fase de consolidação e a própria efetivação dos direitos sociais, volta-se o olhar para Europa, pois, por meio daquela experiência, é possível investigar o funcionamento das instituições na conquista dos direitos sociais. E, naquele momento, as próprias nações europeias passaram a ter um estado social democrático, um estado de espírito democrático sem ter, em contrapartida, as instituições correspondentes.

Ora, por falta dessas instituições, tradições políticas ou religiosas serviram de contrapeso à democracia. Eis porque essa história se caracteriza pelo silêncio de povos passivos e desmoralizados, diante de governos fortes e organizados, prelúdio de uma situação comparável ao fim da República romana (TOCQUEVILLE, 1977, p. 3).

A fase de expansão é instaurada a partir do período pós--Segunda Guerra Mundial, com a ideia de crescimento econômico. Em 1942, surge o Plano Beveridge, na Inglaterra, que reformulou por completo o sistema previdenciário britânico. Como se falava à época, os britânicos estariam protegidos do berço ao túmulo. Foi considerada uma evolução do sistema bismarckiano, pois universalizou a noção de seguridade social e abrangeu todos os indivíduos com participação compulsória de toda a população e com a noção de que a seguridade social é "o desenvolvimento harmônico dos economicamente débeis" (MORAES, 1993, p. 51).

O Plano Beveridge instituiu a ideia do sistema de repartição, de maneira que a sociedade na ativa contribuía para o pagamento dos benefícios do grupo em inatividade. E, posteriormente, em caso de infortúnio previsto na legislação, as prestações seriam retiradas do fundo.

Segundo Afonso e Fernandes (2015, p. 23), é preciso assinalar que:

> (...) um sistema previdenciário, cuja característica mais relevante seja a de funcionar como um seguro social, pode

ser designado como Bismarckiano. Um sistema que enfatize funções redistributivas, objetivando também a redução da pobreza, pode ser qualificado por Beveridgeano.

Para Marshall (1967), os Estados tinham uma posição de aquiescência quanto à atuação em prol dos direitos sociais, agora tido como responsável pelo bem-estar da coletividade e não só do amparo aos indigentes. Na Bélgica e na França, no período pós-Segunda Guerra Mundial, um sistema de seguridade social abrangente e obrigatório era uma das inovações trazidas. Era um elemento de um novo começo e parte de uma ampla reforma do regime social e econômico que viria com a libertação. Esse projeto foi apresentado como uma inovação fundamental, uma resposta e uma solução para a lacuna social entre trabalho e negócios e um meio de impedir a luta de classes na libertação.

O objetivo implícito ou explícito de um sistema de seguridade social ou, alternativamente, um sistema de pleno emprego, como na Holanda, era manter a paz social e evitar distúrbios sociais no final da guerra.

Na Bélgica, o Decreto-lei, de 28 de dezembro de 1944, introduziu um sistema de seguridade para trabalhadores assalariados no setor privado. Na França, o sistema tinha cobertura de doenças, prestações infantis, pensões e acidentes de trabalho, tal implementação foi aprovada em 4 de outubro de 1945.

Inevitavelmente, houve diferenças entre os três países, que podem ser explicadas pelo impacto dos modelos dos seguros sociais e suas relações, pela situação dos sistemas pré-guerra, pelas iniciativas políticas de reforma não alcançadas, pelos debates políticos sobre proteção social e, finalmente, pelos objetivos dos atores da reforma e o equilíbrio político e social do poder na libertação, conforme se vê a seguir.

Em abril de 1944, líderes das organizações e dos sindicatos de empregadores belgas pré-guerra, juntamente com altos funcionários públicos, chegaram a um acordo: o Pacto Social. Tratava-se de um sistema para trabalhadores assalariados do setor privado. No programa francês *commun de la résistance* – o programa da resistência para o período pós-guerra –, a segurança social foi mencionada como um dos blocos de construção para uma nova França após a libertação, mas, ao contrário da Bélgica, não foi desenvolvida em detalhes.

Idealmente, a seguridade deveria incluir todos os cidadãos. Contudo, a seguridade social francesa de 1945 introduziu um sistema obrigatório aos assalariados, com a perspectiva de serem posteriormente estendidos a toda a população.

Ao contrário da Bélgica, o desemprego não fazia parte da seguridade: o seguro-desemprego foi integrado em 1959, apenas para o sistema francês, embora os acidentes de trabalho, à época conhecidos como acidentes industriais, tenham se tornado um componente da previdência social em 1945, enquanto na Bélgica esse setor permaneceu com o setor privado, financiado pelas seguradoras como havia sido desde 1903.

No entanto, a mudança dos seguros sociais para a seguridade social foi um processo mais gradual, concluído apenas na década de 1950, levando a um sistema que incluía mais cidadãos do que apenas os trabalhadores assalariados do setor privado na Bélgica e na França (JOOP M.; HERTOGH, 1998, p. 173-191).

A seguridade social era uma fórmula geral, mas, em contraste com a política social, o pacto incluía todos os cidadãos. Na holandesa *Stichting van de arbeid* (Fundação do Trabalho), líderes dos sindicatos e organizações de empregadores fizeram um plano para a política social no período imediato do pós-guerra. A geração de emprego foi um dos principais objetivos da política social e econômica durante aqueles anos.

No início do século XX, tanto a Inglaterra como outros países centrais procuraram mudar seus métodos de tratamento da pobreza e impulsionaram medidas de política social em direção ao seguro social (ARAÚJO, 2004).

A própria história, desde a Declaração dos Direitos do Homem e do Cidadão, traz exemplos de responsabilização coletiva de danos. Por exemplo, a solidariedade, que esteve presente no preâmbulo da Constituição Francesa de 1946: "a nação proclama a solidariedade e a igualdade de todos os franceses perante os encargos resultantes de calamidades nacionais" (CONSEIL D'ÉTAT DA FRANÇA, 2006, p. 10), justamente pela previsibilidade da socialização do risco e a mensuração de possíveis consequências danosas advindas dele, uma vez que as vítimas não possuíam mecanismos para uma visão previdente e preventiva de possíveis danos.

Por volta dos anos 1950, as organizações atuavam como subcontratadas do Estado, os benefícios de desemprego eram pagos pelos sindicatos em colaboração com a própria sociedade, de modo que havia uma assistência mútua, que também faziam parte do trabalho organizado. Naquele período, a administração doava seguridade social, recebia contribuições e distribuía em diferentes setores.

Outro marco importante para proteção ao risco partiu da Organização Internacional do Trabalho (OIT), que, no ano de 1952, considerou a seguridade social um direito humano básico e o definiu da seguinte forma: a seguridade social é a proteção que a sociedade fornece aos indivíduos e às famílias para assegurar acesso à saúde e garantir segurança de renda, particularmente nos casos de idade avançada, desemprego, doença, incapacidade, acidente de trabalho, maternidade e perda do chefe de família.

A Convenção OIT nº 102/1952 dispõe das normas mínimas da seguridade social, dividida em 15 partes, a saber:

I – disposições gerais;
II – serviços médicos;
III – auxílio-doença;
IV – prestações de desemprego;
V – aposentadoria por velhice;
VI – prestações em caso de acidentes de trabalho e de doenças profissionais;
VII – prestações de família;
VIII – prestações de maternidade;
IX – aposentadoria por invalidez;
X – pensão por morte;
XI – cálculo dos pagamentos periódicos;
XII – igualdade de tratamento para os residentes estrangeiros;
XIII – disposições gerais;
XIV – disposições diversas;
XV – disposições finais (MARTINS, 2009, p. 178-207).

A Norma Mínima:

(...) se trata de instrumento de ação sobre a ordem social, domínio do dinâmico, do transitivo. Uma vez revelado o grau de proteção pessoal mínimo que cumpre prestar – e que se traduz, hoje em dia, num princípio fundamental da seguridade social: a universalidade do atendimento – este já se incorpora ao patrimônio jurídico das pessoas (BALERA, 2009, p. 61-62).

Contudo, há a tese de alguns autores (LUYTEN, 2015) de que a seguridade social, nos diversos países europeus, não tenha sido uma inovação fundamental. Essa ideia foi apresentada por aqueles que criaram a promessa do seguro social.

No entanto, toda a mudança na proteção social foi o ponto alto do *Welfare State*. Esse plano serviu de base para delinear a seguridade social da forma que se conhece nos dias de hoje, como algo mais abrangente que previdência social e assistência social.

A situação só começou a ser consolidada quase 100 anos depois, pois, na França, em julho de 1985, a jurisprudência administrativa do Conselho de Estado reconheceu o direito à indenização a um operário do artesanato de Tarbes, vítima de um acidente de trabalho. O ferimento do operário tinha como origem um estilhaço de metal projetado pelo choque de um martelo-pilão, com nenhum indício de erro cometido pelo operário e nem pelo Estado (CONSEIL D'ÉTAT DA FRANÇA, 2006, p. 23).

A solução para o caso foi a aplicação das regras de equidade e humanidade, segundo o julgador do caso, Romieu: "é o serviço público que contrata, que fornece os materiais, que instala as máquinas, que regulamenta as condições de funcionamento da oficina; se produzir um acidente durante o trabalho e se não houver culpa do operário, o serviço público é responsável e deve indenizar a vítima" (LE MESTRE, 2003).

O caso mencionado constitui uma grande referência para o aperfeiçoamento do mecanismo de proteção do risco, ligado à ideia de responsabilização do Estado pela ocorrência de danos com o trabalhador.

Havia uma série de altercações sobre o tema: uma, porque se buscava uma solução para equalizar o valor das indenizações e o encargo financeiro; outra, porque o valor das indenizações se tornava imprevisível para os empregadores, haja vista que o encargo financeiro se tornou resultante dos riscos profissionais induzidos por sua atividade (CONSEIL D'ÉTAT DA FRANÇA, 2006, p. 27).

Assim, para que se possa entender o sistema de seguridade social, é preciso partir do pressuposto mínimo: a ideia de solidariedade. Como se nota, a idealização da proteção ao risco foi evoluindo ao longo da história em diversos países. Desse modo, é preciso compreender o papel do Estado em conjunto com a consagração dos direitos conquistados ao longo do tempo.

Superada a fase de expansão, inicia-se a da redefinição da proteção social, que pode ser caracterizada pelo freio do Estado no desenvolvimento de políticas públicas sociais até as recentes crises. Assim, exposta a visão geral do aperfeiçoamento e da evolução da proteção ao risco no cenário internacional, é preciso detalhar como ocorreu essa evolução no cenário brasileiro; além disso, expor as atuais mudanças, com o retrocesso dos direitos sociais, que serão explorados a seguir.

Como se pôde constatar, na fase de expansão da proteção dos riscos sociais, houve uma tendência em alguns países na América e na Europa. Esse avanço não era apenas uma resposta às necessidades sociais, mas também um instrumento de poder sobre determinados grupos (HOOGENBOOM, 2004, p. 32). A política social foi usada para atingir objetivos políticos e resultou na redistribuição do poder entre os atores da política social – diferentes elites concorrentes, partidos políticos, resistência – que queriam reestabelecer poder após a guerra.

Uma das inovações da previdência social era seu caráter obrigatório, o que tornou o Estado um ator central e resultou em uma reformulação da relação entre o Estado e as organizações. O Pacto Social elaborou um plano detalhado para que houvesse a obrigatoriedade abrangente, conhecido como Sistema de Seguridade Social para os trabalhadores assalariados do setor privado, financiado principalmente por meio de uma contribuição de trabalhadores e empregadores, calculada com base em salários individuais. As porcentagens da contribuição foram estabelecidas para os diferentes setores da seguridade social.

De modo implícito, toda essa mudança envolveu organizações e grupos que estavam lutando pelo controle e por um novo modelo de seguridade. A libertação também trouxe uma nova visão da economia: o liberalismo econômico clássico como obsoleto. O resultado dessa mudança foi uma política mais intervencionista, que tinha a intenção de modernizar a economia.

A seguridade social parte do pressuposto de justiça intergeracional. É um direito humano básico (OIT, 1952). Não obstante, é definida como a proteção que a sociedade fornece aos indivíduos e às famílias para assegurar acesso aos direitos mínimos. A essência do conceito de sociedade, tratada por Rawls (2001, p. 13), aponta como preceito a maneira como as principais instituições políticas e sociais da sociedade interagem e, a partir dessa interação, formam um sistema de cooperação social, distribuem direitos e deveres básicos e determinam a divisão das vantagens provenientes da cooperação social no transcurso do tempo.

Para discorrer sobre a seguridade social, rememora-se a ideia de justiça. Rawls (2001, p. 11) desenvolve essa análise à luz do princípio de uma justiça mais razoável, em que, segundo o autor, é preciso refletir sobre quais ideias e princípios tal sociedade pode realizar diante das circunstâncias de justiça com uma cultura democrática (RAWLS, 2001, p. 6).

O bem-estar global, por sua vez, apresenta um conjunto diferente de problemas. Primeiro, há limitações consideráveis para as capacidades institucionais dos Estados mais pobres, como coleta de impostos e mecanismos redistributivos (WOOD; GOUGH, 2006, p. 1696-1712). Segundo, muitos países no mundo industrializado experimentaram austeridade, tais como a perda de emprego estável e outros benefícios sociais.

A concepção de justiça, por óbvio, pode decorrer de várias perspectivas. Decerto, a sociedade pode ser vista como um sistema de cooperação, no qual cada cidadão desempenha uma função de concepção de justiça pública e mutuamente colabora com o desenvolvimento de uma sociedade bem-ordenada.

É utopia afirmar que todos os cidadãos possam ter as mesmas condições. Logo, busca-se a ideia de um sistema de seguridade baseado na solidariedade, em que a contribuição não exija uma contraprestação individual, e sim coletiva.

Cientistas políticos têm oferecido explicações para justificar determinados interesses de elites políticas que ganham autoridade sobre o direito da minoria, mas não lhes garante qualquer efetividade. Duas teorias geram debates mais intensos; uma delas, fundada em relevante estudo de Cortes no Leste Asiático, feito por Tom Ginsburg (2003b, p. 23), é a de que o entrincheiramento de direitos e liberdades fundamentais nas constituições é feito como uma forma de seguro político.

Esse seguro político poderia ser uma solução para o problema da incerteza política sobre o impacto distributivo futuro de novas instituições e direitos. Além desse objetivo geral, alguns economistas citam exemplos particulares de políticas constitucionais que são desejáveis para facilitar o crescimento e a atividade econômica. Por exemplo, um conjunto seguro de direito de propriedade e um sistema para fazer cumprir contratos pensados com a concepção da nova economia institucional (GINSBURG, 2003a, p. 29).

O que se demanda do sistema de justiça é, em grande parte, aquilo que já está previsto nas políticas públicas, mas não está sendo ofertado. A exata composição, no âmbito nacional, entre o que se demanda conforme as políticas públicas ou o que se exige fora delas é questão da maior relevância, mas que ainda carece de estudos mais abrangentes e sistemáticos.

Nesse sentido, Habermas (2003) enfatiza que todas as máximas da ação política precisam de publicidade para coincidirem, univocamente, com o direito:

> Num Estado de direito, uma política moral não quer dizer mais que um comportamento correto por obrigação decorrente de leis positivas. A soberania das leis é conseguida através da publicidade, ou seja, através de uma esfera pública cuja capacidade funcional é imposta, sobretudo com a base natural do estado de direito.

As necessidades de desenvolver e aperfeiçoar a proteção social são fenômenos que têm ocorrido em diversos países do mundo. A extensão dessa modernização se materializou de país para país. A questão é: até que ponto a seguridade social deve fazer parte da modernização econômica?

Dito isso, é importante esclarecer que a seguridade social, na época da libertação, em comparação aos seguros sociais anteriores, envolvia duas inovações: a previdência social, com caráter direto e obrigatório – todos os trabalhadores ou cidadãos, dependendo do tipo de sistema (seguindo Bismarck ou Beveridge), estavam sujeitos à seguridade social; e a unificação – todos os seguros sociais deveriam ser incorporados em um sistema abrangente e financiados por uma única contribuição de empregadores e trabalhadores, geralmente patrocinados pelo empregador.

A seguridade social, portanto, deveria fornecer uma proteção geral contra um conjunto de riscos sociais, iniciando com a ideia de um salário aos empregados no setor privado. Posteriormente, todos os cidadãos deveriam ser cobertos, o que implica embate com a ideia política da libertação, porquanto a divisão da camada social é vista principalmente como um problema para a classe trabalhadora.

Como se pode notar, desde os primeiros relatos da construção do sistema de seguridade social, os Estados e as organizações faziam parte, em conjunto, de um processo de reforma, ainda que o Estado tenha uma posição mais intervencionista; mas, quando se passa por qualquer reforma e mudança no sistema de seguridade, é preciso orientar-se pela razão de ser da seguridade: proteção. Isso requer uma consideração profunda do quadro social do país.

A análise profunda de reformas, desde os relatos históricos, até o desencadeamento de uma crise, deve partir do desenho de políticas integradas de desenvolvimento econômico e social, geração de empregos, direitos trabalhistas, oportunidades para crianças e jovens e estratégias de solidariedade entre gerações e grupos sociais.

A ruptura com o pacto Constitucional muitas vezes leva a caminhos opostos ao que se pretende como Estado e seguridade: desenvolvimento social. Desse modo, quando acontece uma mudança política ou uma agenda liberal de reformas sem a gestão de uma pauta social em conjunto, os direitos sociais deixam de ser a questão central e passam a ser uma questão secundária. Automaticamente, reconfigura-se o papel social sem a análise profunda das verdadeiras necessidades e dos impactos futuros.

O grande ponto de reflexão entre o constitucionalismo atual e a proteção dos direitos sociais é saber se as mudanças provocadas pelos novos pactos constitucionais são capazes de construir uma realidade substancialmente semelhante ao texto que se propõe.

A efetiva justiça social está em risco com a desconstitucionalização da universalização dos direitos sociais. Não parece correto transformar regras tão importantes para o desenvolvimento social à luz de interesses econômicos.

Essa mudança de paradigma implica uma revisão substancial do contrato social, mas é preciso notar persistência dos arranjos previdenciários e assistenciais existentes, o que significa dizer que os esquemas de repartição, bem como as agendas de reformas, podem enfrentar ajustes e reduções, mas não podem esquecer o que foi conquistado, tampouco deixar de assegurar direitos sociais básicos.

1.2 A construção da ideia de seguridade social no Brasil

No Brasil, a evolução previdenciária aconteceu de forma semelhante à mundial: um processo moroso de transformação de Estado liberal para Estado social. E, atualmente, com a aprovação da Emenda Constitucional (EC) n° 103, de 2019, há o retorno para um modelo liberal social.

Em 1919, o Decreto Legislativo n° 3.724 criou o Seguro de Acidente do Trabalho (SAT), mas esse benefício era privado, pago pelo empregador ao trabalhador acidentado, sem participação do Estado. E, antes disso, em 1824, a Constituição vigente já tinha criado as Casas de Socorro Público.

Até 1923, somente os servidores públicos tinham a proteção social e não existia uma proteção extensiva aos trabalhadores da iniciativa privada. A evolução da proteção do risco social no Brasil é marcada por um longo histórico das lutas dos trabalhadores. As políticas sociais, nas quais se incluem o tripé da Seguridade (saúde, previdência e assistência social), estão condicionadas aos princípios e aos valores socializados, e conquistados pelos trabalhadores.

Em 1923, surge um importante acontecimento para a previdência social no Brasil: a publicação do Decreto Legislativo nº 4.682, de 24 de janeiro de 1923, mais conhecido como Lei Eloy Chaves (LEC), que criou a Caixa de Aposentadorias e Pensões (CAP) nas empresas de estradas de ferro existentes, mediante contribuições dos trabalhadores das empresas do ramo e do Estado, o que assegura aposentadoria aos trabalhadores e pensão a seus dependentes em caso de morte do segurado, além de assistência médica e diminuição do custo de medicamentos.

A LEC criou, de fato, benefícios aos trabalhadores vinculados às empresas privadas, instituições que se aproximam das hoje conhecidas como Entidades Fechadas de Previdência Complementar (EFPC), ou fundos de pensão, já que se constituíam por empresas.

É relevante mencionar que, desde o final do século XIX, o Brasil, fundamentado na ideia de previdência, acolheu, com a proposta da LEC, os dois princípios universais dos sistemas previdenciários: o caráter contributivo e o limite de idade, embora vinculada ao tempo de serviço.

A proteção social sempre teve como função estruturar o Estado social. O modelo contemplado na LEC assemelha-se ao modelo alemão

Esse ato normativo foi inspirado em um projeto de lei argentino, que dispunha sobre a criação da CAP com as devidas adaptações à realidade nacional da época. A CAP foi introduzida no Brasil pela LEC, a qual determinou que toda empresa de estrada de ferro no Brasil deveria criar e custear parcialmente a sua CAP em favor de seus funcionários (SILVA, 1997, p. 34).

Além disso, deveria prever quais benefícios seriam concedidos e a natureza das contribuições da empresa e dos trabalhadores para a respectiva CAP. Nota-se, portanto, que a ideia de previdência nasceu no Brasil sem a participação do Estado, pois as caixas de aposentadorias e pensões eram patrocinadas pelas empresas e pelos empregados.

Após a publicação da LEC, inúmeras categorias profissionais iniciaram movimentos individuais para terem direito a uma caixa de aposentadoria e pensão em suas empresas.

Nos anos seguintes, a LEC foi expandida para outras categorias, sendo as primeiras: portuários, trabalhadores dos serviços telegráficos e do rádio. O Brasil chegou a ter 200 CAPs em funcionamento, o que gerou motivação para uma reforma previdenciária, por basicamente dois motivos: um, porque a caixa de aposentadoria e pensão de pequeno porte é inviável, uma vez que, se há um grupo pequeno e na eventualidade de algum sinistro, os contribuintes não conseguiriam manter o fundo; outro, porque, se eventualmente o trabalhador decidisse mudar de emprego, poderia perder a manutenção de sua CAP.

Já na Era Vargas, de 1930 em diante, em decorrência dos motivos supracitados, o governo unificou as CAPs em Institutos de Aposentadoria e Pensão (IAP), que não seriam organizadas por empresas, mas sim pelas respectivas categorias profissionais.

Os IAPs tinham natureza de autarquia e eram subordinados ao recém-criado Ministério do Trabalho (1930). Essa unificação foi lenta e durou quase três décadas, sendo o IAP dos Marítimos o primeiro a ser criado, em 1933, e o IAP dos Ferroviários, em 1960, o último.

Em 1960, a Lei nº 3.807 unificou toda a legislação securitária (os IAPs existentes) e ficou conhecida como Lei Orgânica da Previdência Social (LOPS). Os IAPs continuaram existindo, mas a legislação foi unificada, o que foi um grande avanço para os trabalhadores, além da simplificação no entendimento da legislação.

Em 1965, foi incluído um dispositivo na Constituição Federal de 1946, no qual se proibia a prestação de benefício sem a correspondente fonte de custeio. O legislador deu um passo a mais na evolução do sistema previdenciário pátrio.

Finalmente, em 1966, foi publicado o Decreto-lei nº 72, que unificou os IAPs e criou o Instituto Nacional da Previdência Social (INPS), órgão público de natureza autárquica.

Um ano depois, com o advento da Lei nº 5.316, o governo integrou o SAT à Previdência Social e, finalmente, esse benefício deixou de ser uma prestação privada para tornar-se público. A partir de 1967, tanto os benefícios comuns quanto os acidentários ficaram abarcados pelo INPS, que passou a ser o órgão responsável pela concessão deles.

Dez anos depois, em 1977, com o advento da Lei nº 6.439, o governo criou o Sistema Nacional de Previdência e Assistência Social (Sinpas), que trouxe duas novas autarquias: INAMPS e Iapas.

Essa exclusividade de assistência à saúde a segurados e dependentes permaneceu até a segunda metade dos anos 1980, quando foi estendida também aos não segurados, por força da CF/1988. Todavia, o INAMPS foi desfeito em 1993 e sua estrutura foi incorporada ao Sistema Único de Saúde

(SUS), em razão da Lei nº 8.689, de 27 de julho de 1993 (SILVA, 1997, p. 34).

Houve, portanto, a reunião dessas duas novas entidades às outras cinco já existentes. Assim, o Sinpas passou a integrar sete entidades no total, quais sejam: Instituto Nacional de Assistência Médica da Previdência Social, Fundação Legião Brasileira de Assistência, Fundação Nacional do Bem-estar do Menor, Dataprev, Instituto de Administração Financeira da Previdência e Assistência Social e a Central de Medicamentos.

No bojo dessas contextualizações, buscar-se-á, ao longo deste livro, realizar o mapeamento de alguns mecanismos de funcionamento dessas instituições, que muitas vezes conduzem suas dinâmicas de modo a criar obstáculos ao cidadão, a quem deve garantir os direitos positivados no texto da Constituição. O produto dessa dialética servirá, a cada nova abordagem, como um elemento de ampliação de percepção e de capacidade analítica da importância da evolução e da proteção dos direitos sociais.

1.3 As reformas da seguridade social no plano internacional

A necessidade de reformas na área da previdência é algo discutido em inúmeros países, tomem-se os atuais exemplos da França e do Chile. Todavia, é predominante que a população hipossuficiente e idosa sofre limites para o acesso ao direito de aposentar-se.

A preocupação do Estado com a escassez de recursos é válida, mas muito inflexível para guiar qualquer pretensão transformadora da realidade injusta do sistema previdenciário, em especial para aqueles que não possuem condições mínimas de saúde e sobrevivência, como o caso brasileiro.

Para garantir acesso mais equânime aos serviços da seguridade social, é necessário que o Estado possa prover necessidades básicas para a população de extrema pobreza e idosa, tais como: saúde, educação, moradia e transformar o sistema da seguridade social em instrumento de inclusão em grande escala, o que não acontece em realidade na maioria dos países que não possuem desenvolvimento social, pois há elementos que supostamente reforçam privilégios e exclusões.

Na Alemanha, em 2007, ocorreu a mudança da idade mínima para a aposentadoria de 65 para 67 anos até 2029. Na França, em 2013, implementou-se a idade mínima de 60 para 62 anos. Essas mudanças nas regras do sistema previdenciário são consideradas como a fase de redefinição.

Quando se fala em fases de redefinições e reformas no sistema de previdência, é imprescindível citar o caso da América Latina, em especial, o caso chileno como exemplo de redefinição previdenciária. O sistema de seguridade social do Chile sofreu privatização em 1981. A privatização do sistema deve ser analisada no contexto de uma série de outras mudanças, que foram projetadas para transformar a estrutura inteira da economia, o papel do Estado e as relações entre este e os atores econômicos ao longo de várias dimensões, incluindo educação, saúde, políticas de habitação, segurança social e bem-estar.

O propósito da reforma chilena era melhorar o papel do mercado como regulador das relações socioeconômicas e reduzir o papel do Estado nas áreas de política social. Consequentemente, essa nova política atomizou e dividiu a sociedade chilena (BORZUTZKY, 2001).

Do ponto de vista financeiro, a reforma chilena envolveu a extinção da contribuição do empregador para o fundo de pensão público e a transformação do fundo de previdência comum para contas individuais privadas. O propósito da eliminação do imposto sobre a folha de pagamento, realizado em 1988, foi reduzir o custo do trabalho e gerar emprego.

A mudança para o novo sistema foi voluntária, no caso dos trabalhadores que já estavam empregados; e obrigatória, no caso dos trabalhadores que ingressaram no mercado de trabalho após março de 1981. Depois da aprovação da reforma chilena, houve incentivos ao emprego e estimou-se uma geração de 100.000 a 200.000 empregos em médio e longo prazo (COSTABAL, 1981).

A eliminação do sistema de previdência comum, ou seja, pública, e a sua substituição por um fundo de capitalização individual, ou conta individual, foi explicada tanto em termos ideológicos como econômicos. Contudo, autores como Borzutzky (2001) defendem que a privatização da previdência chilena foi um subproduto da adoção da ideologia do mercado e da influência em conjunto com as ideias de economistas.

O desenvolvimento chileno foi, consequentemente, deixado nas mãos do setor privado, e o envolvimento do Estado na economia foi percebido como um ataque às liberdades econômicas. Após anos de reforma no sistema previdenciário chileno, notaram-se alguns problemas, como a falta de cobertura efetiva para cerca de 40% a 50% da população e o aumento do déficit fiscal produzido pela reforma (QUE PASA, Noviembre 1987; Diciembre 1998).

O tema preeminente de reforma da previdência ou, ainda, a mudança do sistema de seguridade, tanto no cenário brasileiro como no cenário internacional, parte de uma conjuntura de que o Estado deve desempenhar um papel subsidiário no bem-estar social e, consequentemente, que os custos estatais podem ser reduzidos.

No entanto, a experiência chilena pôde demonstrar que o discurso do impacto financeiro do processo de privatização durante o período de transição é sempre uma incógnita (BORZUTZKY, 2001). Isso porque, na verdade, o sistema previdenciário chileno passou por uma série de implicações econômicas.

A privatização da seguridade social chilena causou ao Estado uma responsabilidade pelo déficit econômico em razão da política de transição, porquanto ficou responsável pelo pagamento dos benefícios de quem decidiu ficar no sistema antigo. Ressalta-se que a adesão do novo sistema era obrigatória para trabalhadores apenas após maio de 1981.

O processo de privatização gerou um déficit que cresceu de 3,8% do PIB em 1981 para 6,1% do PIB em 2000. Após 2001, o déficit começa a decrescer. Em 2040, é estimado em 3,3%. O déficit chileno é financiado a partir de recursos orçamentários, e os gestores políticos escolheram aumentar a dívida pública, que, segundo algumas estimativas, é igual a cerca de 67% do PIB (MESA-LAGO, 1994, p. 22-23).

Consequentemente, as alegações de que a privatização da seguridade social promoveria a redução de déficit, a redução dos custos de maneira macroeconômica, por meio da redução do Estado no sistema, não foi efetivada. Em resumo, o déficit fiscal chileno, criado pela transição da previdência pública para privada, certamente teve um efeito negativo sobre o orçamento: aumentou o custo fiscal do sistema e não contribuiu para aumentar a taxa de redução dos custos sociais no país.

Como mencionado anteriormente, apesar de a privatização da previdência chilena ter gerado efeitos positivos, como acumulação de dinheiro no mercado privado, ainda assim não há investimento desses fundos privados em projetos educacionais, de saúde e outros projetos sociais, que poderiam devolver uma parte do capital acumulado por interesses privados para o resto da sociedade, uma vez que, com o expressivo valor acumulado pelos trabalhadores, por meio do capital privado, poder-se-ia criar incentivos e promover o crescimento e o desenvolvimento para fins sociais.

Portanto, nessa fase de reformas vividas por vários países, assim como ocorreu no Chile, é preciso ponderar um conjunto de considerações sociais, pois o sistema privado serve bem àquelas pessoas com alta renda e emprego estável, mas não se sabe até que ponto serve bem aos que possuem baixa renda.

Nos Estados Unidos, a idade mínima para se aposentar, até 2014, era de 66 anos. Gradativamente, até 2022, essa idade passou para 67 anos (SOCIAL SECURITY).

Portanto, como proposto por Jean Touchard, a fase de redefinição merece especial atenção, principalmente em relação às reformas sociais. Desse modo, é imprescindível fazer referência a essas passagens históricas para compreender o retrocesso dos direitos sociais em prol de argumentos econômicos, o que não deixa de ferir a proposta da universalização da proteção social.

Como se nota, as reformas da previdência ao redor do mundo decorreram fundamentalmente de normas e valores abstratos. É preciso que se tenha primeiramente um conjunto de instituições, caracterizadas por uma organização e por uma implantação social concreta, dedicadas a formular e a tornar efetivos os comandos jurídicos.

A redução da capacidade de absorção do mercado de trabalho teve como resultado a exclusão social crescente;

aliado a isso, os sistemas de proteção social mostraram-se frágeis para atender às demandas por benefícios, porque a base financeira de sua sustentação, apoiada no trabalho assalariado, perdia força.

Os problemas com o *welfare state*, portanto, estão muito além do diagnóstico cataclísmico dos efeitos do envelhecimento da população e da redução da base de contribuintes. Estão muito além, também, da perda de incentivo para o trabalho em função de benefícios sociais generosos ou mesmo das distorções provenientes do baixo nível de poupança.

É latente que, em uma análise histórica, os problemas de déficit do *welfare state* não vão se resolver com as recentes reformas empreendidas que buscaram ajustar o valor das contribuições aos benefícios, igualmente não irão aumentar a eficiência do sistema e, menos ainda, remover as iniquidades dos regulamentos de benefícios, porque apenas isso não é suficiente.

Há determinantes externos aos sistemas de seguridade social, que independem de seu funcionamento e que provocam resultados adversos na sua capacidade de financiamento e de promoção do equilíbrio social a que foram destinados.

Se os *welfare states* europeus não foram desestruturados nos países periféricos, entretanto, os sinais de mudança do sistema são mais evidentes com a ativa privatização e o abandono de políticas de proteção social na Europa oriental e em grande número de países da América Latina.

Mesa-Lago (2007) identifica três modelos gerais de reformas estruturais existentes na América Latina: o substitutivo, que fecha o sistema público, substituindo-o por um sistema privado – adotado pelo Chile, pela Bolívia, pelo México, por El Salvador, pela Nicarágua e pela República Dominicana;

o paralelo, no qual o sistema público não é fechado, mas reformado, totalmente ou parcialmente, e cria-se um novo sistema privado e os dois competem entre si – adotado pelo Peru e pela Colômbia; e misto, em que se integra um sistema público, que não é fechado e concede um benefício básico, com um sistema privado, que oferece um benefício complementar – adotado pela Argentina, pelo Uruguai e pela Costa Rica.

Segundo Mesa-Lago (2007), as reformas previdenciárias estruturais, que ocorreram na América Latina nas duas últimas décadas do século passado e neste início de século, implicaram abandono fundamental da lógica prévia da seguridade em pelo menos quatro pontos: de provisão coletiva para provisão individual para a aposentadoria; de um sistema de repartição para um sistema inteiramente capitalizado; do Estado para o mercado como supridor principal dos benefícios previdenciários; e de solidariedade-equidade para concorrência-eficiência como princípios fundamentais do sistema.

Essa mudança de paradigma implica uma revisão substancial do contrato social, mas cientistas políticos, sociólogos e economistas chamam atenção para a notável persistência dos arranjos previdenciários existentes, o que significa dizer que os esquemas de repartição podem enfrentar ajustes e reduções, mas se mostraram altamente resistentes a reformas muito radicais.

Resumindo as explicações sobre processos políticos, atores e fatores que levaram à adoção de reformas radicais na América Latina, Mesa-Lago (2007, p. 59) diz:

> Entre as forças propulsoras das reformas estavam os economistas neoliberais nos ministérios de Finanças e Economia, as instituições financeiras internacionais (IFIs), os empregadores em geral, os empresários e o

setor financeiro. Entre as forças de oposição estavam os partidos políticos de esquerda, a burocracia da seguridade social, sindicatos fortes e associações de pensionistas. A margem de manobra desses atores foi limitada pelos arranjos institucionais existentes, por fatores políticos e pelas condições econômicas. As restrições de ordem legal incluíram as normas constitucionais. Os fatores políticos mais importantes foram o grau de controle do Executivo sobre o Legislativo os vínculos dos sindicatos com o governo e a capacidade de alguns grupos de revogar a lei de reforma através de instrumentos de democracia direta. Entre as condições econômicas que impulsionaram ou obstruíram as reformas notamos o objetivo de incentivar a poupança nacional e o mercado de capitais (de fato, rejeitados pela evidência), a crise fiscal do sistema previdenciário público, os custos fiscais da transição determinados por múltiplas variáveis e o elevado grau de endividamento com as IFIs. A resposta dos formuladores de políticas à pressão externa das IFIs variou de uma posição de alinhamento à dissimulação e à rejeição.

Diante dos argumentos expostos, é curioso verificar que na maioria dos países da América Latina, inclusive no Brasil, o sistema de previdência e seguridade social de modo geral, tal como dispostos nas constituições, não são implementados na prática, basta uma simples análise dos indicadores de pobreza, de desenvolvimento social e de saúde.

Esse é o verdadeiro sentido das crises quando se trata de previdência e assistencialismo: constituições que asseguram supostos direitos sociais *versus* indicadores que descortinam o constitucionalismo. Afinal, será que nos países subdesenvolvidos a opção constitucional não passa de uma utopia?

Especificamente sobre as políticas públicas da América Latina, é interessante observar que não apresentam um caráter universal e se desenvolveram de forma setorial e fragmentada, o que difere de outros países em relação às responsabilidades do Estado na garantia dos direitos da população (SPOSATI, 2002, p. 106).

Nessa perspectiva, é possível notar que as lutas dos trabalhadores por direitos ainda ficam limitadas às necessidades de grupos ou segmentos, e nem sempre se encontram alinhados às reivindicações inerentes aos movimentos de classe.

Desse modo, determinadas políticas públicas ligadas aos direitos sociais geram respostas fragmentadas no atendimento das demandas da classe trabalhadora. Resulta, ainda, na construção de um padrão de proteção social, que se caracteriza pela focalização das demandas sociais e intenção de controle dos movimentos que manifestam suas reivindicações a fim de silenciar essas mobilizações e evitar maiores transtornos das pautas que decorrem das discussões sobre desigualdade e conflitos de classes.

Isso vale para o fenômeno do envelhecimento, uma vez que, no contexto de países subdesenvolvidos, em especial naqueles em que se evidencia desigualdade da classe trabalhadora, as agendas sociais são setorizadas e, em geral, com acesso limitado. Consequentemente, à medida que esse quadro se agrava, estende-se aos idosos.

O que se pretende demonstrar com essas pequenas comparações da evolução dos direitos sociais relacionadas às recentes agendas políticas de reformas é que restringir direitos é sempre um caminho sem volta, é um ciclo que se repete e o que se percebe é que a camada mais prejudicada é sempre a mais vulnerável. A história mostra exemplos e ensinamentos que podem ser emprestados como princípio para organização da ordem e do respeito ao direito.

1.4 As reformas no sistema da seguridade social no Brasil

No Brasil, a discussão sobre reformas previdenciárias é longínqua. Um marco importante ocorre após a estabilização inflacionária ocorrida com o Plano Real, em julho de 1994. A CF/1988 havia introduzido uma série de regras generosas para padrões internacionais, que provocariam um impacto significativo sobre as despesas previdenciárias na década seguinte.

No início da década de 1990, esse impacto foi atenuado por meio da subindexação de benefícios num contexto de altas taxas de inflação; mas, a partir do Plano Real, não foi mais possível ajustar os desequilíbrios estruturais da Previdência por meio dessa política. O equilíbrio passa a requerer reformas, tanto estruturais quanto paramétricas, no desenho do plano previdenciário.

Ao contrário da experiência de outros países latino-americanos, o Brasil optou por manter o regime previdenciário na forma de repartição simples, ou seja, não trocou a forma de financiamento para capitalização. A chamada capitalização consistiria na acumulação de ativos de uma geração, que são posteriormente utilizados no pagamento de suas aposentadorias e pensões, no momento de usufruto do benefício.

Após a CF/1988, o Brasil passou por crises institucionais e políticas que, de forma mais ampla, atingiram todas as camadas da população. O avanço da presença do Estado, o patrimonialismo das elites e a desigualdade interferiram sistematicamente no avanço do país.

Por outro lado, à época da instituição do poder constituinte originário, a mobilização social se virou para um projeto de democratização que propunha restaurar o Estado de direito, com fortes mudanças sociais, tais como: erradicação da pobreza, reforma agrária, mudança na participação política, de modo que a Constituição foi formatada com um viés desenvolvimentista, profundamente social e participativo.

A primeira modificação do sistema de seguridade no Brasil, na vigência da Constituição Federal em 1988, ocorreu com a EC nº 3, aprovada em 17 de março de 1993.

Sob o argumento de melhoria na arrecadação, institui-se o caráter contributivo da previdência mediante a obrigatoriedade do efetivo recolhimento da contribuição social, imposta aos agentes públicos ocupantes de cargos vitalícios e efetivos. Isso porque, antes da referida emenda, bastava ao servidor comprovar o exercício da atividade por determinado lapso temporal, sem a necessidade de que houvesse efetiva contribuição.

Em seguida, sobreveio a EC nº 20, de 15 de dezembro de 1998, sob o mesmo foco da redução do passivo previdenciário, que trouxe consigo basicamente três alterações: a primeira, a substituição do conceito de tempo de serviço pelo de tempo de contribuição; a segunda, a extinção da aposentadoria proporcional e da aposentadoria especial para professores universitários; e, por último, a supressão da regra de cálculo do valor dos benefícios do texto constitucional, que basicamente adotava nova perspectiva paramétrica de modo a reduzir o passivo da previdência com os valores dos benefícios.

Pouco tempo depois, sobreveio a EC nº 41, de 2003, que, por sua vez, modificou o sistema do ponto de vista fiscal com o objetivo de redução do mesmo déficit previdenciário. Em suma, alterou novamente o cálculo de aposentadorias e pensões dos servidores públicos, instituiu a cobrança de 11% de contribuição dos servidores já aposentados e instituiu teto e subteto salarial nas esferas federais, estaduais e municipais.

Em 2005, foi promulgada a EC n° 47, que instaurou alterações no art. 201 da Carta Magna, e basicamente tratou da maior parte das regras previdenciárias dos funcionários públicos. Na verdade, àquela época foi conhecida como a PEC Paralela da EC n° 41/2003.

No ano de 2012, foi promulgada a EC n° 70, que basicamente alterou a forma de cálculo das aposentadorias por invalidez do servidor público. Desse modo, a alteração ocorreu para aplicação da média das remunerações do servidor e não com base no último provento.

Em 2015, foi promulgada a EC n° 88, que estabeleceu idade para aposentadoria compulsória de 75 anos, que anteriormente era de 70 anos.

Feito esse percurso, é possível notar que se criou um verdadeiro círculo vicioso pelo qual se reinventa a necessidade de reformas com a redução dos direitos sociais, sem ao menos analisar ou sugerir possibilidades de melhorias de gestão por parte do próprio Estado.

O que se viu ao longo de 30 anos de Constituição foi a distância entre as instituições e a sociedade, em especial durante o processo de democratização das últimas décadas. Aconteceram sim mudanças sociais e econômicas com certa eficácia e sucesso, mas a curto prazo e que não foram, no entanto, acompanhadas de mudanças nas estruturas políticas e jurídicas que dão base à representação de uma democracia consolidada.

Nessa perspectiva, não foi possível notar nenhuma alteração na Constituição com ampliação do catálogo dos direitos sociais. Todos os partidos que governaram nos últimos 30 anos aderiram a um sistema que impede a formulação de mudanças institucionais de maior profundidade e fôlego.

Além dos gastos com pessoal e encargos sociais, os gastos com a própria previdência e assistência consomem grande parte do orçamento da União, mas o próprio Estado tem a sua responsabilidade nesses valores, uma vez que o orçamento é mal gerido.

É fato que os gastos da previdência também contam com a responsabilidade do Estado, tais como judicialização da matéria de direito previdenciário – uma vez que é de sua responsabilidade a burocracia nos atendimentos das agências da previdência, que, consequentemente, geram negativas aos benefícios, de maneira indevida –, além de não investir veementemente em fiscalização eficaz, que não gere injustiças, pois estas, nas fiscalizações, causam judicializações, que geram gastos.

Diante do atual cenário em que as instituições dão claras demonstrações de entropia, é evidente que determinadas decisões governamentais são tomadas somente pelo fator econômico. Fato é que todas as reformas são muito similares em sua superficialidade, especificamente quanto aos argumentos econômicos e às soluções emergenciais encontradas para tais problemas, que, na realidade, são longínquos e estruturais.

É preciso identificar o problema da seguridade social além das circunstâncias econômicas. Os direitos sociais não podem ser entendidos como um custo, mas uma nova fonte de rentabilidade, posto que seja fator de progresso econômico e cobertura de custos sociais (MILLS, 1981, p. 55).

Esse cenário remete às lições extraídas de *A estratégia do desenvolvimento econômico*, de Hirschman (1958, p. 33), cujo foco reside no questionamento acerca da validade das teorias propostas para o desenvolvimento econômico e na crítica de que as teorias de crescimento elaboradas até então seriam válidas para os países desenvolvidos, não sendo compatíveis, por sua vez, com as peculiaridades dos países subdesenvolvidos:

> (...) a teoria econômica do desenvolvimento não se dedica extensivamente à economia do crescimento; os países subdesenvolvidos devem aprender a andar com suas próprias pernas, o que significa que devem trabalhar a sua própria abstração.

A universalidade se expressa na seguridade social como mecanismo que iguala os cidadãos às mesmas condições de concorrência e que preconiza apenas as garantias jurídicas de acesso aos benefícios, muitas vezes não garantindo a efetivação da proteção social a todo o conjunto da sociedade. Na política previdenciária, especificamente, esse fundamento fica mais latente à medida que a lógica da contributividade se contrapõe à perspectiva da universalidade.

Na análise desse processo de desconstitucionalização dos direitos sociais e incentivos à economia de larga escala para os cofres públicos, é possível mencionar o conceito habermasiano (HABERMAS, 1997, p. 99) de sociedade civil, em que se pode notar como núcleo um composto de movimentos, organizações e associações, os quais captam os ecos dos problemas sociais que ressoam nas esferas privadas, condensam-nos e transmitem-nos, a seguir, para a esfera pública política.

O núcleo da sociedade civil forma uma espécie de associação que institucionaliza os discursos capazes de solucionar problemas e transformá-los em questões de interesse geral no quadro de esferas públicas.

Portanto, a sociedade civil é responsável por revigorar as instituições, segundo o sociólogo alemão. É nesse contexto que o núcleo do excedente social muitas vezes é deixado de fora da partilha, em especial nos períodos mais críticos, por exemplo, no debate de reformas com alteração do texto constitucional.

A EC nº 103, aprovada em 12 de novembro de 2019, trouxe novas modificações para o sistema de seguridade social. A partir desse novo cenário, busca-se analisar o sistema previdenciário e as suas características mediante os paradigmas da modernidade, a fim de que fosse possível debater, com base no novo constitucionalismo, instrumentos capazes de reconfigurar a gestão institucional previdenciária, em especial o Instituto Nacional do Seguro Social (INSS), desburocratizar o acesso aos direitos que envolvem a seguridade e permitir maior universalização às conquistas ligadas aos direitos da seguridade social.

A mudança no sistema de seguridade social elimina, modifica e inclui inúmeros dispositivos constitucionais e infraconstitucionais. A extensão da proposta engloba mudanças no sistema previdenciário para o presente e no futuro como um todo.

Em relação ao Direito Previdenciário, especificamente, organizaram-se alterações na forma de um Regime Geral de Previdência Social (RGPS), de natureza universal e obrigatória, sob responsabilidade do Estado e com custeio baseado em um sistema de repartição simples. A esse RGPS estão filiados assalariados urbanos e rurais, trabalhadores autônomos na condição de segurados facultativos, trabalhadores da agricultura familiar, microempreendedores individuais e donas de casa, além de servidores públicos de mais de 3.400 municípios que não instituíram regimes próprios de previdência.

Para sustentar o RGPS, para as ações relativas à saúde pública e à assistência foram definidas fontes próprias de receita de contribuições e de tributos gerais na Constituição. Aos aportes dos trabalhadores e dos empregadores, somam-se recursos da Contribuição para o Financiamento da Seguridade Social (Cofins), da Contribuição sobre o Lucro Líquido das Empresas (CSLL), do Programa de Integração Social e do Programa de Formação do Patrimônio do Servidor Público (PIS-Pasep) e de recursos de loterias, além de recursos orçamentários.

O orçamento composto por essas receitas não é segregado para cada uma das três áreas que compõem a seguridade, com exceção das contribuições de empregadores e de trabalhadores, que são exclusivas da previdência e do PIS-Pasep, que se destinam especificamente ao seguro-desemprego e ao pagamento do abono salarial.

Entre 2000 e 2015, pelo menos, esse sistema se mostrou superavitário e contribuiu positivamente para a formação do resultado primário das contas do governo central. Em 2009, por exemplo, as receitas das fontes da seguridade social superaram as despesas em R$ 34 bilhões (ANFIP/FAETS, 2018).

Uma reforma da previdência que combina menor gasto com benefícios e maior arrecadação de contribuições afetará negativamente o gasto das famílias, pois essa economia não será compensada por gastos públicos, uma vez que eventuais ganhos fiscais de curto e médio prazos teriam de ser destinados ao pagamento de dívida em virtude da EC nº 95.

A distorção do significado de seguridade social expresso na CF/1988 é caracterizada pela própria desconstitucionalização de preceitos básicos garantidos constitucionalmente, por exemplo, o desamparo dos princípios gerais da seguridade social, a própria resistência de implementação de desburocratização do acesso à previdência, as frequentes mudanças no texto constitucional, sob os mesmos argumentos de déficit público, o que impõe retroatividade aos direitos relativos à previdência social.

É evidente que cada vez mais o sistema de seguridade social, em especial a previdência, torna-se semelhante aos seguros privados, a exemplo das alterações constitucionais regressivas de 1998, 2002 e 2003. Tome-se, ainda, como exemplo a confirmação de que o sistema da seguridade social poderá se tornar seletivo e facilmente manipulável, em que as políticas que integram a seguridade social brasileira poderão se distanciar do mecanismo de proteção e confrontar alterações legislativas que possam restringir o acesso e os benefícios que lhes são próprios.

Por meio de uma análise empírica e dos próprios indicadores atuais, é possível concluir que a acepção moderna de seguridade social passa pela limitação dos direitos já conquistados em prol de uma agenda política neoliberal, muito distante da proposição do texto constitucional.

A desconstitucionalização da seguridade social é um risco diante das restrições de acesso à assistência, à previdência social e à saúde, o que é inegável. O ponto central de toda essa mudança é a retirada da Constituição de diversas regras previdenciárias, que passariam a ser definidas em leis complementares, por exemplo, a transferência de parâmetros previdenciários (idades de concessão, carências, formas de cálculo de valores e reajustes), para lei infraconstitucional.

Introduz, ainda, na Constituição a obrigação de que estados e municípios instituam regimes de previdência complementar para seus servidores, com a aplicação do teto de contribuição e de benefícios do regime geral. Isso se justifica pelo fato de uma lei complementar ter maior facilidade de aprovação, com o voto de metade dos membros da Câmara, em dois turnos, e metade dos senadores, em uma votação. Por isso, sua tramitação é mais fácil do que a de uma Proposta de Emenda à Constituição (PEC), que requer 3/5 dos votos em cada casa, em dois turnos de votação e com prazos mais dilatados para discussão.

Portanto, a proposta de alteração no *status* jurídico das regras previdenciárias dificulta futuras mudanças nas exigências relativas à sustentabilidade dos regimes e facilita a mudança de corte dos direitos sociais já garantidos.

A desconstitucionalização de parâmetros previdenciários gera insegurança nos segurados dos regimes próprio e geral, em relação aos benefícios que advirão de suas contribuições. A mudança no conceito de seguridade social, com a inclusão definitiva dos regimes próprios nesse sistema, distorce sua finalidade e legitima um discurso que exige cortes de gastos sociais para seu equilíbrio orçamentário.

Em suma, a adequação dos benefícios está exposta aos riscos sociais e pode ficar comprometida diante dos novos parâmetros que poderão ser alterados de modo menos rigoroso com a tramitação de lei complementar.

Independentemente da avaliação, positiva ou negativa, que se faça do fenômeno, é importante notar que se deve criar novos incentivos e mecanismos para acesso aos direitos assistenciais e previdenciários.

A título exemplificativo, pode-se citar a recente decisão do STJ em sede de recurso repetitivo, Tema Repetitivo nº 1005, julgado em 23.06.2021, no qual se fixou a seguinte tese:

> Na ação de conhecimento individual, proposta com o objetivo de adequar a renda mensal do benefício previdenciário aos tetos fixados pelas Emendas Constitucionais nºs 20/1998 e 41/2003 e cujo pedido coincide com aquele anteriormente formulado em ação civil pública, a interrupção da prescrição quinquenal, para recebimento das parcelas vencidas, ocorre na data de ajuizamento da lide individual, salvo se requerida a sua suspensão, na forma do art. 104 da Lei nº 8.078/1990.

A controvérsia consistia na fixação do termo inicial da prescrição quinquenal, para recebimento de parcelas de benefício previdenciário reconhecidas judicialmente. Conforme art. 104 da Lei nº 8.078/1990, para que os efeitos da coisa julgada em uma ação coletiva beneficiem os autores das ações individuais sobre o tema, é preciso que estes requeiram a suspensão da lide individual, no prazo de 30 dias, a contar da ciência nos autos do ajuizamento da ação coletiva.

Dessa forma, para que haja a interrupção da prescrição quinquenal na data da ação civil pública para o recebimento das parcelas atrasadas em processos que versam sobre adequação da renda mensal aos tetos fixados pelas ECs nºs 20/1998 e 41/2003, cujo pedido coincide com aquele anteriormente formulado em ação civil pública, é preciso que o autor, na ação individual, possa pleitear a suspensão do processo conforme o art. 104 da Lei nº 8.078/1990. Caso não o faça, a interrupção da prescrição quinquenal ocorrerá apenas na data do ajuizamento da ação individual.

1.5 A evolução da seguridade social

A evolução da seguridade social deve ser atrelada ao conhecimento da expressão "proteção social", que pode ser definida como garantia a infortúnios de determinadas situações de vulnerabilidade e risco. Tal proteção se exterioriza por mecanismos criados pela sociedade no decorrer do tempo, para atender à proteção do ser humano em situações como doença, idade avançada, acidente, reclusão, maternidade, entre diversas outras que impeçam o seu próprio sustento.

Nos primórdios, não havia regulamentação para relação de emprego, o que era motivo de submissão dos trabalhadores ao regime análogo à escravidão. A relação empregatícia não era resguardada por qualquer tipo de proteção.

A partir de então, iniciou-se uma substancial mudança de comportamento dos trabalhadores por melhores condições de trabalho e de subsistência. Surgiram fortes movimentos populares que acarretaram o início das relações de trabalho e segurança do indivíduo quanto a infortúnios. Dessas situações, muitas vezes o homem não consegue sair apenas com o seu esforço individual, o que necessita de amparo do Estado para prevenir e remediar suas necessidades.[4]

Até meados do século XIX, a proteção social se dava pela caridade individual, ou seja, era ofertada ao desabastado por sua própria família, sem o auxílio do Estado. Outro mecanismo protetivo era a assistência voluntária, quando pessoas estranhas à família auxiliavam os necessitados.

---

[4] Cf. H. F. Zacher e F. Kessler, *apud* OLEA, Manuel Alonso; PLAZA, José Luis Tortuero. *Instituciones de seguridad social*. 14. ed. Madrid: Editorial Civitas, 1995: "(...) *la seguridad social es necesária si y cuando el esfuerzo personal no basta*". Tradução: "(...) a seguridade social é necessária se e quando o esforço individual não basta".

O primeiro tipo de proteção social que se pode reconhecer no mundo é o tipo liberal, em que predomina a assistência aos pobres enquanto uma preocupação do Estado. Então, este dá assistência; e o mercado, o resto (ANDRADE, 2003, p. 18).

Em 1601, surgiu a Lei dos Pobres (*Poor Relief Act*), em que ocorreu a primeira manifestação estatal quanto à proteção social. Era um mecanismo, presente na Inglaterra, de proteção social às pessoas carentes e necessitadas. Não era um instrumento previdenciário, mas sim um recurso assistencial. Foi o marco inicial da assistência social no mundo.

No ano de 1762, surge a primeira manifestação de seguro de vida, com a fundação em Londres "da primeira companhia de seguros de vida dentro de bases científicas". Em 1849, surgiram empresas que se dedicavam à instituição de seguros populares, destinados à classe trabalhadora (ROCHA, 2004, p. 28).

Cruz (2001, p. 219), ao citar Jean Touchard, indica quatro fases evolutivas da proteção social ao trabalhador:

a) experimental;

b) de consolidação;

c) de expansão; e, finalmente, segundo o autor brasileiro;

d) de redefinição, que tem início na década de 1980 e se encontra em curso.

Os **montepios** foram as manifestações mais antigas de previdência social no mundo. Eram institutos nos quais, mediante pagamento de cotas por seus membros, estes adquiriam o direito, por ocasião de seu falecimento, de deixar pensão pecuniária para uma pessoa de sua escolha (esposa e/ou filhos, geralmente). Para constar, o referido instituto foi o precursor da Pensão por Morte.

A fase experimental, como proposta por Jean Touchard, teve como baliza a Lei de Bismark, com surgimento no ano de 1883, considerada o primeiro grande marco previdenciário, que, por sua vez, instituiu a proteção dos acidentes de trabalho e os benefícios em decorrência de invalidez.

O chanceler alemão Bismark instituiu para seu povo uma norma na qual rezava que seria instituído o seguro-doença, a aposentadoria e a proteção a vítimas de acidentes de trabalho em favor dos trabalhadores industriais. Esse seguro seria patrocinado pelo próprio trabalhador e por seu empregador, que deveriam contribuir para o Estado.

Na fase de consolidação, destaca-se a Constituição do México, que, no ano de 1917, positivou a expressão "previdência social". A referida Constituição foi a primeira a arrolar e a dar sistematização a um conjunto de direitos sociais. Isso foi um claro reflexo da evolução do Estado liberal para o Estado social (*Welfare State*). No ano de 1919, destaca-se a Constituição de Weimar, a qual vigeu na curta República de Weimar da Alemanha (1919-1933). A Alemanha, como berço da previdência social, seguiu os passos da Constituição do México e abarcou o tema em seu texto constitucional.

Em 1935, instituiu-se nos Estados Unidos a *Social Security Act*, um sistema previdenciário nacional com uma grande margem de atuação. O movimento foi impulsionado pelo então presidente Franklin Roosevelt, ao instituir a política do *New Deal*, com forte intervenção no domínio econômico e injeção de recursos orçamentários (CRUZ, 2001, p. 228).

A fase de expansão é instaurada a partir do período pós--Segunda Guerra Mundial, com a ideia de crescimento econômico. Em 1942, surge o Plano Beveridge (Inglaterra), o qual reformulou por completo o sistema previdenciário britânico.

Como se falava na época, os britânicos estariam protegidos do berço ao túmulo. Foi considerada uma evolução do sistema bismarckiano, pois criou um sistema universal – abrangendo todos os indivíduos, com a participação compulsória de toda a população, com a noção de que a seguridade social é "o desenvolvimento harmônico dos economicamente débeis" (MORAES, 1993, p. 51).

O Plano Beveridge instituiu a ideia do sistema de repartição, de maneira que a sociedade na ativa contribui para o pagamento dos benefícios do grupo dos segurados em inatividade. E, posteriormente, no caso de infortúnio previsto na legislação, as prestações são retiradas do fundo.

Há que se assinalar que (AFONSO; FERNANDES, 2015, p. 23):

> Um sistema previdenciário, cuja característica mais relevante seja a de funcionar como um seguro social, pode ser designado como Bismarckiano. Um sistema que enfatize funções redistributivas, objetivando também a redução da pobreza pode ser qualificado por Beveridgeano.

Por fim, a fase de redefinição pode ser delineada pelo freio do Estado no desenvolvimento de políticas públicas sociais. No Brasil, por exemplo, em 2019, houve aprovação da reforma previdenciária do Governo Federal, consubstanciada na EC nº 103/2019.

Em suma, qualquer pessoa em qualquer idade teria ampla proteção social estatal. Foi o ponto alto do *Welfare State* (Estado social). Esse plano serviu de base para **delinear a seguridade social da forma que se conhece nos dias de hoje**, como algo mais abrangente que previdência social e assistência social.

1.6 A evolução da proteção social no Brasil

No Brasil, a evolução previdenciária se deu de forma análoga à mundial: um lento processo de transformação de Estado liberal para Estado social. Até 1923, apenas alguns servidores públicos possuíam a proteção social, e não existia uma proteção extensiva aos trabalhadores da iniciativa privada.

Ressalta-se, todavia, que, em 1919, o Decreto Legislativo nº 3.724 criou o **SAT**, mas esse benefício era privado e pago pelo empregador ao trabalhador acidentado, sem participação do Estado. E, antes disso, em 1824, a Carta Magna vigente já tinha criado as Casas de Socorro Público.

Finalmente, em 24 de janeiro de 1923, surge o **marco inicial da Previdência Social no Brasil: a LEC**.

Em termos de legislação nacional, a doutrina majoritária considera como marco inicial da previdência social a publicação do Decreto Legislativo nº 4.682, de 24 de janeiro de 1923, mais conhecido como Lei Eloy Chaves. Esta criou as CAPs nas empresas de estradas de ferro existentes, mediante contribuições dos trabalhadores, das empresas do ramo e do Estado, o que assegurava aposentadoria aos trabalhadores e pensão a seus dependentes em caso de morte do segurado, além de assistência médica e diminuição do custo de medicamentos.

Antes mesmo da LEC, já existia o Decreto nº 9.284, de 30 de dezembro de 1911, que instituiu a CAP dos Operários da Casa da Moeda, e abrangeu, portanto, os então funcionários públicos daquele órgão.

A LEC criou, de fato, a trabalhadores vinculados a empresas privadas, entidades que se aproximam das hoje conhecidas entidades fechadas de previdência complementar ou fundos de pensão, já que se constituíam por empresas.

Com base na ideia de previdência, a LEC acolheu em sua proposta dois princípios universais dos sistemas previdenciários: o caráter contributivo e o limite de idade, embora vinculado a um tempo de serviço. De regra, o modelo contemplado na LEC se assemelha ao modelo alemão de 1883, em que se identificam três características fundamentais:

a) a obrigatoriedade de participação dos trabalhadores no sistema, sem a qual não seria atingido o fim para o qual foi criado, pois, mantida a facultatividade, seria mera alternativa ao seguro privado;

b) a contribuição para o sistema, devida pelo trabalhador, bem como pelo empregador, ficando o Estado como responsável pela regulamentação e pela supervisão do sistema; e

c) por fim, um rol de prestações definidas em lei, tendentes a proteger o trabalhador em situações de incapacidade temporária, ou em caso de sua morte, o que lhe assegurava a subsistência.

O então deputado federal por São Paulo, Eloy Marcondes de Miranda Chaves, a pedido dos trabalhadores ferroviários estaduais, redigiu o Decreto Legislativo nº 4.682/1923, que criava para esses trabalhadores a CAP.

Esse ato normativo foi inspirado em um projeto de lei argentino, com as devidas adaptações à realidade nacional da época, que dispunha sobre a criação da CAP.

A LEC determinava que cada empresa de estrada de ferro no Brasil deveria criar e custear parcialmente a sua CAP em favor de seus funcionários.

Além disso, deveria prever quais benefícios seriam concedidos e quais seriam as contribuições da empresa e dos trabalhadores para a respectiva CAP. Nota-se, portanto, que a ideia de previdência nasceu no Brasil sem a participação do Estado, pois as CAPs eram patrocinadas pela empresa e pelos empregados.

Após a publicação da LEC, inúmeras categorias profissionais iniciaram movimentos individuais para terem direito a uma CAP em suas empresas.

Nos anos seguintes, a lei foi expandida para outras categorias, sendo as primeiras: portuários, trabalhadores dos serviços telegráficos e do rádio. O Brasil chegou a ter 200 CAPs em funcionamento, o que gerou motivação para uma reforma previdenciária, por basicamente dois motivos: primeiro, porque a CAP de pequeno porte é inviável, uma vez que, se há um grupo pequeno e há sinistralidade, na eventualidade de algum sinistro, os contribuintes não conseguiriam manter o fundo; segundo, porque, se eventualmente o trabalhador decidisse mudar de emprego, poderia perder a manutenção de sua CAP.

Já na Era Vargas (1930 em diante), em decorrência dos motivos supracitados, o governo unificou as CAPs em IAP, que não seriam organizadas por empresas, mas sim pela categoria profissional.

Os IAPs tinham natureza de autarquia e eram subordinados ao recém-criado Ministério do Trabalho (1930). Essa unificação foi lenta e durou quase três décadas, e o IAP dos Marítimos foi o primeiro a ser criado (1933), e o IAP dos Ferroviários (1960), o último.

O IAP tinha a sua própria lei, com regras diferenciadas. Em 1960, o Brasil contava com os seguintes:

- IAP dos Marítimos (1933);
- IAP dos Comerciários (1934);
- IAP dos Bancários (1934);
- IAP dos Industriários (1936);
- IAP dos Servidores do Estado (1938);
- IAP dos Empregados em Transportes e Cargas ou em Estiva (1945); e
- IAP dos Ferroviários (1960).

Em 1960, a Lei nº 3.807 unificou toda a legislação securitária (os IAPs existentes) e ficou conhecida como Lei Orgânica da Previdência Social (LOPS). Os IAPs continuaram existindo, mas a legislação foi unificada, o que foi um grande avanço para os trabalhadores, além da simplificação no entendimento da legislação.

Em 1965, foi incluído um dispositivo na Constituição Federal de 1946, no qual se proibia a prestação de benefício sem a correspondente fonte de custeio. O legislador deu um passo a mais na evolução do sistema previdenciário pátrio.

Finalmente, em 1966, foi publicado o Decreto-lei nº 72, que unificou os IAPs e criou o INPS, órgão público de natureza autárquica.

Um ano depois, em 1967, com o advento da Lei nº 5.316, o governo integrou o SAT à previdência social e, finalmente, esse benefício deixou de ser uma prestação privada para se tornar um benefício público.

A partir de 1967, tanto os benefícios comuns quanto os acidentários ficaram abarcados pelo INPS, que passou a ser o órgão responsável pela concessão deles.

Dez anos depois, em 1977, com o advento da Lei nº 6.439, o governo criou o Sinpas, que trouxe duas novas autarquias: INAMPS e Iapas. Houve, portanto, a unificação dessas duas novas entidades às outras cinco já existentes, ou seja, o Sinpas passou a agregar sete entidades no total, a saber:

- INAMPS (Instituto Nacional de Assistência Médica da Previdência Social);
- LBA (Fundação Legião Brasileira de Assistência);
- Funabem (Fundação Nacional do Bem-Estar do Menor);
- Dataprev (Empresa de Processamento de Dados da Previdência Social);
- Iapas (Instituto de Administração Financeira da Previdência e Assistência Social); e
- Ceme (Central de Medicamentos).

O Sinpas era uma estrutura abrangente e ambiciosa, mas pouco funcional. Esse sistema perdurou por mais de dez anos, e foi extinto apenas sob a égide da atual Constituição.

A evolução legislativa no Brasil traz incontáveis atos normativos editados nas últimas décadas. Sendo assim, apresentar-se-ão as principais normas publicadas:

- **1923** – O Decreto Legislativo nº 4.682 (LEC) determina a criação de uma CAP por empresa ferroviária em favor de seus trabalhadores. É considerado o **marco inicial da previdência social no Brasil**.
- **1926** – A criação de CAP da LEC é estendida a portuários e marítimos com o advento do Decreto nº 5.109.
- **1928** – A criação de CAP da LEC é estendida aos trabalhadores dos serviços telegráficos e radiotelegráficos com o advento do Decreto nº 5.485.
- **1930** – Criação do **Ministério do Trabalho, Indústria e Comércio**, que, entre outras funções, supervisionava a previdência social. Também fazia as vezes de órgão recursal das decisões das CAP (Decreto nº 19.433).

- **1933** – Criação do primeiro IAP, o dos Marítimos (Decreto n° 22.872).
- **1934** – A CF/1934 inova ao estabelecer pela primeira vez a forma tríplice da fonte de custeio, com contribuições do empregador, do trabalhador e do Estado, e utilizou a expressão "previdência" sem o adjetivo "social".
- **1937** – A CF/1937, conhecida como "Polaca" em alusão à Constituição Autoritária adotada pela Polônia, não trouxe nenhuma novidade, mas adotou o termo "seguro social" como sinônimo de "previdência social", que, sob a égide da Constituição atual, é considerada um erro.
- **1946** – A CF/1946 é a primeira constituição a adotar o termo "previdência social" de forma expressa, em substituição à expressão "seguridade social". Não trouxe nenhuma novidade relevante.
- **1960** – Até esse ano cada IAP tinha a sua legislação específica, o que era muito complexo e dispendioso. Com o advento da Lei n° 3.807, todas as legislações securitárias foram unificadas nesse diploma legal, resultando na LOPS.
- **1963** – A Lei n° 4.214 institui o Fundo de Assistência e Previdência do Trabalhador Rural (Funrural). Esse fundo era financiado pelos produtores rurais, que, ao comercializarem sua produção, eram obrigados a recolher um percentual da receita para a previdência mediante guia própria. O Funrural foi extinto com o advento do Sinpas em 1977.
- **1965** – Ainda sob a égide da CF/1946, o legislador constituinte derivado evoluiu o sistema e criou o INPS, que nasceu como órgão público de natureza autárquica.
- **1967** – Com o advento da Lei n° 5.316, o governo integrou o SAT à previdência social e, finalmente, esse benefício deixou de ser uma prestação privada para se tornar um benefício público. A partir de 1967, tanto os benefícios comuns quanto os acidentários ficaram abarcados pelo

INPS, que passou a ser o órgão responsável pela concessão destes.
- **1971** – A Lei Complementar (LC) n° 11 instituiu o Programa de Assistência ao Trabalhador Rural (Prorural), órgão de natureza assistencial que previa a aposentadoria por idade (aos 65 anos) com valor de 50% do maior salário mínimo vigente no Brasil (nessa época, o salário mínimo não era nacional).
- **1977** – Com o advento da Lei n° 6.439, foi criado o Sinpas, por meio da agregação dos seguintes órgãos: INPS, INAMPS, LBA, Fundabem, Dataprev, Iapas e Ceme.
- **1988** – A Constituição Cidadã trouxe o conceito de **seguridade social** pela primeira vez no Brasil. A Carta Magna definiu seguridade social como um conjunto de ações nas áreas de **previdência, assistência e saúde**.
- **1990** – O Sinpas foi extinto e, com o advento da Lei n° 8.029, foi criado o INSS, entidade autárquica vinculada atualmente ao Ministério do Desenvolvimento Social e Agrário (MDSA), por meio da fusão dos seguintes órgãos: INPS e Iapas.
- **1991** – Foram publicados os diplomas básicos da seguridade social: a Lei n° 8.212 (**Plano de Custeio da Seguridade Social – PSS**) e a Lei n° 8.213 (**Planos de Benefícios da Previdência Social – PBPS**). As leis tratam das duas áreas básicas existentes no Direito Previdenciário: parte de custeio e parte de benefícios. Os dois diplomas supracitados substituem a antiga LOPS (Lei n° 3.807/1960).
- **1999** – Foi editado e publicado o Decreto n° 3.048 (**Regulamento da Previdência Social**), que regulamenta dispositivos presentes no PSS e no PBPS, compilando ambos em um único documento, com maior detalhamento e com as atualizações subsequentes.

Ao longo da história, as Constituições do Brasil exteriorizam temas relativos à previdência social, a saber:

a) **Constituição de 1891**, em seu art. 75, estabeleceu: "A aposentadoria só poderá ser dada aos funcionários públicos em caso de invalidez a serviço da Nação" e, no art. 6º de suas Disposições Transitórias, estabeleceu:

> Art. 6º Nas primeiras nomeações para a magistratura federal e para a dos Estados serão preferidos os juízes de direito e os desembargadores de mais nota. Os que não forem admitidos na nova organização judiciária, e tiverem mais de trinta anos de exercício, serão aposentados com todos os seus vencimentos. Os que tiverem menos de trinta anos de exercício continuarão a perceber seus ordenados, até que sejam aproveitados ou aposentados com ordenados correspondentes ao tempo de exercício. As despesas com os magistrados aposentados ou postos em disponibilidade serão pagas pelo governo federal.

b) **A Constituição de 1934** pela primeira vez trouxe a ideia de que o custeio da previdência ocorreria de forma tríplice, com contribuição dos empregadores, dos trabalhadores e do Estado. Apesar da participação do Estado no custeio, essa Constituição adotou o termo "previdência" sem o adjetivo "social".

c) **A Constituição de 1937** não trouxe nenhuma novidade, mas adotou o termo "seguro social" como sinônimo de "previdência social".

d) **A Constituição de 1946** foi a primeira a adotar o termo "previdência social" de forma expressa em substituição à expressão "seguridade social".

e) Finalmente, a **Constituição de 1988**, no seu art. 194, traz a atual definição de seguridade social: "A seguridade social compreende um conjunto integrado de ações de iniciativa dos Poderes Públicos e da sociedade, destinadas a assegurar os direitos relativos à Saúde, à Previdência e à Assistência Social".

A Constituição de 1988 operou a transição do país dos longos anos de regime autoritário para o regime democrático e contou com uma ampla mobilização popular durante a sua elaboração. Ainda, contemplou um longo rol de direitos individuais e sociais, a organização do Estado, a separação de poderes, os deveres de legalidade, moralidade e impessoalidade da Administração Pública e um extenso universo de matérias. Valeu-se, em muitos casos, de cláusulas gerais cujo alcance e cuja concretização favorecem, nos anos seguintes, uma ampla judicialização, capaz de cobrir quase todos os domínios da vida (BARROSO, 2018).

Nesse momento, nasceu o conceito de **seguridade social**, que compreende as três áreas: **previdência, assistência** e **saúde**.

Em 1990, após as definições de seguridade, previdência, assistência e saúde, trazidas pela nova Constituição, o governo federal realizou uma grande e definitiva alteração no sistema previdenciário: extingue-se o Sinpas, bem como o INAMPS, a LBA, a Funabem e a Ceme.

Por sua vez, com o advento da Lei nº 8.029/1990, foi criado o INSS, por meio da fusão do INPS com o Iapas. Com a extinção do INAMPS, foi instituído o SUS, ou seja, atualmente não existe nenhuma autarquia cuidando da saúde. Dessa forma, a assistência social e a saúde têm suas ações coordenadas diretamente pelos seus respectivos ministérios.

Ressalta-se, todavia, que a Dataprev continua em funcionamento, e, atualmente, é uma empresa pública ligada ao Ministério da Fazenda (MF).

Em suma, após a publicação da Lei nº 8.029/1990, ocorreram significativas alterações estruturais da previdência. E, atualmente, o sistema securitário brasileiro ficou composto da seguinte maneira:

- Instituto Nacional do Seguro Social (INSS) – Prestação de benefícios previdenciários aos segurados.
- Ministério do Desenvolvimento Social e Agrário (MDSA) – Coordenação de ações na área de previdência e de assistência social.
- Ministério da Saúde (MS) – Coordenação de ações na área de saúde, entre elas o SUS.
- Empresa de Tecnologia e Informações da Previdência (Dataprev) – Empresa responsável pelo suporte de Tecnologia da Informação (TI) no âmbito do Ministério da Fazenda.

No ano seguinte, em 1991, foram publicados os Diplomas Básicos da Seguridade Social: a Lei nº 8.212 (PSS) e a Lei nº 8.213 (PBPS).

As leis supracitadas tratam das duas áreas existentes no Direito Previdenciário: parte de custeio e parte de benefícios. Os dois diplomas substituem a antiga LOPS (Lei nº 3.807/1960).

No final da década de 1990, especificamente em 1999, é editado e publicado, pelo Presidente da República, o Regulamento da Previdência Social (RPS/1999), por meio do Decreto nº 3.048, que determina os dispositivos presentes no PSS e no PBPS, compilando-os em um único documento, com maior detalhamento e com as atualizações subsequentes.

O ponto de destaque da última década ocorreu entre 2005 e 2007: em 2005, a Lei nº 11.098 criou a Secretaria da Receita Previdenciária (SRP) e transferiu toda a parte de fiscalização e controle das contribuições sociais do INSS para a SRP.

Nesse momento, o INSS deixou de cuidar da parte de custeio para tratar exclusivamente da parte de benefício. Porém, a SRP foi extinta e todas as suas atribuições repassadas para a então Secretaria da Receita Federal (SRF), que, a partir daquele momento, passou a ser denominada Secretaria da Receita Federal do Brasil (SRFB).

Em suma, nos dias atuais, existe a seguinte divisão previdenciária institucional:

- **Receita Federal do Brasil (RFB)** – Controle, arrecadação e fiscalização de todas as contribuições sociais devidas à Previdência Social. Parte de custeio.
- **Instituto Nacional do Seguro Social (INSS)** – Controle e concessão dos benefícios previdenciários. Parte de benefícios.

A **seguridade social**, portanto, é uma **necessidade social**, destinada a prover o mínimo existencial ao indivíduo como meio de encurtamento das diferenças sociais.

1.7 A proteção do risco social

Segundo Luhmann (2006, p. 58-66), em nossos dias, os riscos se investigam por meio da multiplicação da magnitude do dano e a probabilidade dele. O que pode suceder no futuro depende da decisão que se toma no presente. Com efeito, fala-se de risco quando há de tomar-se uma decisão sem a qual possa ocorrer um dano, o qual possa, portanto, ser evitável. Assim, a negação de um risco, qualquer que seja a sua índole, constitui também, por sua vez, um risco.

Balera (2010, p. 106) considera as dimensões da universalidade da cobertura e atendimento para efetivar a proteção do risco social, a saber:

> A primeira – universalidade de cobertura – faz referência às situações de risco social que podem gerar necessidades. Todas elas estarão cobertas pela seguridade social.
>
> (...) Já a segunda dimensão do atendimento – está a se referir aos sujeitos protegidos. Significa que todas as pessoas, indistintamente, estão investidas de direito público subjetivo constitucional à seguridade social.

O Sistema de Seguridade Social atual passa por um momento de reavaliação, em que os estados se organizam avançando ou recuando, entre o mínimo e o máximo, dentro do que foi estabelecido internacionalmente pelo art. 25 da Declaração Universal dos Direitos Humanos (1948):

> Toda a pessoa tem direito a um nível de vida suficiente para lhe assegurar e à sua família a saúde e o bem-estar, principalmente quanto à alimentação, ao vestuário, ao alojamento, à assistência médica e ainda quanto aos serviços sociais necessários, e tem direito à segurança no desemprego, na doença, na invalidez, na viuvez, na velhice ou noutros casos de perda de meios de subsistência por circunstâncias independentes da sua vontade.

Desse modo, o conceito de seguridade social e proteção do risco é construído ao longo da história, em especial, o conceito do Brasil, que passa por um demasiado crescimento no âmbito social.

Em termos abrangentes, essa dimensão pode ser reconduzida ao próprio dever estatal de proteger a dignidade humana, no que se inclui a criação de uma rede social mínima que impeça as pessoas de caírem em situações de indignidade.

1.8 Previdência social no Brasil

A previdência social é um dos três ramos que compõem a seguridade social, e deve ser tratada como um seguro que garanta a renda do contribuinte e de sua família em casos de doença, acidente, gravidez, prisão, morte e velhice.

O constituinte originário desejou que todos os cidadãos fossem protegidos, de alguma forma, dentro da seguridade social. E a proteção adequada se fixa em razão do custeio e da necessidade.

Assim, se o necessitado for segurado da previdência social, a proteção social será dada pela concessão do benefício previdenciário correspondente à contingência-necessidade que o atingiu. A respeito de sua organização, a Constituição Federal dispõe da seguinte forma:

> Art. 201. A previdência social será organizada sob a forma do **Regime Geral de Previdência Social**, de **caráter contributivo e de filiação obrigatória**, observados critérios que preservem o equilíbrio financeiro e atuarial, e atenderá, na forma da lei, a:
>
> I – cobertura dos eventos de incapacidade temporária ou permanente para o trabalho e idade avançada;
>
> II – proteção à maternidade, especialmente à gestante;
>
> III – proteção ao trabalhador em situação de desemprego involuntário;
>
> IV – salário-família e auxílio-reclusão para os dependentes dos segurados de baixa renda;
>
> V – pensão por morte do segurado, homem ou mulher, ao cônjuge ou companheiro e dependentes (...). (Grifos nossos.)

O *caput* do artigo exprime que a **previdência social é contributiva**, ao contrário da saúde, em que qualquer pessoa pode dela usufruir. Todavia, na previdência, para o cidadão gozar dos benefícios previdenciários, ele deverá estar **obrigatoriamente filiado** e **contribuindo** regularmente para o Regime Geral da Previdência Social (RGPS).

Não existe, em regra, benefício sem custeio. A ideia da previdência social é equivalente a uma contratação de seguro comum. Desse modo, os sinistros também recebem o nome de **riscos** ou **riscos sociais**.

Esse ramo da seguridade oferece vários benefícios e compromete-se com a tranquilidade do segurado no presente e no futuro e, pelo menos em tese, com a sua proteção perante os infortúnios da vida. Porém, para ter essa proteção, é necessário se inscrever e **contribuir** constantemente para a previdência social.

Em suma, a previdência social apresenta **caráter contributivo**, ou seja, só usufrui dela aquele que contribui, ao contrário dos outros dois ramos da seguridade social: **a saúde (que é direito de todos)** e a **assistência social (que é devida apenas a quem dela necessitar)**.

Para facilitar, aqui está a figura do tripé:

1.9 A competência legislativa em matéria de seguridade social e previdência social

São fontes do Direito Previdenciário: Constituição Federal, emenda constitucional, lei complementar, lei ordinária, lei delegada (até o momento nunca foi utilizada em matéria previdenciária), medida provisória, decreto legislativo, resolução do Senado Federal, atos administrativos normativos (instrução normativa, ordem de serviço, circular, orientação normativa, portaria etc.) e jurisprudência dos Tribunais Superiores.

As fontes materiais do Direito Previdenciário são os fatores que interferem na produção de suas normas jurídicas. Pode-se apontar, destarte, que, por fontes materiais desse ramo, se encontram os fundamentos do surgimento e da manutenção dos seguros sociais.

Segundo Tavares (2002, p. 27-28), "fonte de direito é uma estrutura de poder capaz de criar normas. Miguel Reale expõe que é indispensável empregarmos o termo fonte do direito apenas para indicar os processos de produção das normas jurídicas".

Sendo o Direito Previdenciário composto por normas de direito público, deve-se afirmar, de plano, que todas as suas fontes formais – as normas que regem as relações em questão – emanam do Estado.

A Constituição estabelece as diretrizes essenciais do RGPS, fundado no caráter contributivo e no princípio da solidariedade. A partir dessas balizas, o Congresso Nacional dispõe de ampla liberdade de conformação para estruturar o regime de financiamento e as prestações estatais, tendo em vista a necessidade de promover o equilíbrio atuarial do sistema e garantir a sua integridade para as gerações atuais e futuras.

Compete à União instituir as contribuições enumeradas pelo art. 195 (art. 149 da CF/1988), por lei ordinária.

Outras fontes de custeio, diferentes das previstas nos incisos I a IV do art. 195, podem ser instituídas. Trata-se de competência residual da União, que só pode ser exercida por lei complementar, proibidos a cumulatividade e o *bis in idem* (art. 154, inciso I, e § 4º do art. 195).

Importante frisar que, para instituir as contribuições previstas nos incisos de I a IV do art. 195, não é necessária lei complementar, bastando a lei ordinária. Essa questão foi levantada por ocasião da edição da Lei nº 7.689, de 15 de dezembro de 1988, que instituiu a Contribuição Social sobre o Lucro Líquido das Pessoas Jurídicas (CSSL), ainda sob a égide da redação original da Constituição Federal.

Os estados, o Distrito Federal e os municípios também podem instituir regimes próprios de previdência e assistência social, por isso têm competência para instituir e cobrar de seus servidores contribuições destinadas ao financiamento.

2

Princípios gerais da seguridade social

Após essa breve conceituação e introdução sobre Direito Previdenciário e a seguridade social (**previdência, assistência e saúde**), é preciso observar que a legislação previdenciária traz os **princípios que regem a previdência social**.

A aplicação desses princípios deve respeitar o máximo das potencialidades do texto constitucional, inclusive, e especialmente, construir regras específicas de conduta a partir de enunciados vagos (DWORKING, 1996, p. 2).

2.1 Princípio da solidariedade

Assim como a noção de bem-estar coletivo repousa na possibilidade de proteção de todos os membros da coletividade, somente a partir da ação coletiva de repartir os frutos do trabalho, com a cotização de cada um em prol do todo, é que se permite a subsistência de um sistema previdenciário. Uma vez que a coletividade se recuse a tomar como sua tal responsabilidade, cessa qualquer possibilidade de manutenção de um sistema universal de proteção social.

A segunda dimensão da seguridade em geral, e do sistema previdenciário em particular, é marcada pelo princípio da solidariedade. Em termos abrangentes, essa dimensão pode ser reconduzida ao próprio dever estatal de proteger a dignidade humana, no que se inclui a criação de uma rede social mínima que impeça as pessoas de caírem em situações de indignidade.

De forma mais específica, esse aspecto pode ser extraído da previsão de que a seguridade deve ser custeada por toda a sociedade, e não apenas pelos seus beneficiários imediatos. Isso ganha conteúdo concreto com a já mencionada possibilidade de emprego de recursos dos orçamentos públicos e, sobretudo, pela autorização constitucional para a criação de outras fontes de custeio, em paralelo com as contribuições sociais.

Como se sabe, o Supremo Tribunal Federal (STF) empregou como um dos fundamentos utilizados esse princípio para assentar a validade da cobrança de contribuições previdenciárias dos servidores inativos (*vide* STF, ADI nº 3.105, *DJ* 18.02.2005, Rel. originária Min. Ellen Gracie, Rel. p/ o acórdão Min. Cezar Peluso).

2.2 Princípio da universalidade da cobertura

O princípio da universalidade da cobertura diz respeito à exigência de que toda a população, independentemente de sua renda, possa ter proteção e atendimento por parte do Estado. A universalização do atendimento constitui um processo, em especial, de extensão à saúde, de modo a ultrapassar eventuais obstáculos econômicos e socioculturais para torná-la acessível a todos os cidadãos.

Esse princípio garante dois aspectos da seguridade social: universalidade da cobertura e universalidade do atendimento.

A universalidade da cobertura (**aspecto objetivo**) demonstra que a seguridade social tem como objetivo cobrir toda e qualquer necessidade de proteção social por parte do Estado, como a velhice, a maternidade, os casos de doença, invalidez e morte. Já a universalidade do atendimento (aspecto subjetivo) demonstra que a seguridade social tem como objetivo atender a todas as pessoas abarcadas por essa proteção social estatal, pelo menos em regra.

2.3 Princípio da irredutibilidade do valor dos benefícios

A irredutibilidade do valor dos benefícios é a garantia de que todo beneficiário da previdência social ou aquele que aufere benefício assistencial tenha seu salário/benefício corrigido, por meio de **reajuste anual**, geralmente em valor igual ou superior ao da inflação do mesmo período.

Quanto a esse princípio constitucional, é importante frisar que ele apresenta duas vertentes a serem observadas:

- os benefícios da **seguridade social** (saúde e assistência): estão garantidos a preservação do **valor nominal**, que é aquele definido na concessão de determinado benefício e nunca é reajustado, o que mantém sempre o valor de face. Esse dispositivo trata de forma genérica a seguridade social; e
- os benefícios da **previdência social**: estão garantidos a preservação do **valor real**, que é aquele que tem o seu valor definido na concessão do benefício, mas é reajustado anualmente (em regra), para manter o seu poder de compra atualizado.

Como exemplo, a partir de 1º de janeiro de 2018, os segurados da previdência, que recebiam acima do salário mínimo, receberam reajuste de 2,07%.

O valor mínimo dos benefícios pagos pelo INSS – aposentadorias, auxílio-doença, pensão por morte –, das aposentadorias dos aeronautas e das pensões especiais pagas às vítimas da síndrome da talidomida, no ano de 2021, alcançou o valor de R$ 1.100,00.

O valor do benefício disposto na Lei Orgânica da Assistência Social (LOAS) para idosos e portadores de deficiência, no ano de 2021, também alcançou o valor de R$ 1.100,00, para a renda mensal vitalícia e para as pensões especiais pagas aos dependentes das vítimas de hemodiálise da cidade de Caruaru (PE).

Do supracitado, entende-se que a seguridade social (de forma genérica) deve seguir a preservação do valor nominal, ao passo que a previdência social (de forma específica) deve seguir a preservação do valor real.

Não obstante, é possível afirmar que a saúde e a assistência social não têm a obrigação constitucional ou legal de garantir a preservação real dos seus benefícios, garantindo-se, portanto, somente o valor nominal dos benefícios, ao contrário do que ocorre com a previdência social.

Observe-se que apenas nos benefícios da previdência social são assegurados a preservação do valor real (poder de compra).

O art. 201, § 4º, da CF/1988 dispõe da aplicação do princípio da irredutibilidade: "É assegurado o reajustamento dos benefícios (**previdenciários**) para preservar-lhes, em caráter permanente, o **valor real**, conforme critérios definidos em lei".

O STF, em consonância com o texto constitucional, defende a manutenção do **valor real** dos benefícios previdenciários:

Este Tribunal fixou entendimento no sentido de que o disposto no art. 201, § 4º, da Constituição do Brasil, assegura a revisão dos benefícios previdenciários conforme critérios definidos em lei, ou seja, compete ao legislador ordinário definir as diretrizes para conservação do **valor real** do benefício. Precedentes. (AI 668.444-AgR, Rel. Min. Eros Grau, julgamento em 13.11.2007, Segunda Turma, *DJ* de 07.12.2007. No mesmo sentido: AI 689.077-AgR, Rel. Min. Ricardo Lewandowski, julgamento em 30.06.2009, Primeira Turma, *DJe* 21.08.2009.) (Grifos nossos.)

Conforme a jurisprudência do STJ, é possível a aplicação de índices negativos de correção monetária (deflação) aos benefícios previdenciários, desde que preservado o valor nominal do montante principal:

Processual Civil e Econômico. Execução de Sentença que determinou Correção Monetária pelo IGP-M. Índices de Deflação. Aplicabilidade, preservando-se o Valor Nominal da Obrigação. A correção monetária nada mais é do que um mecanismo de manutenção do poder aquisitivo da moeda, não devendo representar, consequentemente, por si só, nem um *plus* nem um *minus* em sua substância. Corrigir o valor nominal da obrigação representa, portanto, manter, no tempo, o seu poder de compra original, alterado pelas oscilações inflacionárias positivas e negativas ocorridas no período. Atualizar a obrigação levando em conta apenas oscilações positivas importaria distorcer a realidade econômica produzindo um resultado que não representa a simples manutenção do primitivo poder aquisitivo, mas um indevido acréscimo no valor real. Nessa linha, estabelece o Manual de

> Orientação de Procedimento de Cálculos aprovado pelo Conselho da Justiça Federal que, não havendo decisão judicial em contrário, "os índices negativos de correção monetária (deflação) serão considerados no cálculo de atualização", com a ressalva de que, se, no cálculo final, "a atualização implicar redução do principal, deve prevalecer o valor nominal". (...) (Recurso Especial (REsp) nº 1.265.580/RS de 2011. Rel. Teori A. Zavascki, julgamento em 21.03.2012, Corte Especial, *DJe* 18.04.2012)

Portanto, os benefícios – prestações pecuniárias – não podem ter o valor inicial reduzido. Ao longo de sua existência, o benefício deve suprir os mínimos necessários à sobrevivência com dignidade, e, para tanto, não pode sofrer redução no seu valor mensal.

2.4 Princípio da universalidade de participação nos planos previdenciários

Esse princípio dispõe que todos os contribuintes da previdência social ou então aqueles cidadãos que exercem as atividades abrangidas pelo RGPS terão o INSS como gestor.

Essa universalidade pode ser mitigada, porquanto a previdência social apresenta caráter contributivo. Desse modo, os benefícios e serviços previdenciários serão fornecidos apenas às pessoas que contribuem com a previdência.

2.5 Princípio da uniformidade e equivalência dos benefícios e serviços às populações urbanas e rurais

No Brasil, os trabalhadores rurais sempre sofreram com desvantagens se comparados os direitos desses aos reconhecidos aos trabalhadores urbanos. A uniformidade significa que o plano de proteção social será o mesmo para trabalhadores urbanos e rurais.

Pela equivalência, o valor das prestações pagas a urbanos e rurais deve ser proporcionalmente igual. Os benefícios devem ser os mesmos (uniformidade), mas o valor da renda mensal é equivalente, não igual. O cálculo do valor dos benefícios se relaciona com o custeio da seguridade, uma vez que urbanos e rurais têm formas diferenciadas de contribuição para o custeio.

Esse princípio segue o alinhamento do Direito do Trabalho, presente na CF/1988, e prevê que não deve haver diferença entre trabalhadores urbanos e rurais. Em termos de seguridade social, a Constituição reafirmou o princípio da isonomia, consagrado no *caput* de seu art. 5°, inciso II, do parágrafo único do art. 194, no qual se garantiu a uniformidade e a equivalência de tratamento, entre urbanos e rurais, pela submissão de todos à lei, em igualdade de condições.

2.6 Princípio da seletividade e distributividade na prestação dos benefícios e serviços

A proteção social tem como pressuposto o encurtamento das distâncias sociais e redução das desigualdades sociais. Para tanto, o legislador deve buscar na realidade social e selecionar as contingências geradoras das necessidades que a seguridade deve cobrir. Nesse proceder, deve considerar a prestação que garanta maior proteção social, maior bem-estar.

Entretanto, a escolha deve recair sobre as prestações que, por sua natureza, tenham maior potencial para reduzir a desigualdade, o que concretiza a justiça social.

Para Martinez (2001, p. 176), esse princípio da seletividade "deve ser caracterizado por seleção de prestações e se entende à escolha, por parte do legislador, de um plano de benefícios compatível com a força econômico-financeira do sistema nos limites das necessidades do indivíduo"; e distributividade é "a necessidade de, no bojo da Previdência Social (onde presentes duas forças sociais de grande realce, a solidariedade e a distribuição de rendas), na elaboração do Plano de Benefícios, serem concebidos direitos em maior número e qualidade a favor dos mais necessitados".

A seletividade e a distributividade na prestação de benefícios e serviços remontam ao dever de lastrear a escolha feita pelo legislador de benefícios e serviços e integrantes da seguridade social, bem como os requisitos para a sua concessão, conforme as necessidades sociais e a disponibilidade de recursos orçamentários de acordo com o interesse público.

2.7 Princípio do caráter democrático e descentralizado da gestão do sistema

Tal princípio é evidenciado no comando constitucional do art. 165, § 5°, pelo qual se verifica orçamento próprio para a seguridade social. O caráter democrático e descentralizado visa a assegurar os direitos sociais em geral na gestão da previdência social.

Essa gestão deve ser democrática, de modo que todos os cidadãos possam ter efetiva participação. Assegura o caráter descentralizador, porquanto pessoas de vários setores diferentes podem participar e, por fim, deve ser quadripartite.

A gestão quadripartite dispõe a obrigatoriedade da participação de quatro classes, sendo **trabalhadores**, **empregado-**

res, **aposentados** e **Governo**, nas instâncias gestoras da previdência social, que são: Conselho Nacional da Previdência (CNP) e Conselho de Recursos da Previdência (CRP).

A ideia de democratização possui inspiração no art. 1º da CF/1988, que estabelece um Estado Democrático de Direito e se coaduna com o art. 10, que assegura a participação de trabalhadores e empregadores nos colegiados dos órgãos públicos, em que seus interesses profissionais ou previdenciários sejam objeto de discussão e deliberação.

2.8 Princípio da vedação do retrocesso social

O princípio da proibição de retrocesso social pode formular-se assim: o núcleo essencial dos direitos sociais já realizados e efetivados por meio de medidas legislativas (Lei da Segurança Social, Lei do Subsídio de Desemprego e Lei do Serviço de Saúde) deve considerar-se constitucionalmente garantido, sendo inconstitucionais quaisquer medidas estaduais que, sem a criação de outros esquemas alternativos ou compensatórios, se traduzam na prática em "anulação", "revogação" ou "aniquilação" pura e simples desse núcleo essencial.

Não se trata, pois, de proibir um retrocesso social captado em termos ideológicos ou de garantir em abstrato um *status quo* social, mas de proteger direitos fundamentais sociais, sobretudo no seu núcleo essencial. A liberdade de conformação do legislador e inerente autorreversibilidade têm como limite o núcleo essencial já realizado (CANOTILHO, 2001, p. 332-334).

Luís Roberto Barroso (2003, p. 59) traduziu o princípio da vedação do retrocesso, nos seguintes termos:

Por este princípio, que não é expresso, mas decorre do sistema jurídico-constitucional, entende-se que se uma lei, ao regulamentar um mandamento constitucional, instituir determinado direito, ele se incorpora ao patrimônio jurídico da cidadania e não pode ser arbitrariamente suprimido. Nessa ordem de ideias, uma lei posterior não pode extinguir um direito ou garantia, especialmente os de cunho social, sob pena de promover um retrocesso, abolindo um direito fundado na Constituição. O que se veda é o ataque à efetividade da norma, que foi alcançada a partir da sua regulamentação. Assim, por exemplo, se o legislador infraconstitucional deu concretude a uma norma programática ou tornou viável o exercício de um direito que dependia de sua intermediação, não poderá simplesmente revogar o ato legislativo, fazendo a situação voltar ao estado de omissão legislativa anterior.

Sarlet (2007), na busca de aprofundamento maior sobre o tema, ressalta a íntima relação que guarda a proibição ora debatida com a segurança jurídica. Isso porque um Estado de Direito autêntico (sob a ótica do pensamento constitucional contemporâneo) é também um Estado da segurança jurídica.

O STF adquiriu um considerável protagonismo no tocante à aplicação desse princípio. Foi chamado a se manifestar sobre essa questão diversas vezes, como se demonstra no Recurso Extraordinário de relatoria do Ministro Celso de Mello:

> **RECURSO EXTRAORDINÁRIO COM AGRAVO (LEI Nº 12.322/2010)** – Custeio, pelo Estado, de serviços hospitalares prestados por instituições privadas em benefício de pacientes do SUS atendidos pelo SAMU nos casos de urgência e de inexistência de leitos na rede pública –

Dever estatal de assistência à saúde e de proteção à vida resultante de norma constitucional – Obrigação jurídico-constitucional que se impõe aos estados – Configuração, no caso, de típica hipótese de omissão inconstitucional imputável ao estado – Desrespeito à Constituição provocado por inércia estatal (*RTJ* 183/818-819) – Comportamento que transgride a autoridade da Lei Fundamental da República (*RTJ* 185/794-796) – A questão da reserva do possível: reconhecimento de sua inaplicabilidade, sempre que a invocação dessa cláusula puder comprometer o núcleo básico que qualifica o mínimo existencial (*RTJ* 200/191-197) – O papel do poder judiciário na implementação de políticas públicas instituídas pela constituição e não efetivadas pelo poder público – A fórmula da reserva do possível na perspectiva da teoria dos custos dos direitos: impossibilidade de sua invocação para legitimar o injusto inadimplemento de deveres estatais de prestação constitucionalmente impostos ao poder público – A teoria da "restrição das restrições" (ou da "limitação das limitações") – Caráter cogente e vinculante das normas constitucionais, inclusive daquelas de conteúdo programático, que veiculam diretrizes de políticas públicas, especialmente na área da saúde (cf. arts. 6º, 196 e 197) – A questão das "escolhas trágicas" – A colmatação de omissões inconstitucionais como necessidade institucional fundada em comportamento afirmativo dos juízes e tribunais e de que resulta uma positiva criação jurisprudencial do direito – Controle jurisdicional de legitimidade da omissão do poder público: atividade de fiscalização judicial que se justifica pela necessidade de observância de certos parâmetros constitucionais (**proibição de retrocesso social, proteção ao mínimo existencial,**

> vedação da proteção insuficiente e proibição de excesso) – Doutrina – Precedentes do Supremo Tribunal Federal em tema de implementação de políticas públicas delineadas na Constituição da República (*RTJ* 174/687 – *RTJ* 175/1212-1213 – *RTJ* 199/1219-1220) – Existência, no caso em exame, de relevante interesse social. 2. Ação civil pública: instrumento processual adequado à proteção jurisdicional de direitos revestidos de metaindividualidade – legitimação ativa do Ministério Público (CF/1988, art. 129, III) – A função institucional do Ministério Público como "defensor do povo" (CF/1988, art. 129, II) – Doutrina – Precedentes. 3. Responsabilidade solidária das pessoas políticas que integram o Estado federal brasileiro, no contexto do Sistema Único de Saúde (SUS) – Competência comum dos entes federados (União, estados-membros, Distrito Federal e municípios) em tema de proteção e assistência à saúde pública e/ou individual (CF/1988, art. 23, II). Determinação constitucional que, ao instituir o dever estatal de desenvolver ações e de prestar serviços de saúde, torna as pessoas políticas responsáveis solidárias pela concretização de tais obrigações jurídicas, o que lhes confere legitimação passiva *ad causam* nas demandas motivadas por recusa de atendimento no âmbito do SUS – Consequente possibilidade de ajuizamento da ação contra um, alguns ou todos os entes estatais – Precedentes – Recurso de agravo improvido. (ARE 727.864/PR. Rel. Min. Celso de Mello, 2014).

E, por fim, o princípio é bem retratado por Tavares (2003, p. 176), que, nas suas palavras, defende que "consiste na impossibilidade de redução das implementações de direitos fundamentais já realizadas".

2.9 Princípio da filiação obrigatória

Na mesma linha doutrinária do princípio da compulsoriedade da contribuição, todo trabalhador que se enquadre na condição de segurado é considerado pelo regime geral como tal, desde que não esteja amparado por outro regime próprio (art. 201, *caput*, da CF/1988).

Nos termos do art. 201, a **obrigatoriedade de filiação** restringe-se à **previdência social**, não ocorrendo a mesma sujeição em se tratando de assistência à saúde, consoante estatuído no art. 196 da CF/1988, senão leia-se:

> Art. 201. A previdência social será organizada sob a forma do Regime Geral de Previdência Social, de caráter contributivo e de filiação obrigatória, observados critérios que preservem o equilíbrio financeiro e atuarial, e atenderá, na forma da lei, a: (...) (Redação dada pela Emenda Constitucional nº 103, de 2019.)
>
> Art. 196. A saúde é direito de todos e dever do Estado, garantido mediante políticas sociais e econômicas que visem à redução do risco de doença e de outros agravos e ao acesso universal e igualitário às ações e serviços para sua promoção, proteção e recuperação.

Contudo, é importante diferenciar os dois princípios: na compulsoriedade de contribuição, exige-se a participação dos indivíduos pertencentes à sociedade – e das pessoas jurídicas – no financiamento do sistema de seguridade, enquanto a filiação somente se aplica aos indivíduos que exercem atividade vinculada ao regime geral previdenciário que lhes garanta a subsistência, estando, a partir da inserção na parcela da população economicamente ativa, a salvo da perda ou redução dos ganhos decorrentes da atividade laborativa, nas hipóteses de eventos cobertos pela norma previdenciária.

Pode-se dizer, assim, que nem todo indivíduo que contribui para a seguridade é, ao mesmo tempo, filiado ao regime geral previdenciário. É o que ocorre, por exemplo, com um servidor público federal que, simultaneamente, seja empregador doméstico ou faça apostas em concursos de prognósticos: embora não seja filiado ao RGPS – pois, como servidor, tem regime próprio –, será contribuinte da seguridade social, visto que o fato de ser empregador ou apostador se enquadra em fato gerador da contribuição respectiva, devida numa ou noutra hipótese.

2.10 Princípio do caráter contributivo

Estabelece a Constituição que a previdência social, em qualquer de seus regimes, terá caráter contributivo (arts. 40, *caput*, e 201, *caput*), ou seja, será custeada por contribuições sociais (art. 149).

Cabe à legislação ordinária dos regimes previdenciários (no caso do RGPS, a Lei nº 8.212/1991; no caso dos regimes próprios de agentes públicos, a lei de cada ente da Federação) definir como se dará a participação dos segurados, ao fixar hipóteses de incidência, alíquotas de contribuição e bases de cálculo, obedecendo, em todo caso, às regras gerais estabelecidas no sistema tributário nacional – previstas, atualmente, na Constituição e no Código Tributário Nacional.

Assim, não há regime previdenciário na ordem jurídica brasileira que admita a percepção de benefícios sem a contribuição específica, salvo quando a responsabilidade pelo recolhimento de tal contribuição tenha sido transmitida, por força da legislação, a outrem que não o próprio segurado. Ainda, desse modo, isso não significa dizer que haja possibilidade jurídica de se estabelecer, na ordem vigente, benefício previdenciário sem que tenha havido a participação do segurado no custeio.

O não pagamento da contribuição, nos casos em que há concessão de benefício apesar de tal fato, configura mero inadimplemento da obrigação tributária, por parte do responsável pelo cumprimento da obrigação, mas não a ausência de filiação ou a perda da qualidade de segurado. Ou seja, não há que se confundir caráter contributivo com filiação ao sistema, que acontece ao passo em que há exercício de atividade laboral remunerada, desde então incluindo o indivíduo no campo da proteção previdenciária. Basta observar que, se um trabalhador, em seu primeiro dia de seu primeiro emprego, sofre acidente de trabalho, mesmo não tendo havido qualquer contribuição ainda ao sistema, fará jus a benefícios caso necessite.

Os regimes previdenciários estabelecidos na Constituição Federal e na legislação seguem a forma de repartição simples entre os segurados que dela necessitem. Não há vinculação direta entre o valor das contribuições vertidas pelo segurado e o benefício que possa vir a perceber, quando ocorrer algum dos eventos sob a cobertura legal.

Isso significa que há segurados que contribuem mais do que irão receber e outros que terão situação inversa. Exemplificando: um segurado que trabalhou durante 35 anos, contribuindo para algum regime previdenciário, e outro, ainda jovem, que trabalhe e contribua há apenas um mês; se ambos vierem a sofrer acidente que lhes retire permanentemente a capacidade laborativa, terão direito à aposentadoria por incapacidade permanente pelo resto de suas vidas.

2.11 Princípio da facultatividade da previdência complementar

Apesar de o regime previdenciário estatal ser compulsório e universal, admite-se a participação da iniciativa privada na atividade securitária, em complemento ao regime oficial, e em caráter de facultatividade para os segurados (CF/1988, art. 40, §§ 14 a 16, no âmbito dos regimes próprios de agentes públicos; art. 202, no âmbito do RGPS).

Desse modo, é possível que o contribuinte possa optar por um seguro privado, que pode ser denominado de previdência privada. O regime de previdência privada é facultativo, baseado na constituição de reservas que garantam o benefício contratado.

A previdência privada é feita de forma autônoma, desvinculada do regime previdenciário oficial, e, segundo o texto constitucional, deverá ser regulada por lei complementar. Compete ao Estado a função de fiscalizar a atividade das instituições de previdência privada, abertas e fechadas, no exercício do poder de polícia.

O § 2º do art. 202 da Constituição Federal dispõe que as contribuições vertidas para planos de previdência privada pelo empregador, os benefícios e as condições contratuais previstas em normas disciplinadoras das entidades de previdência privada não integram o contrato de trabalho, nem a remuneração dos participantes, à exceção dos benefícios concedidos.

Nesse contexto, é preciso distinguir as relações jurídicas: numa, o empregado possui direitos e obrigações para com seu empregador; na outra, o empregado ou contribuinte, na condição de participante de plano de previdência privada, de entidade aberta ou fechada, terá direitos e obrigações para com determinada entidade.

2.12 Princípio da indisponibilidade dos benefícios previdenciários

Quando se trata de proteger grupos historicamente vulneráveis, como hipossuficientes e idosos, a atuação expansiva dos Poderes é percebida como algo positivo pela maioria dos juristas e pela sociedade.

À vista do valor do benefício devido ao segurado ou a seu dependente de direito de natureza alimentar, inadmissível se torna que o beneficiário, pelo decurso do prazo, perca o direito ao benefício. Tem-se assim que são indisponíveis os direitos previdenciários dos beneficiários do regime, o que não cabe a renúncia e preserva-se, sempre, o direito adquirido daquele que, tendo implementado as condições previstas em lei para a obtenção do benefício, ainda não o tenha exercido. *A contrario sensu*, a perda da qualidade de segurado importa na caducidade do direito, porém não prejudica o direito à aposentadoria para cuja concessão tenham sido preenchidos todos os requisitos, segundo a legislação em vigor à época em que esses requisitos foram atendidos (art. 102, § 1º, da Lei nº 8.213/1991).

Da mesma forma, não se admite penhora, arresto ou sequestro do benefício, sendo nula de pleno direito a venda ou a cessão dos direitos do beneficiário ou a constituição de qualquer ônus sobre o benefício (art. 114 da Lei nº 8.213/1991), à exceção de valores devidos a título de contribuição devida pelo segurado (por exemplo, na concessão do salário-maternidade), devolução de valor de benefício concedido indevidamente pela previdência, tributação sobre a renda, cumprimento de ordem judicial decorrente da obrigação de prestar alimentos e, quando autorizados pelo beneficiário, mensalidades de entidades civis ou pagamento de empréstimos, financiamentos e operações de arrendamento mercantil, sendo que, na última hipótese, limitado o pagamento de tais obrigações a 30% do valor do benefício por mês (art. 115 da Lei nº 8.213/1991).

Nesse ponto, é importante ressaltar o entendimento do STJ:

> No ano de 2013, a 1ª Seção do STJ (engloba a 1ª e a 2ª Turmas), decidiu que o segurado da Previdência Social tem o dever de devolver o valor de benefício previdenciário recebido em antecipação dos efeitos da tutela que tenha sido posteriormente revogada (REsp 1.384.418-SC, Rel. Min. Herman Benjamin, julgado em 12.06.2013, *Informativo* 524).

Na ocasião, entendeu o STJ que se deve considerar não apenas o princípio da irrepetibilidade dos alimentos, mas também a boa-fé objetiva envolvida na situação. Para o Ministro Herman Benjamin, nas hipóteses de benefícios previdenciários oriundos de antecipação de tutela, não há dúvida de que o autor da ação possui boa-fé subjetiva, considerando que ele recebe os benefícios por conta de uma decisão judicial, e que há assim legitimidade jurídica no recebimento desses valores, apesar de precária (não definitiva).

No entanto, em situação similar, o STJ decidiu que os valores pelo INSS aos segurados, por força de decisão judicial transitada em julgado, a qual, posteriormente, vem a ser rescindida, não são passíveis de devolução, ante o caráter alimentar dessa verba e pelo fato de que o segurado recebeu e gastou tais quantias de boa-fé (AR 3.926/RS, Rel. Min. Marco Aurélio Bellizze, Terceira Seção, julgado em 11.09.2013).

Se a decisão já havia transitado em julgado, a fruição do que foi recebido indevidamente está acobertada pela boa-fé, considerando que o segurado poderia supor, de forma legítima, que os valores integraram em definitivo o patrimônio do beneficiário e que não mais iriam ser questionados.

3

O financiamento da seguridade social

Como se pode observar, nos termos do art. 195 da Constituição Federal, o dispositivo constitucional dividiu o dever de contribuir para a seguridade social entre o Estado (União, estados, Distrito Federal e municípios) e a sociedade (contribuições sociais):

> Art. 195. A seguridade social será financiada por toda a sociedade, de forma **direta** (contribuições sociais) e **indireta**, nos termos da lei, mediante recursos provenientes dos orçamentos da União, dos Estados, do Distrito Federal e dos Municípios, e das seguintes contribuições sociais:
>
> (...)
>
> § 1º As receitas dos Estados, do Distrito Federal e dos Municípios destinadas à seguridade social constarão dos respectivos orçamentos, não integrando o orçamento da União. (Grifos nossos.)

Conforme entendimento majoritário da doutrina, o **financiamento direto** é aquele consubstanciado pelo produto da arrecadação das contribuições sociais, devidas pelas empresas, pelos empregadores, pelos trabalhadores, as incidentes sobre os concursos de prognósticos e sobre a importação de bens ou serviços do exterior, entre outras. Ao passo que o **financiamento indireto** é aquele oriundo dos recursos provenientes dos orçamentos dos entes políticos da literalidade do dispositivo, sendo que, no orçamento da União, constará apenas receitas da União destinadas à Seguridade Social.

Do mesmo modo, não haverá captura das receitas estaduais, distritais e municipais em prol da seguridade social. Em resumo, todo ente político (União, estados, Distrito Federal e municípios) deve contribuir com a seguridade, mas com **orçamentos separados**.

A elaboração do orçamento para a seguridade está disposta no art. 195, § 2º, da CF/1988:

> A proposta de orçamento da seguridade social será elaborada de forma **integrada** pelos órgãos responsáveis pela **saúde**, **previdência social** e **assistência social**, tendo em vista as **metas** e **prioridades** estabelecidas na **Lei de Diretrizes Orçamentárias (LDO)**, assegurada a cada área a gestão de seus recursos. (Grifos nossos.)

Como se extrai do texto constitucional, a elaboração do orçamento, por qualquer ente político, ocorrerá de forma integrada pelos órgãos responsáveis das três áreas da seguridade social: saúde, previdência social e assistência social.

Não obstante, a Administração Financeira e Orçamentária (AFO) dispõe que o orçamento deve obedecer às **metas e prioridades** estabelecidas na Lei de Diretrizes Orçamentárias (LDO) do respectivo ente.

Nesse ponto, deve-se ter cuidado, pois há previsão das "diretrizes, objetivos e metas" da Administração Pública: **Plano Plurianual (PPA)** – estabelece diretrizes, objetivos e metas **(DOM)** da Administração Pública. **Lei de Diretrizes Orçamentárias (LDO)** – estabelece metas e prioridades **(MP)** da Administração Pública.

Já o financiamento, por parte da sociedade, disposto no art. 195 e seus incisos, dispõe que:

> Art. 195. A seguridade social será financiada por toda a sociedade, de forma direta e indireta, nos termos da lei, mediante recursos provenientes dos orçamentos da União, dos estados, do Distrito Federal e dos municípios, e das seguintes contribuições sociais:
>
> I – do empregador, da empresa e da entidade a ela equiparada na forma da lei, incidentes sobre:
>
> a) a folha de salários e demais rendimentos do trabalho pagos ou creditados, a qualquer título, à pessoa física que lhe preste serviço, mesmo sem vínculo empregatício;
>
> b) a receita ou o faturamento;
>
> c) o lucro.
>
> II – do trabalhador e dos demais segurados da previdência social, podendo ser adotadas alíquotas progressivas de acordo com o valor do salário de contribuição, não incidindo contribuição sobre aposentadoria e pensão concedidas pelo Regime Geral de Previdência Social;
>
> III – sobre a receita de concursos de prognósticos;
>
> IV – do importador de bens ou serviços do exterior, ou de quem a lei a ele equiparar.

3.1 Custeio da seguridade social

Balera (2006, p. 25) demonstra que cada plano de proteção deverá ser dotado de reservas que custearão, em conformidade com a legislação, os contratos, convênios e termos de parceria, o objetivo social definido.

O art. 165 da Constituição estabelece que os setores da seguridade social estarão contemplados por orçamento próprio. Ela destaca que a receita da seguridade social constará de orçamento próprio, distinto daquele previsto para a União Federal (arts. 165, § 5º, inciso III, e 195, §§ 1º e 2º). O legislador constituinte originário pretendeu, com tal medida, evitar que houvesse sangria de recursos da seguridade para despesas públicas que não as pertencentes às suas áreas de atuação.

Há que se ressaltar a disposição constitucional de distribuição de recursos, que é o planejamento, com previsão orçamentária tanto no PPA quanto na LDO, o que forma um Orçamento da Seguridade Social que deverá estabelecer metas quantitativas, cujo cumprimento será cobrado no devido tempo. Tudo isso sob responsabilidade do Conselho de Governo, com a tarefa de coordenação de todo o orçamento.

À luz dessas considerações, é preciso que haja a participação ativa dos representantes dos três setores da seguridade social que, juntos, devem elaborar proposta orçamentária a ser encaminhada ao Poder Executivo.

A manutenção das atividades da seguridade social é obtida mediante fontes básicas de custeio que são, na esfera pública, as contribuições sociais e as receitas orçamentárias e, no âmbito privado, as contribuições de participantes e provedores do ente complementar.

A aplicação da fórmula, ora descrita, faz que os diversos fundos existentes: Fundo de Previdência e Assistência Social, Fundo Nacional de Saúde, Fundo Nacional de Assistência Social, Fundo de Combate e Erradicação da Pobreza, entre outros, sejam o esteio financeiro do sistema e instrumento de amparo e proteção dos direitos sociais da comunidade. Compõem, ainda, a tabela de recursos que sustentam a seguridade social as verbas consignadas ao Fundo de Amparo ao Trabalhador (FAT).

Sobre esse prisma, é sobremodo relevante observar que não se pode criar benefício ou serviço, nem majorar ou estender a categorias de segurados sem que haja a correspondente fonte de custeio total. É o que dispõe o § 5º do art. 195 da Constituição:

> Art. 195. A seguridade social será financiada por toda a sociedade, de forma direta e indireta, nos termos da lei, mediante recursos provenientes dos orçamentos da União, dos Estados, do Distrito Federal e dos Municípios, e das seguintes contribuições sociais: (...)
>
> § 5º Nenhum benefício ou serviço da seguridade social poderá ser criado, majorado ou estendido sem a correspondente fonte de custeio total.

O art. 195 traz as linhas gerais sobre as contribuições sociais, sendo que o detalhamento será dado pela Lei nº 8.212/1991 (PSS) e, de forma mais detalhada em alguns tópicos, pelo Decreto nº 3.048/1999 (Regulamento da Previdência Social).

Essas contribuições, por já estarem previstas na CF/1988, não necessitam de lei complementar para serem instituídas, necessitando apenas de lei ordinária.

Uma modificação salutar com a EC nº 103/2019 foi a previsão dos arts. 10, § 7º, 11 e 12, que dispõe a alíquota progressiva nas contribuições previdenciárias:

> § 7º Aplicam-se às aposentadorias dos servidores dos Estados, do Distrito Federal e dos Municípios as normas constitucionais e infraconstitucionais anteriores à data de entrada em vigor desta Emenda Constitucional, enquanto não promovidas alterações na legislação interna relacionada ao respectivo regime próprio de previdência social.
>
> Art. 11. Até que entre em vigor lei que altere a alíquota da contribuição previdenciária de que tratam os arts. 4º, 5º e 6º da Lei nº 10.887, de 18 de junho de 2004, esta será de 14% (quatorze por cento).
>
> § 1º A alíquota prevista no *caput* será reduzida ou majorada, considerado o valor da base de contribuição ou do benefício recebido, de acordo com os seguintes parâmetros:
>
> I – até 1 (um) salário mínimo, redução de seis inteiros e cinco décimos pontos percentuais;
>
> II – acima de 1 (um) salário mínimo até R$ 2.000,00 (dois mil reais), redução de cinco pontos percentuais;
>
> III – de R$ 2.000,01 (dois mil reais e um centavo) até R$ 3.000,00 (três mil reais), redução de dois pontos percentuais;
>
> IV – de R$ 3.000,01 (três mil reais e um centavo) até R$ 5.839,45 (cinco mil, oitocentos e trinta e nove reais e quarenta e cinco centavos), sem redução ou acréscimo;
>
> V – de R$ 5.839,46 (cinco mil, oitocentos e trinta e nove reais e quarenta e seis centavos) até R$ 10.000,00 (dez mil reais), acréscimo de meio ponto percentual;

VI – de R$ 10.000,01 (dez mil reais e um centavo) até R$ 20.000,00 (vinte mil reais), acréscimo de dois inteiros e cinco décimos pontos percentuais;

VII – de R$ 20.000,01 (vinte mil reais e um centavo) até R$ 39.000,00 (trinta e nove mil reais), acréscimo de cinco pontos percentuais; e

VIII – acima de R$ 39.000,00 (trinta e nove mil reais), acréscimo de oito pontos percentuais.

§ 2º A alíquota, reduzida ou majorada nos termos do disposto no § 1º, será aplicada de forma progressiva sobre a base de contribuição do servidor ativo, incidindo cada alíquota sobre a faixa de valores compreendida nos respectivos limites.

§ 3º Os valores previstos no § 1º serão reajustados, a partir da data de entrada em vigor desta Emenda Constitucional, na mesma data e com o mesmo índice em que se der o reajuste dos benefícios do Regime Geral de Previdência Social, ressalvados aqueles vinculados ao salário mínimo, aos quais se aplica a legislação específica.

§ 4º A alíquota de contribuição de que trata o *caput*, com a redução ou a majoração decorrentes do disposto no § 1º, será devida pelos aposentados e pensionistas de quaisquer dos Poderes da União, incluídas suas entidades autárquicas e suas fundações, e incidirá sobre o valor da parcela dos proventos de aposentadoria e de pensões que supere o limite máximo estabelecido para os benefícios do Regime Geral de Previdência Social, hipótese em que será considerada a totalidade do valor do benefício para fins de definição das alíquotas aplicáveis.

Art. 12. A União instituirá sistema integrado de dados relativos às remunerações, proventos e pensões dos segurados dos regimes de previdência de que tratam os arts.

40, 201 e 202 da Constituição Federal, aos benefícios dos programas de assistência social de que trata o art. 203 da Constituição Federal e às remunerações, proventos de inatividade e pensão por morte decorrentes das atividades militares de que tratam os arts. 42 e 142 da Constituição Federal, em interação com outras bases de dados, ferramentas e plataformas, para o fortalecimento de sua gestão, governança e transparência e o cumprimento das disposições estabelecidas nos incisos XI e XVI do art. 37 da Constituição Federal.

Com a edição da Portaria nº 2.963/2020, houve reajuste dos valores previstos nos incisos II a VIII do § 1º do art. 11 da EC nº 103, de 12 de novembro de 2019, tendo passado para os seguintes valores em 1º de março de 2020:

> Art. 1º Conforme § 3º do art. 11 da Emenda Constitucional nº 103, de 12 de novembro de 2019, os valores previstos nos incisos II a VIII do § 1º do mesmo artigo, ficam reajustados em 4,48% (quatro inteiros e quarenta e oito décimos por cento), índice aplicado aos benefícios do Regime Geral de Previdência Social.
>
> § 1º Em razão do reajuste previsto no *caput*, a alíquota de 14% (quatorze por cento) estabelecida no *caput* do art. 11 da Emenda Constitucional nº 103, de 2019, que entrará em vigor em 1º de março de 2020, será reduzida ou majorada, considerado o valor da base de contribuição ou do benefício recebido, de acordo com os seguintes parâmetros:
>
> I – até 1 (um) salário mínimo, redução de seis inteiros e cinco décimos pontos percentuais;
>
> II – acima de 1 (um) salário mínimo até R$ 2.089,60 (dois mil, oitenta e nove reais e sessenta centavos), redução de cinco pontos percentuais;

III – de R$ 2.089,61 (dois mil, oitenta e nove reais e sessenta e um centavos) até R$ 3.134,40 (três mil, cento e trinta e quatro reais e quarenta centavos), redução de dois pontos percentuais;

IV – de R$ 3.134,41 (três mil, cento e trinta e quatro reais e quarenta e um centavos) até R$ 6.101,06 (seis mil, cento e um reais e seis centavos), sem redução ou acréscimo;

V – de R$ 6.101,07 (seis mil, cento e um reais e sete centavos) até R$ 10.448,00 (dez mil, quatrocentos e quarenta e oito reais), acréscimo de meio ponto percentual;

VI – de R$ 10.448,01 (dez mil, quatrocentos e quarenta e oito reais e um centavo) até R$ 20.896,00 (vinte mil, oitocentos e noventa e seis reais), acréscimo de dois inteiros e cinco décimos pontos percentuais;

VII – de R$ 20.896,01 (vinte mil, oitocentos e noventa e seis reais e um centavo) até R$ 40.747,20 (quarenta mil, setecentos e quarenta e sete reais e vinte centavos), acréscimo de cinco pontos percentuais; e

VIII – acima de R$ 40.747,20 (quarenta mil, setecentos e quarenta e sete reais e vinte centavos), acréscimo de oito pontos percentuais.

§ 2º A alíquota, reduzida ou majorada nos termos do disposto no § 1º, será aplicada de forma progressiva sobre a base de contribuição do servidor ativo de quaisquer dos Poderes da União, incluídas suas entidades autárquicas e suas fundações, incidindo cada alíquota sobre a faixa de valores compreendida nos respectivos limites.

§ 3º A alíquota de contribuição de que trata o § 1º, com a redução ou a majoração decorrentes do disposto nos incisos I a VIII do mesmo parágrafo, será devida pelos aposentados e pensionistas de quaisquer dos Poderes da União, incluídas suas entidades autárquicas e suas fundações, e incidirá sobre o valor da parcela dos proventos de aposentadoria e de pensões que supere o limite máximo estabelecido para os benefícios do Regime Geral de Previdência Social, hipótese em que será considerada a totalidade do valor do benefício para fins de definição das alíquotas aplicáveis.

4

Os regimes previdenciários

4.1 Regime Geral da Previdência Social

A Constituição Federal estabelece as diretrizes essenciais do RGPS, fundado no caráter contributivo e no princípio da solidariedade. A partir dessas balizas, o Congresso Nacional dispõe de ampla liberdade de conformação para estruturar o regime de financiamento e as prestações estatais, tendo em vista a necessidade de promover o equilíbrio atuarial do sistema e garantir a sua integridade para as gerações atuais e futuras.

Nos dias de hoje, são duas as formas existentes para gerar os recursos que se transformarão em benefícios no sistema previdenciário: o **Regime de Repartição** e o **Regime de Capitalização**.

Entende-se por regime previdenciário aquele que abarca, mediante normas disciplinadoras da relação jurídica previdenciária, uma coletividade de indivíduos que têm vinculação entre si em virtude da relação de trabalho ou categoria profissional a que está submetida, garantindo a esta coletividade, no mínimo, os benefícios essencialmente observados em todo sistema de seguro social – aposentadoria e pensão por falecimento do segurado (CASTRO; LAZZARI, 2020, p. 289).

O **Regime de Repartição**, adotado pela Previdência Social do Brasil, é aquele em que as pessoas que estão na ativa (trabalhando) contribuem para o sistema, ou seja, são elas que custeiam os benefícios de quem já os recebe (inativos).

Também classificado como **Pacto de Gerações**, tal regime não apresenta grandes problemas quando é alto o número de quem trabalha e contribui para assegurar pagamento aos beneficiários.

A situação se complica, porém, nas economias com queda nas taxas de natalidade e mortalidade, nas quais há redução no número de trabalhadores contribuintes e aumento da faixa etária dos segurados.

Principal regime previdenciário na ordem interna, o RGPS abrange todos os trabalhadores da iniciativa privada; entre o rol estão os seguintes:

- os trabalhadores que possuem relação de emprego regida pela Consolidação das Leis do Trabalho (empregados urbanos, mesmo os que estejam prestando serviço a entidades paraestatais, os aprendizes e os temporários);
- os trabalhadores enquadrados na Lei nº 5.889/1973 (empregados rurais);
- os empregados domésticos;
- os trabalhadores autônomos, eventuais ou não;
- os empresários, titulares de firmas individuais ou sócios gestores e prestadores de serviços;
- os trabalhadores avulsos;
- os pequenos produtores rurais e pescadores artesanais que trabalham em regime de economia familiar; e
- os empregados de organismos internacionais, sacerdotes etc.

O PBPS é regido pela Lei nº 8.213/1991, sendo de filiação compulsória e automática para os segurados obrigatórios, e que permite, ainda, que pessoas que não estejam enquadradas como obrigatórios e não tenham regime próprio de previdência se inscrevam como segurados facultativos, passando, também, a serem filiados ao RGPS. É o único regime previdenciário compulsório brasileiro que permite a adesão de segurados facultativos, em obediência ao princípio da universalidade do atendimento – art. 194, parágrafo único, inciso I, da Constituição.

O modelo brasileiro, segundo essa linha de pensamento, se divide da seguinte forma (CASTRO; LAZZARI, 2020, p. 152):

Pilar 1 – Previdência Social Básica: pública, compulsória em forma de repartição, com financiamento misto (trabalhadores, tomadores de serviços e poder público), dividida em múltiplos regimes: o Regime Geral, administrado pela União, cuja atribuição é descentralizada à autarquia INSS; e os Regimes Próprios de Previdência dos Servidores, administrados pelos entes da Federação, baseados no princípio da solidariedade e com o objetivo de oferecer proteção à classe trabalhadora em geral (empregados de qualquer espécie, trabalhadores avulsos, por conta própria e empresários dos meios urbano e rural, servidores públicos).

Pilar 2 – Previdência Complementar: privada, em regime de capitalização, na modalidade contribuição definida, facultativa à classe trabalhadora na modalidade fechada (financiada, nesse caso, com contribuições dos trabalhadores e tomadores de serviços), e a todos os indivíduos, na modalidade aberta (com contribuição somente do indivíduo), administrada por entidades de previdência complementar.

Pilar 3 – Assistência Social: para idosos e pessoas com deficiência, abrangendo as pessoas que estejam carentes de condições de subsistência, segundo critérios estabelecidos em lei financiada pelos contribuintes da seguridade social e pelos entes da Federação.

No **Regime de Capitalização**, seus participantes são responsáveis pela formação do saldo que no futuro será vertido em benefício, por meio de um fundo individual ou coletivo.

Em termos de equilíbrio financeiro, é bastante seguro, já que é o beneficiário quem **paga no presente sua futura aposentadoria**. Como representantes desse regime no Brasil, estão as entidades de previdência complementar, abertas ou fechadas, indicadas a quem quer e/ou precisa complementar o benefício oferecido pela Previdência Social (RGPS).

A Lei nº 8.213/1991 trouxe o seguinte dispositivo:

> Art. 9º A previdência social compreende:
>
> I – o Regime Geral de Previdência Social; e
>
> II – o Regime Facultativo Complementar de Previdência Social.

Como pode ser observado, a previdência complementar era abarcada pela previdência social, entretanto, esse dispositivo está desatualizado com as alterações operadas pela EC nº 20/1998 (Primeira Reforma Previdenciária).

Sendo assim, a redação a ser considerada atualmente é a presente no Decreto nº 3.048/1999 (Regulamento da Previdência Social – RPS), que assim dispõe:

> Art. 6º A previdência social compreende:
>
> I – o Regime Geral de Previdência Social; e
>
> II – os Regimes Próprios de Previdência Social dos servidores públicos e dos militares.

4.2 Regimes de previdência de agentes públicos ocupantes de cargos efetivos e vitalícios

Com a introdução do caráter contributivo, pela EC nº 3/1993, e o fortalecimento da noção de "Regime Próprio" de Previdência, pela EC nº 20/1998, a aposentadoria dos servidores ocupantes de cargos efetivos mereceu destaque maior na literatura previdenciária.

Num breve escorço histórico, é curial dizer que as regras de aposentadoria dos servidores públicos sempre foram diferenciadas dos trabalhadores da iniciativa privada, sendo traços marcantes, até as Reformas Constitucionais da Previdência, (1) a fixação da base de cálculo dos proventos como sendo a última remuneração, e não uma média das remunerações auferidas; e (2) a chamada "regra da paridade", em que se estabelecia o reajuste dos proventos de aposentadorias e pensões no mesmo índice e na mesma data em que fossem reajustados os dos servidores públicos em atividade.

A CF/1988, quando promulgada, concedia o mesmo tratamento diferenciado aos agentes públicos ocupantes de cargos efetivos da União, dos estados, do Distrito Federal e dos municípios, bem como os de autarquias e fundações públicas. Com a EC nº 20/1998 se inovou na matéria ao prever a instituição de um regime previdenciário próprio, o qual também se aplica aos agentes públicos ocupantes de cargos vitalícios (magistrados, membros do Ministério Público e de Tribunais de Contas) – art. 40, *caput*, com a redação conferida pela EC nº 41/2003.

Dessa forma, a existência de Regime Próprio de Previdência vale para os agentes públicos ocupantes de cargos efetivos da União, dos Estados, do Distrito Federal e dos municípios, bem como os de autarquias e fundações públicas, assim como aos agentes públicos ocupantes de cargos vitalícios (magistrados, membros do Ministério Público e de Tribunais de Contas).

Tais agentes públicos não se inserem no RGPS, o que significa dizer que lhes é assegurado estatuto próprio a dispor sobre seus direitos previdenciários e a participação destes no custeio do regime diferenciado.

Em função da autonomia político-administrativa de cada um dos Entes da Federação, incumbe especificamente à União estabelecer, normatizar e fazer cumprir a regra constitucional do art. 40 em relação aos seus servidores públicos; a cada estado-membro da Federação e ao Distrito Federal, em relação a seus servidores públicos estaduais ou distritais; e a cada município, em relação aos seus servidores públicos municipais, o que acarreta a existência de milhares de regimes de previdência social na ordem jurídica vigente.

4.3 Regime previdenciário complementar

Balera (2006) analisa os entes de previdência privada que, para ele, formam uma segunda rede de seguridade social em colaboração com o Poder Público, mas sem perderem os traços característicos que são peculiares às pessoas privadas. Esse regime complementar deve ser regulado mediante lei complementar, conforme determina o art. 202 da Constituição Federal.

A Previdência Social no Brasil é composta por regimes públicos, quais sejam o Regime Geral de Previdência Social e os Regimes Próprios de Agentes Públicos, todos em sistema de repartição, compulsórios, geridos pelo Poder Público, que cobrem a perda da capacidade de gerar meios para a subsistência até um valor teto.

A previdência complementar é um benefício opcional, que proporciona ao trabalhador um seguro previdenciário adicional, conforme sua necessidade e vontade. A CF/1988 traz a seguinte previsão:

> Art. 202. O regime de previdência privada, de caráter complementar e organizado de forma autônoma em relação ao regime geral de previdência social, será facultativo, baseado na constituição de reservas que garantam o benefício contratado, e regulado por lei complementar.

As Entidades Fechadas de Previdência Complementar (EFPC) são entidades que oferecem planos de benefícios para certos grupos de pessoas, como servidores públicos de determinado Poder (Executivo, Legislativo ou Judiciário), trabalhadores de uma determinada empresa, entre outros casos.

As Entidades Abertas de Previdência Complementar (EAPC) oferecem planos de benefícios para qualquer pessoa que tenha interesse em adquiri-los. Geralmente são produtos beneficiários, como o BrasilPrev, do Banco do Brasil.

O sistema complementar, privado e facultativo é gerido por entidades de previdência fiscalizadas pelo Poder Público. Desse modo, a exploração da previdência pela iniciativa privada é tolerada pela ordem jurídica, porém apenas em caráter supletivo.

A Constituição Federal de 1988 previa, desde sua redação original, a existência de um regime complementar de previdência, gerido pela própria Previdência Social, sem, no entanto, trazer maiores disciplinamentos à matéria, que foi remetida para lei específica, a qual nunca foi editada (§ 7º do art. 201 da Constituição; art. 28, § 6º, da Lei nº 8.212/1991).

Entretanto, existe o regime complementar privado, que tem por prestadoras de benefícios previdenciários as entidades de previdência complementar.

Quando se trata de competência jurisdicional, o STF já se posicionou sobre a matéria. Leia-se:

> O STF, em julgamento proferido em âmbito de repercussão geral, no tocante à competência jurisdicional para processar e julgar demandas envolvendo participante e entidade de previdência complementar fechada respectiva, concluiu competir à Justiça Estadual, e não à Justiça do Trabalho, a apreciação desses litígios. (RE 586.453, Tribunal Pleno, Rel. p/ acórdão Min. Dias Toffoli, *DJe* 06.06.2013.)

A Constituição Federal, em seu art. 40, §§ 14 a 16, determinou a instituição, pelos estados e municípios, de regime de previdência complementar, que poderá ser fechado ou aberto, para servidores públicos ocupantes de cargo efetivo, o qual deve ser feito por meio de lei de iniciativa do respectivo Poder Executivo:

> Art. 40. O regime próprio de previdência social dos servidores titulares de cargos efetivos terá caráter contributivo e solidário, mediante contribuição do respectivo ente federativo, de servidores ativos, de aposentados e de pensionistas, observados critérios que preservem o equilíbrio financeiro e atuarial.
>
> (...)
>
> § 14. A União, os Estados, o Distrito Federal e os Municípios instituirão, por lei de iniciativa do respectivo

> Poder Executivo, regime de previdência complementar para servidores públicos ocupantes de cargo efetivo, observado o limite máximo dos benefícios do Regime Geral de Previdência Social para o valor das aposentadorias e das pensões em regime próprio de previdência social, ressalvado o disposto no § 16. (Redação dada pela Emenda Constitucional nº 103, de 2019.)
>
> § 15. O regime de previdência complementar de que trata o § 14 oferecerá plano de benefícios somente na modalidade contribuição definida, observará o disposto no art. 202 e será efetivado por intermédio de entidade fechada de previdência complementar ou de entidade aberta de previdência complementar. (Redação dada pela Emenda Constitucional nº 103, de 2019.)
>
> § 16. Somente mediante sua prévia e expressa opção, o disposto nos §§ 14 e 15 poderá ser aplicado ao servidor que tiver ingressado no serviço público até a data da publicação do ato de instituição do correspondente regime de previdência complementar.

Antes da EC nº 103/2019, pela antiga redação do § 14, a instituição de previdência complementar era decisão discricionária de cada ente federativo.

Além disso, com a inserção do § 15 no art. 37 da Constituição, houve a vedação da possibilidade de complementação de aposentadorias de servidores públicos e de pensões por morte a seus dependentes que não seja decorrente de previdência complementar ou não seja prevista em lei que extinga regime próprio de previdência social:

> § 15. É vedada a complementação de aposentadorias de servidores públicos e de pensões por morte a seus dependentes que não seja decorrente do disposto nos §§ 14 a

16 do art. 40 ou que não seja prevista em lei que extinga regime próprio de previdência social.

4.4 Regime dos militares das Forças Armadas

O servidor civil ocupante de cargo efetivo ou o militar da União, do estado, do Distrito Federal ou do município, bem como o das respectivas autarquias e fundações, é excluído do RGPS consubstanciado neste Regulamento, desde que amparado por Regime Próprio de Previdência Social (RPPS).

Em linhas gerais, os militares não são mais considerados, pelo texto constitucional, servidores públicos, em face das alterações propostas pelo Poder Executivo e promulgadas pela EC nº 18, de 5 de fevereiro de 1998, pois cria tratamento diferenciado para os membros das Forças Armadas em vários aspectos e fundamentalmente finda com o tratamento isonômico exigido pelo texto original da Constituição entre servidores civis e militares.

A Constituição, assim, dispõe:

> Art. 142. As Forças Armadas, constituídas pela Marinha, pelo Exército e pela Aeronáutica, são instituições nacionais permanentes e regulares, organizadas com base na hierarquia e na disciplina, sob a autoridade suprema do Presidente da República, e destinam-se à defesa da Pátria, à garantia dos poderes constitucionais e, por iniciativa de qualquer destes, da lei e da ordem. (...)
>
> X – a lei disporá sobre o ingresso nas Forças Armadas, os limites de idade, a estabilidade e outras condições de transferência do militar para a inatividade, os direitos, os deveres, a remuneração, as prerrogativas e outras situações especiais dos militares, consideradas as peculiaridades de

suas atividades, inclusive aquelas cumpridas por força de compromissos internacionais e de guerra. (Incluído pela Emenda Constitucional nº 18, de 1998.)

4.4.1 Inatividade remunerada e pensões militares à luz da EC nº 103/2019

A competência para legislar sobre regras gerais de inatividade remunerada de policiais militares e bombeiros dos estados e do Distrito Federal passou a ser privativa da União, tendo sido alterado o inciso XXI do art. 22 da Constituição.

Dessa forma, a União passou a deter privativamente a competência para legislar sobre pensões por morte dos policiais militares e bombeiros dos estados da federação, a fim de que haja um único regramento a ser editado pelo ente central, o que deixa aos Estados somente a suplementação de acordo com as peculiaridades locais.

Assim, caberá à União reger os requisitos gerais das inatividades remuneradas e pensões por morte das polícias militares e dos corpos de bombeiros militares, o que acarretará a ulterior suspensão das normas locais no que for contrário.

Não obstante, no dia 16 de dezembro de 2019, foi sancionada a Lei nº 13.954, que, entre outras diligências, dispõe sobre mudanças no sistema de proteção social dos militares, trazendo novas disposições sobre contribuições, proventos de inatividade e pensões dos militares.

4.5 Da classificação dos regimes previdenciários

Da classificação supracitada, já se pode definir que a previdência social abrange **dois regimes previdenciários**. Salienta-se que a previdência complementar **não** está mais compreendida dentro da previdência social.

4.6 Regime complementar de Previdência Social

A previdência complementar é uma forma de provimento social muito difundida nos países mais desenvolvidos, como os EUA, os países da União Europeia e o Japão. Contudo, ainda é pouco conhecida entre nós, brasileiros, sobretudo em se tratando de seus aspectos jurídicos.

Para constar, a previdência complementar é um benefício **opcional**, que proporciona ao trabalhador um seguro previdenciário **adicional**, conforme sua necessidade e vontade. É uma aposentadoria contratada para garantir uma **renda extra** ao trabalhador, no caso de aposentadoria, ou ao seu beneficiário, no caso de pensão por morte.

Atualmente, os benefícios previdenciários do RGPS estão limitados ao teto de R$ 5.645,80, ou seja, se o trabalhador, enquanto na atividade, recebia como remuneração R$ 7.500,00 em média, quando passar para a inatividade, receberá mensalmente no máximo R$ 5.645,80. Daí advém a importância da previdência complementar.

Além da aposentadoria, o participante normalmente tem à sua disposição outros benefícios pecuniários, como no caso de **morte**, **acidentes**, **doenças** e **invalidez**. No Brasil, existem dois tipos de previdência complementar: a **previdência aberta** e a **previdência fechada**.

Ambas funcionam de maneira simples: durante o período em que o cidadão estiver trabalhando, contribuir todo mês com uma quantia de acordo com a sua disponibilidade. Esses valores serão investidos pela entidade gestora, o que gerará, em tese, um fundo de reservas.

Após um determinado período de tempo, coincidente ou não com a aposentadoria do indivíduo no RGPS, o saldo acumulado do fundo poderá ser resgatado **integralmente** ou recebido de forma parcelada **mensalmente**, como uma aposentadoria tradicional.

4.7 Previsão constitucional

A previdência complementar se encontra de forma expressa no texto da CF/1988, especificamente no art. 202 e seus parágrafos.

O art. 202 dispõe:

> Art. 202. O regime de **previdência privada**, de caráter **complementar** e organizado de forma **autônoma** em relação ao Regime Geral de Previdência Social [RGPS], será **facultativo**, baseado na constituição de reservas que garantam o benefício contratado, e regulado por **lei complementar**. (Grifos nossos.)

Como se pode observar, a EC n° 20/1998, que deu nova redação ao artigo supracitado, considera a **previdência privada**, ou **previdência complementar** (sinônimo), um regime previdenciário **autônomo** e **complementar** ao RGPS, ou seja, o trabalhador não precisa ser filiado ao RGPS para ter direito a ela. Em outras palavras, o cidadão não precisa nem mesmo estar trabalhando para contratar uma previdência complementar.

Além disso, a previdência complementar é **facultativa**, ou seja, adere **a essa espécie de previdência quem assim desejar**.

Como pode ser observado, o próprio *caput* do art. 202 traz a essência da previdência privada, que é justamente a constituição de reservas, por meio de pagamentos mensais do trabalhador, que serão investidos e geridos por uma instituição, posteriormente se transformarão em um fundo considerável que financiará os benefícios mensais do indivíduo, durante o seu período de gozo.

A legislação citada no artigo é a LC nº 109/2001, que assegura ao **participante** (indivíduo que aderiu à previdência complementar) o pleno acesso às informações relativas à gestão do seu respectivo **Plano de Benefícios de Previdência Complementar**.

Assim, o participante, ao ingressar na previdência complementar, contratará um plano de benefícios, no qual terá acesso a todos os dados referentes à gestão desse plano e do respectivo fundo de reservas. Em última análise, estar-se diante do **princípio da transparência** para as entidades de previdência complementar.

As **contribuições** do empregador, os **benefícios** e as condições contratuais previstas em estatutos, regulamentos e planos de benefícios das entidades de previdência complementar **não integram o contrato de trabalho dos participantes**, assim como, à exceção dos benefícios concedidos, não integram a remuneração dos participantes, nos termos da lei.

O parágrafo supracitado quer dizer que o contrato de trabalho não deverá ter nenhuma cláusula referente às contribuições ou aos benefícios da previdência complementar, bem como esses valores não são considerados remuneração dos trabalhadores, **exceto** em relação aos benefícios concedidos, na forma que a lei prever.

Conforme dispõe a legislação, é vedado (proibido) o aporte (investimento) de recursos à entidade de previdência complementar pela União, estados, Distrito Federal e municípios, suas autarquias, fundações, empresas públicas, sociedades de economia mista e outras entidades públicas, **salvo** na qualidade de **patrocinador**, situação na qual, em hipótese alguma, sua contribuição normal poderá exceder a do segurado.

Em regra, o governo, seja administração direta, seja indireta (autarquias, fundações, empresas públicas e sociedades de economia mista), **NÃO** poderá investir dinheiro (aportes) em entidades de previdência complementar, exceto na condição de **patrocinador do plano**.

Entretanto, para ser patrocinador, o governo precisa se comprometer a pagar mensalmente um valor máximo equivalente à contribuição paga pelo participante, ou seja, se o participante contribuir com R$ 1.000,00 (10% da sua remuneração), o governo poderá pagar no máximo R$ 1.000,00 por mês para esse mesmo plano, referente ao mesmo trabalhador. Nesse caso, não poderá o governo contribuir com R$ 1.500,00 ou R$ 2.000,00. **O limitador é o montante da contribuição do segurado**.

Não obstante, a previdência complementar brasileira também é regida por outra lei complementar, a LC nº 108/2001, que disciplina a relação entre o governo (União, estados, Distrito Federal ou municípios), inclusive sua administração indireta e empresas controladas, e as suas respectivas **Entidades Fechadas de Previdência Complementar (EFPC)**, enquanto patrocinadora dessas.

As **EFPC** oferecem planos de benefícios para certos grupos de pessoas, como servidores públicos de determinado Poder (Executivo, Legislativo ou Judiciário), trabalhadores de uma determinada empresa etc.

Por sua vez, as **Entidades Abertas de Previdência Complementar (EAPC) oferecem planos de benefícios para qualquer pessoa** que tenha interesse em aderi-los. Geralmente são produtos bancários, como o BrasilPrev do Banco do Brasil, o PrevRenda da Caixa Econômica Federal e o FlexPrev do Itaú.

Para constar, a LC nº 108/2001 se aplica, no que couber, às empresas privadas permissionárias ou concessionárias de prestação de serviços públicos, quando patrocinadoras de EFPC. Além disso, tal lei complementar estabelece os requisitos para a designação dos membros das diretorias das EFPCs e disciplina a inserção dos participantes nos colegiados e nas instâncias de decisão em que seus interesses sejam objeto de discussão e deliberação.

4.8 Lei Complementar nº 109/2001

A Lei Complementar nº 109/2001 regulamenta o Regime de Previdência Privada, de caráter **complementar** e organizado de **forma autônoma** em relação ao RGPS.

Tal regime complementar é **facultativo**, baseado na constituição de reservas que garantam o benefício, nos termos do *caput* do art. 202 da CF/1988.

O Regime de Previdência Complementar é operado por entidades de previdência complementar que têm por objetivo principal **instituir e executar planos de benefícios de caráter previdenciário**.

A ação do Estado em relação ao Regime de Previdência Complementar será exercida com o objetivo de:

- formular a **política** de previdência complementar;
- disciplinar, coordenar e supervisionar as atividades reguladas pela LC nº 109/2001, compatibilizando-as com as políticas previdenciária e de desenvolvimento social e econômico-financeiro;

- determinar padrões mínimos de **segurança econômico--financeira e atuarial**, com fins específicos de preservar a liquidez, a solvência e o equilíbrio dos planos de benefícios, isoladamente, e de cada entidade de previdência complementar, no conjunto de suas atividades.
- assegurar a participantes e assistidos o **pleno acesso às informações relativas à gestão** de seus respectivos planos de benefícios;
- **fiscalizar as entidades de previdência complementar (fechadas e abertas)**, suas operações e aplicar penalidades; e
- **proteger os interesses dos participantes e assistidos dos planos de benefícios**. Os assistidos são as pessoas eleitas pelo participante que têm direito a gozar dos benefícios do Plano de Benefícios de Previdência Complementar. Fazendo um paralelo com o RGPS, o **participante** seria equivalente ao **segurado**, e o **assistido** pode ser o **próprio participante** em gozo do benefício ou um beneficiário, visto que esse seria equivalente ao **dependente**.

As entidades de previdência complementar são classificadas em fechadas (**EFPC**) e abertas (**EAPC**), como será visto com mais detalhes a seguir.

A **normatização, coordenação, supervisão, fiscalização e controle** das atividades das entidades de previdência complementar serão realizados por **órgão**, ou **órgãos, regulador e fiscalizador**.

Atualmente há a seguinte estrutura regulatória e fiscalizatória:

- **EAPC:**
    - ☐ **Órgão fiscalizador**: Superintendência de Seguros Privados (**Susep**), ligada ao Ministério da Fazenda (MF).

- **Órgão regulador**: Conselho Nacional de Seguros Privados (**CNSP**), ligado ao Ministério da Fazenda (MF).

■ **EFPC:**
- **Órgão fiscalizador**: Superintendência Previdência Complementar (**Previc**), ligada ao Ministério da Fazenda (MF).
- **Órgão regulador**: Secretaria de Políticas de Previdência Complementar (**SPPC**), ligada ao Ministério da Fazenda (MF).

Tem-se o disposto nos artigos iniciais do Decreto nº 7.123/2010, que assim dispõe:

> Art. 2º Ao **CNPC**, colegiado integrante da estrutura básica do Ministério da Previdência Social, cabe exercer a função de **órgão regulador do regime de previdência complementar operado pelas Entidades Fechadas de Previdência Complementar** [EFPC].
>
> Art. 3º À CRPC, órgão recursal colegiado no âmbito do Ministério da Previdência Social, **compete apreciar e julgar, encerrando a instância administrativa, os recursos interpostos contra decisão da Diretoria Colegiada da Superintendência Nacional de Previdência Complementar – PREVIC.** (Grifos nossos.)

4.9 Tipos de entidades

4.9.1 Entidades Fechadas de Previdência Complementar

As EFPCs são aquelas acessíveis, na forma regulamentada pelo órgão regulador e fiscalizador, **exclusivamente**:

■ aos empregados de uma empresa ou grupo de empresas e aos servidores da União, dos estados, do Distrito Federal e dos municípios, entes denominados **patrocinadores**; e

- aos associados ou membros de pessoas jurídicas de caráter profissional, classista ou setorial, denominadas **instituidores**. Cabe ressaltar que o órgão regulador e fiscalizador estabelecerá o **tempo mínimo** de existência do instituidor e o seu **número mínimo** de associados.

Conforme disposição legal, as EFPCs organizar-se-ão sob a forma de **fundação** ou **sociedade simples, sem fins lucrativos**.

O texto da lei complementar faz referência ao termo "sociedade civil", que era a denominação adotada em 2001, sob a égide do antigo Código Civil de 1916. Atualmente, sob a égide do Código Civil de 2002, tem-se a sociedade simples, que veio substituir a antiga sociedade civil.

Como se pode observar, quando a EFPC abrange planos de servidores públicos de determinado poder ou de empregados de uma determinada empresa, o governo ou a empresa recebem a denominação de **patrocinadores** do plano, que deverão participar efetivamente no custeio desse plano. Por sua vez, no caso de associados de pessoas jurídicas de caráter profissional, essas associações recebem a denominação de **instituidores** do plano, também sendo obrigadas a participar do custeio deste plano.

Os responsáveis pela gestão dos recursos das **EFPCs com patrocinadores** deverão manter segregados e totalmente isolados o seu patrimônio dos patrimônios do patrocinador e da EFPC.

As **EFPCs com instituidores** deverão, cumulativamente:

- **terceirizar** a gestão dos recursos garantidores das reservas técnicas e provisões mediante a contratação de instituição especializada autorizada a funcionar pelo **Banco Central do Brasil (Bacen)**; e

- oferecer exclusivamente planos de benefícios na **modalidade Contribuição Definida (CD)**.

Conforme dispõe a LC nº 109/2001, o órgão regulador e fiscalizador normatizará planos de benefícios nas modalidades:

a) **Benefício Definido (BD)**
É aquele em que o valor da aposentadoria é estabelecido no momento em que o participante adere ao plano e calculado com base em valores pré-fixados ou fórmulas estipuladas no regulamento. Para assegurar a concessão e a manutenção do benefício contratado, cálculos atuariais são feitos todos os anos, o que pode alterar o valor dos depósitos mensais. O regime nesse caso é de **mutualismo**, com uma conta coletiva e solidariedade entre os participantes. O recebimento da aposentadoria é vitalício.

b) **Contribuição Definida (CD)**
O participante, ao invés de determinar o valor da aposentadoria, determina os aportes ao plano. O benefício futuro, assim, dependerá do período de contribuição e do valor das contribuições, além, claro, do rendimento conquistado pelos bancos responsáveis pela aplicação dos recursos. Na modelagem de CD, cada participante tem sua conta. Quanto ao recebimento da aposentadoria, são várias as formas existentes. Pode ser por um prazo determinado em anos, ou até por um prazo indefinido, já que há opção por receber um valor fixo em reais ou um percentual do saldo formado. Nesse caso, o pagamento termina quando o saldo do participante se encerra.

c) **Contribuição Variável (CV)**
Mescla características das duas modalidades anteriores. O participante pode, por exemplo, fazer contribuições como

em um plano de CD, em contas individuais e aportes definidos, mas, no momento de receber a aposentadoria, o participante pode estipular que o benefício mensal seja vitalício, tal como ocorre nos planos de BD.

Além dessas três modalidades expressas na legislação, poderão existir outras que reflitam a evolução técnica e possibilitem flexibilidade ao Regime de Previdência Complementar.

Conforme dispõe a lei complementar, as EFPCs têm como objeto a **administração** e a **execução** de planos de benefícios de natureza previdenciária, sendo **vedada (proibida)** a essas entidades a prestação de quaisquer serviços que não estejam no âmbito de seu objeto.

Dependerão de prévia e expressa **autorização** do órgão regulador e fiscalizador:

- a **constituição** e o **funcionamento** da EFPC, bem como a aplicação dos respectivos estatutos, dos regulamentos dos planos de benefícios e suas alterações;
- as operações de fusão, cisão, incorporação ou qualquer outra forma de **reorganização societária**, relativas às EFPCs;
- as **retiradas** de patrocinadores;
- as **transferências** de patrocínio, de grupo de participantes, de planos e de reservas entre EFPCs.

Exceto o caso de retiradas de patrocinadores, é **vedada** a **transferência** para terceiros de participantes, de assistidos e de reservas constituídas para garantia de benefícios de risco atuarial programado, de acordo com normas estabelecidas pelo órgão regulador e fiscalizador.

Para os assistidos de planos de benefícios na modalidade **Contribuição Definida (CD)**, que mantiverem essa característica durante a fase de percepção de renda programada, o órgão regulador e fiscalizador poderá, em **caráter excepcional**, autorizar a transferência dos recursos garantidores dos benefícios para entidade de previdência complementar ou companhia seguradora autorizada a operar planos de previdência complementar, com o **objetivo específico de contratar plano de renda vitalícia, observadas as normas aplicáveis.**

As EFPCs podem ser qualificadas da seguinte forma, além de outras que possam ser definidas pelo órgão regulador e fiscalizador:

- De acordo com os **planos** que administram:
    - de **plano comum**, quando administram plano ou conjunto de planos acessíveis ao **universo** de participantes; e
    - com **multiplano**, quando administram plano ou conjunto de planos de benefícios para diversos grupos de participantes, com **independência patrimonial** (entre os planos).
- De acordo com seus **patrocinadores** ou **instituidores**:
    - **singulares**, quando estiverem vinculados a apenas um patrocinador ou instituidor; e
    - **multipatrocinadas**, quando congregarem mais de um patrocinador ou instituidor.

As EFPCs deverão manter **estrutura mínima** composta por:

a) Conselho Deliberativo (CD);

b) Conselho Fiscal (CF); e

c) Diretoria Executiva (DE).

Na composição dos Conselhos Deliberativo (**CD**) e Fiscal (**CF**) das EFPCs qualificadas como **multipatrocinadas**, deverá ser considerado o número de participantes vinculados a cada patrocinador ou instituidor, bem como o montante dos respectivos patrimônios.

Os membros do Conselho Deliberativo (**CD**) ou do Conselho Fiscal (**CF**) deverão atender aos seguintes **requisitos mínimos**:

- comprovada **experiência** no exercício de atividades nas áreas financeira, administrativa, contábil, jurídica, de fiscalização ou de auditoria;
- não ter sofrido condenação criminal transitada em julgado; e
- não ter sofrido penalidade administrativa por infração da legislação da seguridade social ou como servidor público.

Os membros da DE deverão atender a todos os requisitos supracitados e ainda deverão ter **formação acadêmica (nível superior)**.

Em caráter excepcional, poderão ser ocupados **até 30%** dos cargos da DE por membros **sem formação de nível superior**, sendo assegurada a possibilidade de participação neste órgão de pelo menos um membro, quando da aplicação do referido percentual resultar número inferior à unidade.

Imagine uma DE composta de três membros; nesse caso, 30% equivale a 0,9 membro, devendo arredondar para um membro. Logo, um membro poderá não contar com nível superior.

Será informado ao órgão regulador e fiscalizador o **responsável** pelas aplicações dos recursos da entidade, escolhido entre os membros da DE, sendo que os demais membros da Diretoria Executiva responderão **solidariamente** com o dirigente indicado pelos danos e prejuízos causados à entidade para os quais tenham concorrido.

Por fim, sem prejuízo ao fato de que as EFPCs deverão se organizar sob a forma de fundação ou sociedade simples, **sem fins lucrativos**, os membros da **DE**, do **CD** e do **CF** poderão ser remunerados pelas EFPCs, de acordo com a legislação aplicável.

4.9.2 Entidades Abertas de Previdência Complementar

As EAPCs são constituídas unicamente sob a forma de **sociedade anônima (S.A.)** e têm por objetivo **instituir** e **operar** planos de benefícios de caráter previdenciário concedidos em forma de **renda continuada** ou **pagamento único**, acessíveis a **quaisquer pessoas físicas**.

Cabe ressaltar que as **sociedades seguradoras** autorizadas a operar exclusivamente no **ramo Vida** poderão ser autorizadas a operar os planos de benefícios supracitados, a elas se aplicando as disposições da LC nº 109/2001. Os seguros e as operações do ramo Vida são:

- seguros de vida;
- seguros de nupcialidade ou natalidade;
- seguros ligados a fundos de investimento; e
- operações de capitalização.

Compete ao órgão regulador, entre outras atribuições, **estabelecer**:

- **Os critérios** para investidura e posse em cargos e funções de órgãos estatutários de entidades abertas, observado que o pretendente **não poderá ter sofrido** condenação criminal transitada em julgado, penalidade administrativa por infração da legislação da seguridade social ou como servidor público.

- **As normas gerais** de contabilidade, auditoria, atuária e estatística a serem observadas pelas entidades abertas, inclusive quanto à padronização dos planos de contas, balanços gerais, balancetes e outras demonstrações financeiras, critérios sobre sua periodicidade, sobre a publicação desses documentos e sua remessa ao órgão fiscalizador.
- **Os índices de solvência e liquidez, bem** como as relações patrimoniais a serem atendidas pelas entidades abertas, observado que seu patrimônio líquido não poderá ser inferior ao respectivo passivo não operacional.
- As condições que assegurem **acesso a informações** e ao fornecimento de dados relativos a quaisquer aspectos das atividades das entidades abertas.

Dependerão de **prévia** e expressa **aprovação** do **órgão fiscalizador**:

- a **constituição** e o **funcionamento** das EAPCs, bem como as disposições de seus estatutos e as respectivas alterações;
- a **comercialização** dos planos de benefícios;
- os atos relativos à eleição e consequente posse de administradores e membros de conselhos estatutários; e
- as **operações** relativas à transferência do controle acionário, da fusão, da cisão, da incorporação ou de qualquer outra forma de reorganização societária.

Em relação aos quatro tópicos supracitados, cabe ao **órgão regulador** disciplinar o tratamento administrativo a ser emprestado ao exame dos assuntos citados.

As EAPCs deverão comunicar ao órgão fiscalizador no prazo e na forma estabelecidos:

- os atos relativos às **alterações** estatutárias e à **eleição** de administradores e membros de conselhos estatutários; e

■ o **responsável** pela aplicação dos recursos das reservas técnicas, provisões e fundos, escolhido dentre os membros da Diretoria Executiva (DE). Os demais membros da DE responderão solidariamente com o dirigente indicado por danos e prejuízos causados à entidade para os quais tenham concorrido.

Para constar, as EAPCs deverão levantar no último dia útil de cada **mês** e **semestre**, respectivamente, balancetes mensais e balanços gerais, com observância das regras e dos critérios estabelecidos pelo órgão regulador.

Por fim, as sociedades seguradoras autorizadas a operar planos de benefícios deverão apresentar nas demonstrações financeiras, de forma **discriminada**, as **atividades previdenciárias** e as de seguros, de acordo com critérios fixados pelo órgão regulador.

4.10 Planos de benefícios

As entidades de previdência complementar (EFPC e EAPC) somente poderão instituir e operar planos de benefícios para os quais tenham **autorização específica**, segundo as normas aprovadas pelo órgão regulador e fiscalizador.

Os planos de benefícios atenderão a padrões mínimos fixados pelo órgão regulador e fiscalizador, com o objetivo de assegurar **transparência**, **solvência**, **liquidez** e **equilíbrio econômico-financeiro e atuarial**.

Os órgãos reguladores e fiscalizadores normatizarão planos de benefícios nas modalidades de **Benefício Definido (BD)**, **Contribuição Definida (CD)** e **Contribuição Variável (CV)**, bem como outras formas de planos de benefícios que reflitam a evolução técnica e possibilitem flexibilidade ao regime de previdência complementar. A seguir, para relembrar, as modalidades existentes e seus respectivos conceitos:

a) **Benefício Definido (BD):** é aquele em que o valor da aposentadoria é estabelecido no momento em que o participante adere ao plano, e calculado com base em valores pré-fixados ou fórmulas estipuladas no regulamento. Para assegurar a concessão e a manutenção do benefício contratado, cálculos atuariais são feitos todos os anos, o que pode alterar o valor dos depósitos mensais. O regime nesse caso é de mutualismo, com uma conta coletiva e solidariedade entre os participantes. O recebimento da aposentadoria é vitalício.

b) **Contribuição Definida (CD):** o participante, ao invés de determinar o valor da aposentadoria, indica os aportes ao plano. O benefício futuro, assim, dependerá do período de contribuição e do valor das contribuições, além, claro, do rendimento conquistado pelos bancos responsáveis pela aplicação dos recursos. Na modelagem CD, cada participante tem sua conta. Quanto ao recebimento da aposentadoria, são várias as formas existentes. Pode ser por um prazo determinado em anos, ou até por um prazo indefinido, já que há opção por receber um valor fixo em reais ou um porcentual do saldo formado. Nesse caso, o pagamento termina quando o saldo do participante se encerra.

c) **Contribuição Variável (CV):** mescla características das duas modalidades anteriores. O participante pode, por exemplo, fazer contribuições em um plano CD, em contas individuais e aportes definidos. Mas, no momento de receber a aposentadoria, o participante pode estipular que o benefício mensal seja vitalício, tal como ocorre nos planos BD.

A LC nº 109/2001 apresenta os seguintes conceitos a serem aplicados às EFPCs e às EAPCs:

- **Participante**: a pessoa física que aderir aos planos de benefícios. Como já explanado, o participante seria equivalente ao segurado do RGPS.
- **Assistido**: o **participante** ou seu **beneficiário** em gozo de benefício de prestação continuada. O assistido pode ser o próprio participante, quando em gozo dos benefícios, bem como um beneficiário, equiparando-o nessa condição ao dependente do RGPS.

As entidades de previdência complementar constituirão **reservas técnicas**, **provisões** e **fundos**, de conformidade com os critérios e as normas fixados pelo órgão regulador e fiscalizador, visto que a aplicação desses recursos será feita conforme diretrizes estabelecidas pelo Conselho Monetário Nacional (CNM), órgão deliberativo máximo do Sistema Financeiro Nacional, ligado ao Ministério da Fazenda. Além disso, a própria LC nº 109/2001 **veda** o estabelecimento de **aplicações compulsórias** ou **limites mínimos de aplicação**.

Deverão constar dos regulamentos dos planos de benefícios, das propostas de inscrição e dos certificados de participantes **condições mínimas** a serem fixadas pelo órgão regulador e fiscalizador. Conforme dispõe a legislação, a todo pretendente será disponibilizado e a todo participante entregue, quando de sua inscrição no Plano de Benefícios:

- certificado, no qual estarão indicados os **requisitos** que regulam a **admissão** e a **manutenção** da qualidade de participante, bem como os **requisitos de elegibilidade** e a forma de cálculo dos benefícios;

- cópia do **regulamento** atualizado do plano de benefícios e **material explicativo** que descreva, em linguagem simples e precisa, as características do plano;
- cópia do **contrato**, no caso de plano coletivo (conceito a ser estudado nos tópicos seguintes); e
- outros documentos que vierem a ser especificados pelo órgão regulador e fiscalizador.

Na **divulgação** dos planos de benefícios, não poderão ser incluídas informações diferentes das que figurem nos documentos enumerados.

Para assegurar compromissos assumidos com os participantes e os assistidos de planos de benefícios, as entidades de previdência complementar poderão contratar **operações de resseguro**, por iniciativa própria ou por determinação do órgão regulador e fiscalizador, observados o regulamento do respectivo plano e demais disposições legais e regulamentares. Além disso, fica facultada às **EFPCs** a garantia por meio de **fundo de solvência**, a ser instituído na forma da lei.

Por seu turno, é importante conhecer a lógica do resseguro. A **operação de resseguro** é a ação pela qual o segurador transfere a outrem, total ou parcialmente, um risco assumido por meio da emissão de uma apólice ou um conjunto delas. Nessa operação, o segurador tem como objetivo diminuir suas responsabilidades na aceitação de um risco considerado excessivo ou perigoso e cede a outro uma parte da responsabilidade e do prêmio recebido. Simplesmente o resseguro é visto como um **seguro do seguro**.

Analisando de forma técnica, a operação de resseguro é um contrato que visa a equilibrar e dar solvência aos seguradores e evitar, mediante a diluição dos riscos, quebradeiras generalizadas de seguradores no caso de excesso de sinistralidade, como a ocorrência de grandes tragédias, o que garante assim o pagamento das indenizações aos segurados. Em alguns casos, por força de contrato ou regulação, o resseguro passa a ser obrigatório.

4.11 Planos de benefícios de Entidades Fechadas de Previdência Complementar

Os planos de benefícios de **EFPC** poderão ser instituídos por **patrocinadores** e **instituidores**. A formalização da condição de patrocinador ou instituidor de um plano de benefício dar-se-á mediante **convênio de adesão** a ser celebrado entre o patrocinador ou instituidor e a entidade fechada, em relação a **cada plano de benefícios** por esta administrado e executado, mediante prévia autorização do órgão regulador e fiscalizador, conforme regulamentação do Poder Executivo.

Conforme dispõe a legislação, será admitida a **solidariedade** entre patrocinadores ou entre instituidores, com relação aos respectivos planos, desde que **expressamente** prevista no convênio de adesão. O órgão regulador e fiscalizador, dentre outros requisitos, estabelecerá o **número mínimo de participantes** admitido para cada modalidade de plano de benefício.

Os planos de benefícios deverão prever os seguintes institutos, observadas as normas estabelecidas pelo órgão regulador e fiscalizador:

a) **Benefício Proporcional Diferido (BPD)** em razão da cessação do vínculo empregatício com o patrocinador ou associativo com o instituidor antes da aquisição do direito ao benefício pleno, a ser concedido quando cumpridos os requisitos de elegibilidade. Quando o participante é desligado da empresa (patrocinador), ele terá direito de receber um BPD caso já tenha alcançado a elegibilidade, ainda que menor que o valor esperado.

b) **Portabilidade** do direito acumulado pelo participante para outro plano. Caso o trabalhador mude de empresa e altere automaticamente de EFPC, deseje contribuir para outro tipo de previdência complementar aberta (EAPC) ou mesmo troque de plano sem trocar de entidade de previdência complementar, terá o direito de levar todo o fundo acumulado (direito acumulado) consigo. Entretanto, o órgão regulador e fiscalizador estabelecerá **período de carência** para o instituto da portabilidade.

Por seu turno, nos dizeres da LC nº 109/2001, o direito acumulado corresponde às **reservas constituídas** pelo participante ou à **reserva matemática**, o que lhe for mais favorável. Essa reserva matemática, conforme dispõe as Ciências Atuariais, é o valor dos compromissos futuros da entidade com seus participantes ativos e assistidos, descontado o valor das contribuições futuras. Deve-se ressaltar que não será admitida a portabilidade na **inexistência** de cessação do vínculo empregatício do participante com o patrocinador.

c) **Resgate** da totalidade das contribuições vertidas ao plano pelo participante, descontadas as parcelas do custeio administrativo, na forma regulamentada.

d) **Faculdade** de o participante **manter o valor de sua contribuição** e a do patrocinador, no caso de perda parcial ou total da remuneração recebida, para assegurar a percepção dos benefícios nos níveis correspondentes àquela remuneração ou em outros definidos em normas regulamentares.

Quanto à **regulamentação da portabilidade**, o órgão regulador e fiscalizador observará, entre outros requisitos específicos, os seguintes:

- se o plano de benefícios foi instituído antes ou depois da publicação da LC n° 109/2001; e
- a modalidade do plano de benefícios.

Por sua vez, a **portabilidade**, quando efetuada para **EAPC**, somente será admitida quando a integralidade dos recursos financeiros correspondentes ao direito acumulado do participante for utilizada para a **contratação** de **renda mensal vitalícia** ou **por prazo determinado**. O prazo mínimo não poderá ser inferior ao período em que a respectiva reserva foi constituída, limitado ao **mínimo de 15 anos**, observadas as normas estabelecidas pelo órgão regulador e fiscalizador.

Quanto aos efeitos da portabilidade, fica estabelecido que:

- **a portabilidade não caracteriza resgate**. Portabilidade é levar os recursos financeiros de um plano de benefícios para outro, na mesma ou em outra entidade de previdência complementar. Resgate, literalmente, é desistir do plano e pegar o dinheiro investido de volta; e
- é vedado que os recursos financeiros correspondentes transitem pelos participantes dos planos de benefícios, sob qualquer forma. Na portabilidade, o dinheiro sai de um plano e vai para outro, sem passar pela mão do participante.

Os planos de benefícios das EFPCs devem ser, **obrigatoriamente**, oferecidos a **todos** os empregados dos patrocinadores ou associados dos instituidores. São equiparáveis aos empregados e associados diretores, conselheiros ocupantes de cargo eletivo e outros dirigentes de patrocinadores e instituidores. A **adesão** a esses planos é **facultativa**. O plano tem de ser oferecido a todos.

As alterações processadas nos regulamentos dos planos aplicam-se a todos os participantes das entidades fechadas, a partir de sua **aprovação pelo órgão regulador e fiscalizador**, observado o direito acumulado de cada participante. Por sua vez, ao participante que tenha **cumprido os requisitos para obtenção dos benefícios previstos no plano**, é assegurada a aplicação das disposições regulamentares vigentes na data em que se tornou elegível a um benefício de aposentadoria.

Em suma, se determinado cidadão cumpriu os requisitos para obtenção dos benefícios em junho/2012 e em dezembro/2012 e ocorra alguma alteração no regulamento de seu plano, esse cidadão especificamente está com **direito adquirido** em relação à aplicação das normas vigentes em junho/2012. Entretanto, o cidadão que não cumpriu os requisitos até a data da alteração seguirá as regras novas, uma vez **que não se pode admitir o direito adquirido a adquirir o direito**.

Quanto à parte de financiamento, o **plano de custeio**, com periodicidade **mínima anual**, estabelecerá o nível de contribuição necessário à **constituição das reservas garantidoras** de benefícios, fundos, provisões e à cobertura das demais despesas, em conformidade com os critérios fixados pelo órgão regulador e fiscalizador. O regime financeiro de **capitalização** é obrigatório para os benefícios de pagamento em prestações que sejam programadas e continuadas.

Observados critérios que preservem o **equilíbrio financeiro e atuarial**, o cálculo das reservas técnicas atenderá às peculiaridades de cada plano de benefícios e deverá estar expresso em nota técnica atuarial, de apresentação obrigatória, incluindo as hipóteses utilizadas, que deverão guardar relação com as características da massa e da atividade desenvolvida pelo patrocinador ou instituidor. Por seu turno, as reservas técnicas, as provisões e os fundos de cada plano de benefícios e os exigíveis a qualquer título deverão **atender permanentemente à cobertura integral dos compromissos assumidos** pelo plano de benefícios, ressalvadas excepcionalidades definidas pelo órgão regulador e fiscalizador.

As **contribuições** destinadas à constituição de reservas terão como finalidade prover o pagamento de benefícios de caráter previdenciário. Essas contribuições classificam-se em:

a) **normais**, que são aquelas destinadas ao custeio dos benefícios previstos no respectivo plano. É a parcela mensal normal;

b) **extraordinárias**, que são aquelas destinadas ao custeio de **déficits**, serviço passado e outras finalidades não incluídas na contribuição normal. É o caso de ter ocorrido algum sinistro financeiro no plano. É uma situação excepcional.

O **resultado superavitário** dos planos de benefícios das EFPCs, ao final do exercício (ano civil), satisfeitas as exigências regulamentares relativas aos mencionados planos, será destinado à constituição de **reserva de contingência**, para garantia de benefícios, **até o limite de 25% do valor das reservas matemáticas**.

Caso o gestor do plano tenha feito uma boa administração durante o ano e alcance um resultado superavitário, parte desse lucro será utilizado para a constituição da reserva de contingência, que, pelo princípio da prudência, será utilizada para cobrir eventuais situações futuras desfavoráveis à EFPC.

Quando a reserva de contingências atingir o seu limite máximo, 25% do valor das reservas matemáticas, os valores excedentes serão investidos na **reserva especial para revisão do plano de benefícios**. A não utilização dessa reserva especial por **três exercícios (anos) consecutivos** determinará a **revisão obrigatória** do plano de benefícios da entidade. E se da revisão do plano de benefícios implicar **redução de contribuições**, deverá ser levada em consideração a proporção existente entre as contribuições dos patrocinadores e dos participantes, inclusive dos assistidos.

O **resultado deficitário** nos planos ou nas EFPCs será **equacionado** por **patrocinadores, participantes** e **assistidos**, na proporção existente entre as suas contribuições, sem prejuízo de **ação regressiva** contra dirigentes ou terceiros que deram causa a dano ou prejuízo à entidade de previdência complementar. O equacionamento poderá ser feito, dentre outras formas, por meio do **aumento do valor das contribuições, instituição de contribuição adicional ou redução do valor dos benefícios** a conceder, observadas as normas estabelecidas pelo órgão regulador e fiscalizador.

A redução dos valores dos benefícios **não se aplica aos assistidos**, e é cabível, nesse caso, a instituição de contribuição adicional para cobertura do acréscimo ocorrido em razão da revisão do plano. Na hipótese de retorno à entidade dos recursos equivalentes ao déficit apurado, em consequência de apuração de responsabilidade mediante ação judicial ou administrativa, os respectivos valores deverão ser aplicados **necessariamente** na **redução proporcional das contribuições devidas** ao plano ou em **melhoria dos benefícios**.

Quanto às obrigações contábeis, ao final de cada exercício, coincidente com o ano civil, as EFPCs deverão levantar as demonstrações contábeis e as avaliações atuariais de cada plano de benefícios, por pessoa jurídica ou profissional legalmente habilitado, devendo ser encaminhados os resultados ao órgão regulador e fiscalizador e divulgados aos participantes e aos assistidos.

As EFPCs deverão manter atualizada sua contabilidade, de acordo com as instruções do órgão regulador e fiscalizador, o que consolida a posição dos planos de benefícios que administram e executam, bem como submete suas contas a auditores independentes.

A **divulgação** aos participantes, inclusive aos assistidos, das informações pertinentes aos planos de benefícios dar-se-á **ao menos uma vez ao ano**, na forma, nos prazos e pelos meios estabelecidos pelo órgão regulador e fiscalizador. As informações requeridas formalmente pelo participante ou assistido, para defesa de direitos e esclarecimento de situações de interesse pessoal específico, deverão ser atendidas pela entidade no prazo estabelecido pelo órgão regulador e fiscalizador.

Por fim, o órgão regulador e fiscalizador poderá autorizar a **extinção** de plano de benefícios ou a **retirada** de patrocínio, assim, ficam os patrocinadores e instituidores obrigados ao cumprimento da totalidade dos compromissos assumidos com a entidade relativamente aos direitos dos participantes, assistidos e obrigações legais, até a data da retirada ou extinção do plano. Para o atendimento do que foi exposto, a situação de **solvência econômico-financeira e atuarial** da entidade deverá ser atestada por profissional devidamente habilitado, cujos relatórios serão encaminhados ao órgão regulador e fiscalizador.

4.12 Planos de benefícios das Entidades Abertas de Previdência Complementar

Os planos de benefícios instituídos por EAPC poderão ser:

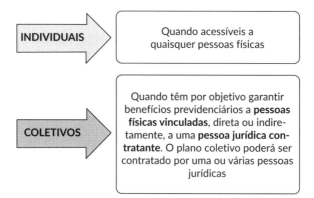

O **vínculo indireto** refere-se aos casos em que uma entidade representativa de pessoas jurídicas contrate plano previdenciário coletivo para **grupos de pessoas físicas** vinculadas a suas filiadas.

Os grupos de pessoas poderão ser constituídos por uma ou mais categorias específicas de empregados de um mesmo empregador e pode abranger empresas coligadas, controladas ou subsidiárias e por membros de associações legalmente constituídas, de caráter profissional ou classista, e seus cônjuges ou companheiros e dependentes econômicos. São equiparáveis aos empregados e associados os diretores, conselheiros ocupantes de cargos eletivos e outros dirigentes ou gerentes da pessoa jurídica contratante.

A implantação de um plano coletivo será celebrada mediante **contrato**, na forma, nos critérios, nas condições e nos requisitos mínimos a serem estabelecidos pelo órgão regulador. É **vedada** à EAPC a contratação de plano coletivo com pessoa jurídica cujo objetivo principal seja estipular, em nome de terceiros, planos de benefícios coletivos.

Observados os conceitos, a forma, as condições e os critérios fixados pelo órgão regulador, é assegurado aos participantes o direito à **portabilidade**, inclusive para plano de benefício de entidade fechada (EFPC), e ao **resgate** de recursos das reservas técnicas, provisões e fundos, total ou parcialmente. Seguindo a sistemática das EFPCs, a portabilidade **não** caracteriza resgate. Conforme dispõe a legislação, é vedado, no caso de portabilidade:

- que os recursos financeiros **transitem** pelos participantes, sob qualquer forma; e
- a **transferência** de recursos entre participantes.

Os **ativos garantidores** das reservas técnicas, das provisões e dos fundos serão vinculados à ordem do órgão fiscalizador, na forma a ser regulamentada, e poderão ter **sua livre movimentação suspensa** pelo referido órgão, a partir da qual não poderão ser alienados ou prometidos alienar sem sua prévia e expressa autorização, sendo nulas, de pleno direito, quaisquer operações realizadas com violação daquela suspensão.

Para constar, os **ativos** garantidores são **títulos, valores mobiliários (geralmente ações)** e/ou **imóveis** registrados no ativo (**balanço patrimonial**) das entidades, com o objetivo de lastrear o total das reservas técnicas. O ativo garantidor é a efetivação financeira real da garantia escritural refletida pela provisão técnica.

Por sua vez, sendo **imóvel**, o vínculo será averbado à margem do respectivo registro no Cartório de Registro Geral de Imóveis competente, mediante comunicação do órgão fiscalizador.

Os ativos garantidores, bem como os direitos deles decorrentes, não poderão ser gravados (comprometidos), sob qualquer forma, sem prévia e expressa autorização do órgão fiscalizador, e são nulos os gravames que venham a ser constituídos.

Compete ao órgão regulador, entre outras atribuições que lhe forem conferidas por lei:

- fixar **padrões** adequados de **segurança atuarial e econômico-financeira**, para preservação da liquidez e solvência dos planos de benefícios, isoladamente, e de cada entidade aberta, no conjunto de suas atividades;
- estabelecer as **condições** em que o órgão fiscalizador pode determinar a **suspensão** da comercialização ou a transferência, entre entidades abertas, de planos de benefícios; e
- fixar **condições** que assegurem transparência, acesso às informações e ao fornecimento de dados relativos aos planos de benefícios, inclusive quanto à gestão dos respectivos recursos.

Por fim, a LC nº 109/2001 apresenta que é **facultativa** a utilização de corretores na venda dos planos de benefícios das entidades abertas. Aos corretores de planos de benefícios, aplicam-se a legislação e a regulamentação da profissão de corretor de seguros.

4.13 Fiscalização

No desempenho das atividades de fiscalização das entidades de previdência complementar, os servidores do órgão regulador e fiscalizador terão **livre acesso** às respectivas entidades, podendo delas **requisitar** e **apreender** livros, notas técnicas e quaisquer documentos, e caracteriza-se como embaraço à fiscalização, sujeito às penalidades previstas em lei, qualquer dificuldade oposta à consecução desse objetivo.

O disposto se aplica sem prejuízo da competência das **autoridades fiscais**, relativamente, ao pleno exercício das atividades de fiscalização tributária.

O órgão regulador e fiscalizador das EFPCs poderá solicitar de patrocinadores e instituidores informações relativas aos aspectos específicos que digam respeito aos compromissos assumidos diante dos respectivos planos de benefícios.

A fiscalização a cargo do Estado não exime os patrocinadores e os instituidores da responsabilidade pela **supervisão sistemática** das atividades das suas respectivas EFPCs.

As pessoas físicas ou jurídicas, submetidas ao regime da LC nº 109/2001, ficam obrigadas a prestar quaisquer informações ou esclarecimentos solicitados pelo órgão regulador e fiscalizador.

Em relação às EFPCs, o órgão regulador e fiscalizador poderá nomear **administrador especial**, a expensas da entidade, com poderes próprios de **intervenção** e de **liquidação extrajudicial**, com o objetivo de **sanear** plano de benefícios específicos, caso seja constatada na sua administração e execução alguma das hipóteses que exija tal intervenção. O ato de nomeação estabelecerá as **condições**, os **limites** e as **atribuições** do administrador especial.

O órgão fiscalizador poderá, em relação às **EAPCs**, desde que se verifique uma das condições de **intervenção** previstas na LC nº 109/2001, nomear, por prazo determinado, prorrogável a seu critério, e a expensas da respectiva entidade, um **diretor-fiscal**.

O referido diretor (que não terá poderes de gestão) terá suas atribuições estabelecidas pelo órgão regulador e cabe ao órgão fiscalizador fixar sua remuneração. Se reconhecer a inviabilidade de recuperação da entidade aberta ou a ausência de qualquer condição para o seu funcionamento, o **diretor-fiscal proporá** ao órgão fiscalizador a decretação da **intervenção** ou da **liquidação extrajudicial**.

Por fim, o diretor-fiscal não está sujeito à indisponibilidade de bens, nem aos demais efeitos decorrentes da decretação da intervenção ou da liquidação extrajudicial da entidade aberta.

4.14 Intervenção na entidade de previdência complementar

Com intuito de resguardar os direitos dos participantes e assistidos, poderá ser decretada a **intervenção** na entidade de previdência complementar desde que se verifique, **isolada ou cumulativamente**:

- **irregularidade** ou **insuficiência** na constituição das reservas técnicas, provisões e fundos, ou na sua cobertura por ativos garantidores;
- aplicação dos recursos das reservas técnicas, provisões e fundos de **forma inadequada** ou em desacordo com as normas expedidas pelos órgãos competentes;
- **descumprimento** de disposições estatutárias ou de obrigações previstas nos regulamentos dos planos de benefícios, convênios de adesão ou contratos dos planos coletivos das **EAPCs**;
- situação econômico-financeira **insuficiente** à preservação de liquidez e solvência de cada um dos planos de benefícios e da entidade no conjunto de suas atividades;
- situação atuarial **desequilibrada**; e
- outras anormalidades definidas em regulamento.

A intervenção será decretada pelo **prazo necessário** ao exame da situação da entidade e encaminhamento de plano destinado à sua recuperação.

Dependerão de prévia e expressa **autorização** do órgão competente os **atos do interventor** que impliquem oneração ou disposição do patrimônio.

Por fim, a intervenção cessará quando aprovado o **plano de recuperação** da entidade pelo órgão competente ou se decretada a sua **liquidação extrajudicial**. Com isso, pode-se notar que a intervenção é um passo anterior à liquidação extrajudicial.

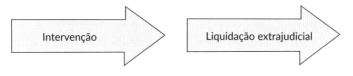

4.15 Liquidação extrajudicial

A liquidação extrajudicial será decretada quando reconhecida a **inviabilidade de recuperação** da entidade de previdência complementar ou pela **ausência de condição para seu funcionamento**.

Conforme dispõe a LC nº 109/2001, entende-se ausência de condição para funcionamento de entidade de previdência complementar como o **não atendimento às condições mínimas estabelecidas pelo órgão regulador e fiscalizador**.

Antes de continuar, deve-se ressaltar que as **EFPCs não** poderão solicitar **recuperação judicial** e não estão sujeitas à falência, mas somente à **liquidação extrajudicial**. A lei complementar transmite que as EFPCs não poderão solicitar concordata, entretanto, desde a publicação da Lei nº 11.101/2005, o instituto da concordata foi substituído pelo instituto da recuperação judicial.

A concordata servia como um instrumento para evitar a falência, mas, por causa do antigo e revogado Decreto-lei nº 7.661/1945, que regulamentava a concordata e impunha certos pagamentos e prazos, levava as empresas concordatárias à falência. Desde então, a concordata foi substituída pela recuperação judicial, cujo objetivo é evitar a falência (extinção) da empresa.

A recuperação judicial, diferente da concordata, é **muito mais flexível**, pois deixa a cargo do administrador judicial (pessoa que passa a fiscalizar a empresa em dificuldades em nome da justiça) e do comitê de credores (que representa aquelas pessoas afetadas diretamente pelas dificuldades da empresa: credores e empregados) a formulação e a aprovação de um plano de recuperação judicial.

Dando continuidade, a decretação da liquidação extrajudicial produzirá, de **imediato**, os seguintes efeitos:

- **suspensão** das ações e execuções iniciadas sobre direitos e interesses relativos ao acervo da entidade liquidanda (**que sofre a liquidação**);
- **vencimento** antecipado das obrigações da liquidanda;
- **não** incidência de penalidades contratuais contra a entidade por obrigações vencidas em decorrência da decretação da liquidação extrajudicial;
- **não fluência de juros** contra a liquidanda enquanto não integralmente pago o passivo (obrigações da empresa com terceiros);
- **interrupção da prescrição** em relação às obrigações da entidade em liquidação;
- **suspensão** de multa e juros em relação às dívidas da entidade;
- **inexigibilidade** de penas pecuniárias por infrações de natureza administrativa; e
- **interrupção** do pagamento à liquidanda das contribuições dos participantes e dos patrocinadores, relativas aos planos de benefícios.

Os efeitos enumerados aplicam-se, no caso das EAPCs, **exclusivamente**, em relação às suas atividades de **natureza previdenciária**, não se aplicando às ações e aos débitos de natureza tributária.

O liquidante organizará **o quadro geral de credores, realizará o ativo (bens e direitos da empresa)** e **liquidará o passivo (obrigações da empresa com terceiros)**. Realizar o ativo significa dar início à venda dos bens e direitos para proporcionar o pagamento dos credores.

Os participantes, inclusive os assistidos, dos planos de benefícios ficam **dispensados** de se habilitarem a seus respectivos créditos, estejam estes sendo recebidos ou não. Em outras palavras, os participantes e os assistidos estão com seus créditos automaticamente habilitados.

Os participantes, inclusive os assistidos, dos planos de benefícios terão **privilégio especial** sobre os ativos garantidores das reservas técnicas e, caso estes não sejam suficientes para a cobertura dos direitos respectivos, **privilégio geral** sobre as demais partes não vinculadas ao ativo. Em relação aos ativos das entidades, os participantes e os assistidos terão privilégio especial e, sobre as partes não vinculadas ao ativo, apenas privilégio geral. Em razão da ampla reforma legislativa aprovada no Congresso Nacional e das profundas alterações promovidas na Lei nº 11.101/2005 pela Lei nº 14.112/2020 para explicitar as garantias dos credores, se faz necessário o estudo do novo sistema de insolvência empresarial brasileiro e de seus novos institutos, bem como a ordem de pagamentos de créditos na falência, que passou a ser:

- créditos derivados da legislação do trabalho (de até 150 salários mínimos) por credor, e os decorrentes de acidentes de trabalho;

- créditos com garantia real até o limite do valor do bem gravado;
- créditos tributários, independentemente da sua natureza e tempo de constituição, excetuadas os créditos extraconcursais e as multas tributárias;
- os créditos quirografários, a saber:
  - os não previstos nas hipóteses anteriores;
  - os saldos dos créditos não cobertos pelo produto da alienação dos bens vinculados ao seu pagamento; e
  - os saldos dos créditos derivados da legislação trabalhista que excederem o limite de 150 (cento e cinquenta) salários mínimos por credor, estabelecido no inciso I do *caput* do art. 83 da Lei nº 11.101/2005.
- as multas contratuais e as penas pecuniárias por infração das leis penais ou administrativas, incluídas as multas tributárias;
- os créditos subordinados, a saber:
  - os previstos em lei ou em contrato; e
  - os créditos dos sócios e dos administradores sem vínculo empregatício cuja contratação não tenha observado as condições estritamente comutativas e as práticas de mercado.
- os juros vencidos após a decretação da falência, conforme previsto no art. 124 da Lei nº 11.101/2005.

Após a mudança legislativa, os privilégios especiais e gerais passaram a ser quirografários, porém, ainda ocupam a 4ª posição na ordem creditória.

Por sua vez, os participantes que já estiverem recebendo benefícios, ou que já tiverem adquirido esse direito antes de decretada a liquidação extrajudicial, terão **preferência** sobre os demais participantes. Deve-se ressaltar que nenhum crédito relacionado às entidades de previdência complementar tem preferência sobre os créditos de natureza trabalhista ou tributária.

Serão obrigatoriamente levantados, na data da decretação da liquidação extrajudicial de entidade de previdência complementar, o balanço geral de liquidação e as demonstrações contábeis e atuariais necessárias à determinação do valor das reservas individuais.

A liquidação extrajudicial poderá, a qualquer tempo, ser **levantada**, desde que constatados fatos supervenientes que viabilizem a recuperação da entidade de previdência complementar. Por outro lado, a liquidação extrajudicial das entidades fechadas (**EFPC**) encerrar-se-á com a aprovação, pelo órgão regulador e fiscalizador, das contas finais do liquidante e com a baixa nos devidos registros. Comprovada pelo liquidante a inexistência de ativos para satisfazer possíveis créditos reclamados contra a entidade, deverá tal situação ser comunicada ao juízo competente e efetivados os devidos registros, para o encerramento do processo de liquidação.

4.16 Disposições especiais sobre a intervenção e a liquidação extrajudicial

O **interventor** terá amplos poderes de **administração** e **representação** e o **liquidante** plenos poderes de **administração**, **representação** e **liquidação**.

Compete ao órgão fiscalizador decretar, aprovar e rever os atos de intervenção e liquidação extrajudicial, bem como **nomear**, por intermédio do seu dirigente máximo, o interventor ou o liquidante. A intervenção e a liquidação extrajudicial determinam a **perda do mandato** dos administradores e membros dos conselhos estatutários das entidades, sejam titulares, sejam suplentes.

Os créditos das entidades de previdência complementar, em caso de liquidação ou falência de patrocinadores, terão **privilégio especial** sobre a **massa**, respeitado o privilégio dos créditos trabalhistas e tributários. No caso, a massa, ou massa falida, é o acervo patrimonial da empresa (ativo e passivo), que passa a ser administrado por interventor ou liquidante. Embora seja apenas uma universalidade de bens, e não uma pessoa jurídica constituída, a massa tem capacidade judicial, ou seja, de estar em juízo na condição de autora ou ré.

Os administradores dos respectivos patrocinadores serão responsabilizados pelos danos ou prejuízos causados às entidades de previdência complementar, especialmente, pela falta de aporte das contribuições a que estavam obrigados. Em suma, não somente os administradores das entidades serão responsabilizados, como também os administradores dos patrocinadores.

No caso de liquidação extrajudicial de **EFPC** motivada pela **falta de aporte** de contribuições de patrocinadores ou pelo **não recolhimento** de contribuições de participantes, os administradores daqueles também serão responsabilizados pelos danos ou prejuízos causados.

Os **administradores, controladores e membros de conselhos estatutários** das entidades de previdência complementar, sob intervenção ou em liquidação extrajudicial, ficarão com todos os seus **bens indisponíveis**, não podendo, por qualquer forma, direta ou indireta, aliená-los ou onerá-los, até a apuração e liquidação final de suas responsabilidades.

A indisponibilidade supracitada decorre do ato que decretar a intervenção ou a liquidação extrajudicial e atinge todos aqueles que tenham estado no exercício das funções nos **12 meses anteriores**. Essa indisponibilidade poderá ser estendida aos **bens de pessoas** que, nos últimos 12 meses, os tenham adquirido, a qualquer título, das pessoas supracitadas, desde que existam seguros elementos de convicção de que se trata de **simulada transferência** com o fim de evitar os efeitos presentes na LC n° 109/2001. A referida medida busca evitar que os bens passem da pessoa liquidada a terceiros, de má fé, na tentativa de fugir à indisponibilidade da liquidação judicial.

Não são alcançados por essa indisponibilidade os bens considerados **inalienáveis** ou **impenhoráveis** pela legislação em vigor. Recorrendo ao Código de Processo Civil (Lei n° 13.105/2015), tem-se que:

> Art. 832. Não estão sujeitos à execução os bens que a lei considera **impenhoráveis** ou **inalienáveis**.
>
> Art. 833. São **impenhoráveis**:
>
> I – os bens **inalienáveis** e os declarados, por ato voluntário, não sujeitos à execução;
>
> II – os móveis, os pertences e as utilidades domésticas que guarnecem a residência do executado, salvo os de elevado valor ou os que ultrapassem as necessidades comuns correspondentes a um médio padrão de vida;
>
> III – os vestuários, bem como os pertences de uso pessoal do executado, salvo se de elevado valor;
>
> IV – os vencimentos, os subsídios, os soldos, os salários, as remunerações, os proventos de aposentadoria, as pensões, os pecúlios e os montepios, bem como as quantias recebidas por liberalidade de terceiro e destinadas ao sustento do devedor e de sua família, os ganhos de trabalhador autônomo e os honorários de profissional liberal;

V – os livros, as máquinas, as ferramentas, os utensílios, os instrumentos ou outros bens móveis necessários ou úteis ao exercício da profissão do executado;

VI – o seguro de vida;

VII – os materiais necessários para obras em andamento, salvo se essas forem penhoradas;

VIII – a pequena propriedade rural, assim definida em lei, desde que trabalhada pela família;

IX – os recursos públicos recebidos por instituições privadas para aplicação compulsória em educação, saúde ou assistência social;

X – a quantia depositada em caderneta de poupança, até o limite de 40 (quarenta) salários-mínimos;

XI – os recursos públicos do fundo partidário recebidos por partido político, nos termos da lei;

XII – os créditos oriundos de alienação de unidades imobiliárias, sob regime de incorporação imobiliária, vinculados à execução da obra. (Grifos nossos.)

Além do supracitado, também não se aplica a indisponibilidade aos bens objeto de **contrato de alienação**, de **promessas de compra e venda** e de **cessão de direitos**, desde que os respectivos instrumentos tenham sido levados ao competente registro público **até 12 meses antes da data de decretação da intervenção ou liquidação extrajudicial**.

De forma análoga, não se aplica a indisponibilidade de bens das pessoas supracitadas (**administradores, controladores** e **membros de conselhos estatutários**) no caso de liquidação extrajudicial de **EFPC**s que deixarem de ter condições para funcionar por motivos **totalmente desvinculados** do exercício das suas atribuições. Essa situação poderá ser revista a qualquer momento pelo órgão regulador e fiscalizador desde que constatada a existência de irregularidades ou indícios de crimes por elas praticados.

Conforme dispõe a lei complementar, o interventor ou o liquidante **comunicará** a indisponibilidade de bens aos órgãos competentes para os devidos registros e **publicará** edital para conhecimento de terceiros. A autoridade que receber a comunicação ficará, relativamente a esses bens, **impedida** de:

- fazer **transcrições**, **inscrições** ou **averbações** de documentos públicos ou particulares;
- arquivar atos ou contratos que importem em **transferência** de cotas sociais, ações ou partes beneficiárias;
- realizar ou registrar **operações** e **títulos de qualquer natureza**; e
- processar a **transferência** de propriedade de veículos automotores, aeronaves e embarcações.

A apuração de responsabilidades específicas, em relação aos **administradores**, **controladores** e **membros de conselhos estatutários** das entidades de previdência complementar, será feita mediante **inquérito** a ser instaurado pelo órgão regulador e fiscalizador, sem prejuízo da aplicação das penalidades disciplinares previstas na LC nº 109/2001.

Se o inquérito concluir pela inexistência de prejuízo, será arquivado no órgão fiscalizador. Por outro lado, concluindo o inquérito pela existência de prejuízo, será ele, com o respectivo relatório, remetido pelo órgão regulador e fiscalizadores ao **Ministério Público**, observados os seguintes procedimentos:

   a) O interventor ou o liquidante, de ofício ou a requerimento de qualquer interessado que não tenha sido indiciado no inquérito, após aprovação do respectivo relatório pelo órgão fiscalizador, determinará o **levantamento** da indisponibilidade de bens **dos administradores, controladores e membros de conselhos estatutários** das entidades de previdência complementar.

b) Será mantida a indisponibilidade com relação às pessoas indiciadas no inquérito, após aprovação do respectivo relatório pelo órgão fiscalizador.

Por fim, aplicam-se à intervenção e à liquidação das entidades de previdência complementar, no que couber, os dispositivos da legislação sobre a intervenção e liquidação extrajudicial das instituições financeiras, cabendo ao órgão regulador e fiscalizador as funções atribuídas ao Bacen. Em suma, aplica-se, subsidiariamente, às entidades de previdência complementar, o disposto na **Lei nº 6.024/1974**, que dispõe exatamente sobre a intervenção e a liquidação extrajudicial de instituições financeiras.

4.17 Regime disciplinar

Os **administradores** de entidade, os **procuradores com poderes de gestão**, os **membros de conselhos estatutários**, o **interventor** e o **liquidante** responderão civilmente pelos danos ou prejuízos que causarem, por ação ou omissão, às entidades de previdência complementar. Essa responsabilidade se estende para os **administradores dos patrocinadores** ou **instituidores**, os atuários, os **auditores independentes**, os **avaliadores de gestão** e outros profissionais que prestem serviços técnicos à entidade, diretamente ou por intermédio de pessoa jurídica contratada.

Nota-se, portanto, que a legislação abrangeu o maior número possível de pessoas ligadas às entidades de previdência complementar, com o intuito de buscar a seriedade e a honestidade das partes envolvidas no processo.

O órgão fiscalizador competente, o **Banco Central do Brasil (Bacen)**, a **Comissão de Valores Mobiliários (CVM)** ou a **Secretaria da Receita Federal do Brasil (SRFB)**, constatando a existência de práticas irregulares ou indícios de crimes em entidades de previdência complementar, noticiará ao Ministério Público, que enviará os documentos comprobatórios.

Por seu turno, o sigilo de operações não poderá ser invocado como óbice à troca de informações entre os órgãos mencionados, nem ao fornecimento de informações requisitadas pelo Ministério Público.

A infração de qualquer disposição prevista na LC nº 109/2001, para a qual **não haja penalidade expressamente cominada**, sujeita a pessoa física ou a jurídica responsável, conforme o caso e a gravidade da infração, às seguintes penalidades administrativas, observado o disposto em regulamento:

- **advertência**;
- **suspensão** do exercício de atividades em entidades de previdência complementar pelo prazo de **até 180 dias**;
- **inabilitação**, pelo prazo de **dois a dez anos**, para o exercício de cargo ou função em entidades de previdência complementar, sociedades seguradoras, instituições financeiras e no serviço público; e
- **multa de R$ 2.000,00 a R$ 1.000.000,00** – devem esses valores, a partir da publicação da LC nº 109/2001, ser reajustados de forma a preservar, em caráter permanente, seus valores reais. Em caso de reincidência, a multa será aplicada em dobro.

A penalidade prevista de multa será imputada ao agente responsável, respondendo solidariamente à entidade de previdência complementar, assegurado o direito de regresso, e poderá ser aplicada cumulativamente com as constantes nos tópicos 1 (advertência), 2 (suspensão) ou 3 (inabilitação).

Das decisões do órgão fiscalizador, caberá **recurso**, no prazo de **15 dias**, com **efeito suspensivo**, ao órgão competente. Até o ano de 2009, esse recurso só era conhecido caso fosse comprovado pelo requerente o pagamento antecipado, em favor do órgão fiscalizador, de 30% do valor da multa aplicada. Vide **Súmula Vinculante nº 21/2009**: "É **inconstitucional** a exigência de depósito ou arrolamento prévios de dinheiro ou bens para admissibilidade de recurso administrativo" (grifo nosso).

Porém, após a publicação dessa Súmula Vinculante pelo STF, que considera **inconstitucional** a exigência de depósito prévio de dinheiro para admissibilidade de recurso administrativo, essa exigência não existe mais.

As infrações serão apuradas mediante **processo administrativo**, na forma do regulamento dessa lei complementar (Decreto nº 4.942/2003), aplicando-se, no que couber, o disposto na Lei nº 9.784/1999 (Processo Administrativo Federal).

O exercício de atividade de previdência complementar por qualquer pessoa, física ou jurídica, **sem a autorização** devida do órgão competente, inclusive a comercialização de planos de benefícios, bem como a captação ou a administração de recursos de terceiros com o objetivo de, direta ou indiretamente, adquirir ou conceder benefícios previdenciários sob qualquer forma, submete o responsável às penas da Lei.

A pena de inabilitação pode variar pelo prazo de dois a dez anos para o exercício de cargo ou função em entidade de previdência complementar, sociedades seguradoras, instituições financeiras e no serviço público, além de multa aplicável de R$ 2.000,00 a R$ 1.000.000,00, bem como noticiar ao Ministério Público.

4.18 Disposições gerais da Lei Complementar nº 109/2001

No que se refere à disposição legal, é importante destacar os seguintes dispositivos:

> Art. 68. As contribuições do empregador, os benefícios e as condições contratuais previstos nos estatutos, regulamentos e planos de benefícios das entidades de previdência complementar não integram o contrato de trabalho dos participantes, assim como, à exceção dos benefícios concedidos, não integram a remuneração dos participantes.
>
> § 1º Os benefícios serão considerados direito adquirido do participante quando implementadas todas as condições estabelecidas para elegibilidade consignadas no regulamento do respectivo plano.
>
> § 2º A concessão de benefício pela previdência complementar não depende da concessão de benefício pelo regime geral de previdência social [RGPS].
>
> Art. 69. As contribuições vertidas para as entidades de previdência complementar, destinadas ao custeio dos planos de benefícios de natureza previdenciária, são dedutíveis para fins de incidência de imposto sobre a renda [IR], nos limites e nas condições fixadas em lei [Regulamento do Imposto de Renda – RIR].
>
> § 1º Sobre as contribuições de que trata o *caput* não incidem tributação e contribuições de qualquer natureza.
>
> § 2º Sobre a portabilidade de recursos de reservas técnicas, fundos e provisões entre planos de benefícios de entidades de previdência complementar, titulados pelo mesmo participante, não incidem tributação e contribuições de qualquer natureza.
>
> (...)

Art. 71. É vedado às entidades de previdência complementar realizar quaisquer operações comerciais e financeiras:

I – com seus administradores, membros dos conselhos estatutários e respectivos cônjuges ou companheiros, e com seus parentes até o 2º grau;

II – com empresa de que participem as pessoas a que se refere o inciso anterior, exceto no caso de participação de até cinco por cento como acionista de empresa de capital aberto; e

III – tendo como contraparte, mesmo que indiretamente, pessoas físicas e jurídicas a elas ligadas, na forma definida pelo órgão regulador.

Parágrafo único. A vedação deste artigo não se aplica ao patrocinador, aos participantes e aos assistidos, que, nessa condição, realizarem operações com a entidade de previdência complementar.

Art. 72. Compete privativamente ao órgão regulador e fiscalizador das entidades fechadas [PREVIC e SPPC] zelar pelas sociedades civis e fundações, (...) **não se aplicando** a estas o disposto nos arts. 26 e 30 do Código Civil e 1.200 a 1.204 do Código de Processo Civil [prevê a fiscalização das fundações pelo MP] e demais disposições em contrário.

Art. 73. As entidades abertas serão reguladas também, no que couber, pela legislação aplicável às sociedades seguradoras.

(...)

Art. 75. Sem prejuízo do benefício, prescreve em cinco anos o direito às prestações não pagas nem reclamadas na época própria, resguardados os direitos dos menores dependentes, dos incapazes ou dos ausentes, na forma do Código Civil. (Grifos nossos.)

4.19 Planos de benefícios

Os planos de benefícios das EFPCs supracitadas atenderão às seguintes regras:

a) Carência mínima de **60 contribuições mensais** a plano de benefícios e cessação do vínculo com o patrocinador, para se tornar elegível a um benefício de prestação que seja programada e continuada.

b) Concessão de benefício pelo regime de previdência ao qual o participante esteja filiado por intermédio de seu patrocinador, quando se tratar de plano na modalidade benefício definido, instituído depois da publicação da referida lei complementar.

Os reajustes dos benefícios em manutenção serão efetuados de acordo com critérios estabelecidos nos regulamentos dos planos de benefícios, **vedado** o repasse de **ganhos de produtividade**, **abono** e **vantagens de qualquer natureza** para tais benefícios.

Nas sociedades de economia mista e empresas controladas direta ou indiretamente pela União, pelos estados, pelo Distrito Federal e pelos municípios, a proposta de instituição de plano de benefícios ou adesão a plano de benefícios em execução será submetida ao **órgão fiscalizador**, acompanhada de manifestação favorável do órgão responsável pela supervisão, pela coordenação e pelo controle do patrocinador.

As alterações no plano de benefícios que implique **elevação da contribuição** de patrocinadores serão objeto de prévia manifestação do já citado órgão responsável.

É vedado à União, aos estados, ao Distrito Federal e aos municípios, suas autarquias, fundações, empresas públicas, sociedades de economia mista e outras entidades públicas o aporte de recursos a entidades de previdência privada de caráter complementar, **salvo** na condição de patrocinador.

4.20 Custeio

O custeio dos planos de benefícios será responsabilidade do **patrocinador** e dos **participantes**, inclusive **assistidos**. Em hipótese alguma, a contribuição normal do patrocinador para plano de benefícios excederá a do participante e as regras específicas emanadas do órgão regulador e fiscalizador.

Além das contribuições normais, os planos poderão prever o **aporte de recursos pelos participantes**, a **título de contribuição facultativa**, **sem contrapartida do patrocinador**. Também é vedado ao patrocinador, assumir encargos adicionais para o financiamento dos planos de benefícios, além daqueles previstos nos respectivos planos de custeio.

A despesa administrativa da EFPC será custeada pelo patrocinador e pelos participantes e assistidos, atendendo a limites e critérios estabelecidos pelo órgão regulador e fiscalizador, sendo facultada aos patrocinadores a cessão de pessoal às entidades de previdência complementar que patrocinam, desde que ressarcidos os custos correspondentes.

4.21 Entidades de previdência complementar patrocinadas pela Administração Pública

Conforme dispõe a LC nº 108/2001, compete às **EFPCs** a administração e a execução dos planos de benefícios. Essas entidades organizar-se-ão sob a forma de **fundação** ou **sociedade simples**, sem fins lucrativos.

É importante relembrar que o texto da lei complementar faz referência ao termo "sociedade civil", que era a denominação adotada em 2001, sob a égide do antigo Código Civil de 1916. Atualmente, sob a égide do Código Civil de 2002, há a sociedade simples, que veio substituir a antiga sociedade civil.

A **estrutura organizacional** dessas EFPCs, vale lembrar, é constituída de:

a) Conselho Deliberativo (CD);
b) Conselho Fiscal (CF); e
c) Diretoria Executiva (DE).

4.22 Conselho Deliberativo

O Conselho Deliberativo (CD), **órgão máximo** da estrutura organizacional, é responsável pela **definição da política geral de administração** da entidade e de seus planos de benefícios.

A composição do Conselho Deliberativo, integrado por, **no máximo, seis membros,** será paritária entre representantes dos participantes e assistidos e dos patrocinadores, e cabe a estes a indicação do conselheiro presidente, que terá, além do seu, o voto de qualidade. A composição máxima do CD será assim disposta:

- três representantes dos participantes/assistidos; e
- três representantes dos patrocinadores, visto que esses indicarão o conselheiro presidente que terá, além do próprio voto, o **voto de qualidade** ou o **voto de minerva** (de desempate).

A escolha dos representantes de participantes e assistidos dar-se-á por meio de **eleição direta** entre seus pares.

Ainda há a seguinte flexibilização: caso o estatuto da EFPC, respeitado o número máximo de conselheiros e a participação paritária entre representantes dos participantes e assistidos e dos patrocinadores, preveja outra composição que tenha sido aprovada na forma prevista no seu estatuto, esta poderá ser aplicada mediante **autorização do órgão regulador e fiscalizador**.

A renovação dos mandatos dos conselheiros deverá obedecer ao **critério de proporcionalidade**, de forma que se processe parcialmente a cada dois anos. O Conselho Deliberativo (CD) deverá renovar três de seus membros a cada dois anos.

O mandato dos membros do Conselho Deliberativo será de **quatro anos**, com garantia de estabilidade, permitida **uma recondução** (4 + 4 = 8 anos). O membro do CD somente perderá o mandato em virtude de **renúncia**, de **condenação judicial transitada em julgado** ou **processo administrativo disciplinar**.

A instauração de processo administrativo disciplinar, para apuração de irregularidades no âmbito de atuação do Conselho Deliberativo da EFPC, poderá determinar o **afastamento** do conselheiro até sua conclusão. Tal afastamento não implica prorrogação ou permanência no cargo além da data inicialmente prevista para o término do mandato.

Em consonância com a LC nº 108/2001, compete ao Conselho Deliberativo a definição das seguintes matérias:

- **política geral** de administração da entidade e de seus planos de benefícios;
- **alteração** de estatuto e regulamentos dos planos de benefícios, bem como a **implantação** e a **extinção** deles e a retirada de patrocinador, visto que a definição dessas matérias deverá ser aprovada pelo **patrocinador**;

- **gestão** de investimentos e plano de aplicação de recursos;
- **autorização** de investimentos que envolvam valores iguais ou superiores a **5%** dos **recursos garantidores**;
- contratação de **auditor independente** atuário e avaliador de gestão, observadas as disposições regulamentares aplicáveis;
- **nomeação** e **exoneração** dos membros da Diretoria Executiva; e
- **exame**, em grau de **recurso**, das decisões da Diretoria Executiva.

Por fim, além do exposto, os membros do CD deverão atender aos seguintes requisitos mínimos:

a) comprovada **experiência** no exercício de atividade na área financeira, administrativa, contábil, jurídica, de fiscalização, atuarial ou de auditoria;

b) **não ter sofrido** condenação criminal transitada em julgado; e

c) **não ter sofrido** penalidade administrativa por infração da legislação da seguridade social, inclusive da previdência complementar ou como servidor público.

4.23 Conselho Fiscal

O Conselho Fiscal (CF) é órgão de controle interno da EFPC. A composição do Conselho Fiscal, integrado por no máximo quatro membros, será paritária entre representantes de patrocinadores e de participantes e assistidos, e cabe a estes a indicação do conselheiro presidente, que terá, além do seu, o voto de qualidade. Em suma, a composição máxima do CF será assim disposta:

- dois representantes dos participantes/assistidos; e
- dois representantes dos patrocinadores, sendo que estes indicarão o conselheiro presidente que terá, além do próprio voto, o **voto de qualidade** ou o **voto de minerva** (de desempate).

Ainda existe a seguinte flexibilização: caso o estatuto da EFPC, respeitado o número máximo de conselheiros e a participação paritária entre representantes dos participantes e assistidos e dos patrocinadores, preveja outra composição, que tenha sido aprovada na forma prevista no seu estatuto, esta poderá ser aplicada, mediante **autorização do órgão regulador e fiscalizador.**

O mandato dos membros do Conselho Fiscal será de quatro anos, **vedada a recondução**. A renovação dos mandatos dos conselheiros deverá obedecer ao **critério de proporcionalidade**, de forma que se processe **parcialmente a cada dois anos**. O Conselho Fiscal (CF) deverá renovar dois de seus membros a cada dois anos.

Por fim, além do exposto, os membros do CF deverão atender aos seguintes requisitos mínimos:

a) comprovada experiência no exercício de atividade na área financeira, administrativa, contábil, jurídica, de fiscalização, atuarial ou de auditoria;

b) não ter sofrido condenação criminal transitada em julgado; e

c) não ter sofrido penalidade administrativa por infração da legislação da seguridade social, inclusive da previdência complementar ou como servidor público.

4.24 Diretoria Executiva

A Diretoria Executiva (DE) é o **órgão responsável pela administração da entidade**, em conformidade com a política de administração traçada pelo Conselho Deliberativo (CD).

A Diretoria Executiva será composta, no **máximo**, por **seis membros**, definidos em função do patrimônio da entidade e do seu número de participantes, inclusive assistidos. O estatuto da EFPC, respeitado o número máximo de diretores, deverá prever a **forma de composição** e o **mandato** da Diretoria Executiva, aprovado na forma prevista no seu estatuto, observadas as demais disposições previstas na LC nº 108/2001.

Os membros da Diretoria Executiva deverão atender aos seguintes requisitos mínimos:

a) comprovada **experiência** no exercício de atividade na área financeira, administrativa, contábil, jurídica, de fiscalização, atuarial ou de auditoria;
b) **não ter sofrido condenação criminal** transitada em julgado;
c) **não ter sofrido penalidade administrativa** por infração da legislação da seguridade social, inclusive da previdência complementar ou como servidor público; e
d) ter formação de nível superior.

Observe que, ao contrário do que ocorre com o CD e o CF, os membros da Diretoria Executiva devem ter, obrigatoriamente, formação em nível superior.

Aos membros da Diretoria Executiva, é **vedado**:

a) exercer **simultaneamente** atividade no patrocinador;

b) integrar **concomitantemente** o Conselho Deliberativo (CD) ou Conselho Fiscal (CF) da entidade e, mesmo depois do término do seu mandato na Diretoria Executiva (DE), enquanto não tiver suas contas aprovadas; e

c) ao longo do exercício do mandato, prestar serviços a instituições integrantes do sistema financeiro.

A EFPC informará ao órgão regulador e fiscalizador o **responsável** pelas aplicações dos recursos da entidade, escolhido entre os membros da Diretoria Executiva (DE). Os demais membros da DE responderão **solidariamente** com o dirigente indicado pelos danos e prejuízos causados à entidade para os quais tenham concorrido.

Nos 12 meses seguintes ao término do exercício do cargo, o ex-diretor estará **impedido** de prestar, direta ou indiretamente, independentemente da forma ou natureza do contrato, **qualquer tipo de serviço às empresas do sistema financeiro** que implique a utilização das informações a que teve acesso em decorrência do cargo exercido, sob pena de responsabilidade civil e penal.

Durante o impedimento, ao ex-diretor que não tiver sido destituído ou que pedir afastamento, será assegurada a possibilidade de prestar serviço à entidade, mediante remuneração equivalente à do cargo de direção que exerceu ou em qualquer outro órgão da Administração Pública.

Incorre na prática de **advocacia administrativa**, sujeitando-se às **penas** da lei, o ex-diretor que violar o impedimento supracitado, exceto se retornar ao exercício de cargo ou emprego que ocupava junto ao patrocinador anteriormente à indicação para a respectiva Diretoria Executiva, ou se for nomeado para exercício em qualquer órgão da Administração Pública.

	Composição	Mandato
Conselho Deliberativo	Máximo seis membros: ■ três representantes dos participantes/assistidos; três representantes dos patrocinadores.	Quatro anos, permitida uma recondução.
Conselho Fiscal	Máximo quatro membros: ■ dois representantes dos participantes/assistidos; ■ dois representantes dos patrocinadores.	Quatro anos, vedada a recondução.
Diretoria Executiva	Máximo seis membros: ■ **Definidos em função do patrimônio da entidade e do seu número de participantes, inclusive assistidos.**	O estatuto da EFPC deverá prever a forma de composição e o mandato.

4.25 Fiscalização

A fiscalização e o controle dos planos de benefícios e das EFPCs competem ao órgão regulador e fiscalizador das entidades fechadas de previdência complementar, a saber:

a) **Órgão fiscalizador:** Superintendência Nacional de Previdência Complementar (**Previc**), ligada ao Ministério da Fazenda (MF).

b) **Órgão regulador:** Secretaria de Políticas de Previdência Complementar (**SPPC**), ligada ao Ministério da Fazenda (MF).

As ações exercidas pelos órgãos supracitados não eximem os patrocinadores da responsabilidade pela **supervisão** e **fiscalização** sistemática das atividades das suas respectivas entidades de previdência complementar, visto que os resultados da fiscalização e do controle exercidos pelos patrocinadores serão encaminhados aos órgãos de fiscalização (Previc) e de regulação (SPPC).

A infração de qualquer disposição prevista na LC n° 108/2001, para a qual **não haja penalidade expressamente cominada**, sujeita a pessoa física ou jurídica responsável, conforme o caso e a gravidade da infração, às penalidades administrativas previstas na LC n° 109/2001, a saber (art. 65):

- advertência;
- **suspensão** do exercício de atividades em entidades de previdência complementar pelo prazo de **até 180 dias**;
- **inabilitação**, pelo prazo de **dois a dez anos**, para o exercício de cargo ou função em entidades de previdência complementar, sociedades seguradoras, instituições financeiras e no serviço público; e
- **multa de R$ 2.000,00 a R$ 1.000.000,00** – devem esses valores, a partir da publicação da LC n° 109/2001, ser reajustados de forma a preservar, em caráter permanente, seus valores reais. Em caso de reincidência, a multa será aplicada em **dobro**.

A penalidade prevista no item 4 (multa) será imputada ao agente responsável, respondendo **solidariamente** à entidade de previdência complementar, assegurado o direito de regresso. A pena ainda poderá ser aplicada **cumulativamente** com as constantes nos tópicos 1 (advertência), 2 (suspensão) ou 3 (inabilitação).

5

Segurados do Regime Geral da Previdência Social

É segurado da previdência social, nos termos do art. 9º e dos parágrafos do Decreto nº 3.048/1999, de forma compulsória, a pessoa física que exerce atividade remunerada, efetiva ou eventual, de natureza urbana ou rural, com ou sem vínculo de emprego, a título precário ou não, bem como aquele que a lei define como tal, observadas, quando for o caso, as exceções previstas no texto legal, ou que exerceu alguma atividade, no período imediatamente anterior ao chamado "período de graça".

Também é segurado aquele que se filia facultativa e espontaneamente à Previdência Social e contribui para o custeio das prestações sem estar vinculado obrigatoriamente ao RGPS ou a outro regime previdenciário qualquer.

Os segurados do RGPS são classificados em obrigatórios e facultativos. Obrigatórios são os segurados de quem a lei exige a participação no custeio, bem como lhes concede, em contrapartida, benefícios, serviços, quando presentes os requisitos para a concessão.

Facultativos são aqueles que, não tendo regime previdenciário próprio nem se enquadrando na condição de segurados obrigatórios do regime geral, vertem contribuições para fazer jus a benefícios e serviços. Funciona da seguinte forma:

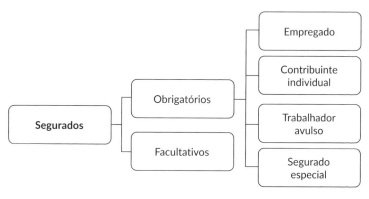

5.1 O empregado

São enquadrados como empregados as seguintes pessoas físicas:

- Aquelas que prestam serviço de natureza urbana ou rural à empresa, em caráter **não eventual**, sob sua subordinação (**jurídica**) e mediante remuneração, inclusive como **diretor empregado**.

Esse é o conceito de empregado conforme o Direito do Trabalho. Nesse ramo do Direito, pode-se observar que o empregado apresenta os seguintes requisitos:

a) pessoa física: não existe empregado pessoa jurídica;
b) não eventualidade: o empregado deve exercer suas funções de modo permanente e constante. A legislação previdenciária entende que serviço prestado em caráter não

eventual é aquele relacionado direta ou indiretamente às atividades normais da empresa;

c) pessoalidade: o empregado deve prestar os serviços contratados. Não havendo pessoalidade, será descaracterizada a relação de emprego;

d) subordinação jurídica: o empregado deve obedecer às ordens lícitas de seu empregador mediante retribuição econômica (salário). Todavia, essas ordens não devem adentrar no mérito da parte técnica da execução do serviço contratado, pois, se assim fosse, estar-se-ia diante de uma subordinação técnica; e

e) onerosidade: toda relação de emprego é remunerada (onerosa).

A legislação previdenciária adotou como primeiro enquadramento, de forma coerente e oriunda do Direito do Trabalho, o conceito exato de empregado.

Não obstante, há a figura do diretor empregado, que é aquele que, participando ou não do risco econômico do empreendimento, seja contratado ou promovido para cargo de direção das sociedades anônimas (S.A.), mantendo as características inerentes à relação de emprego.

Em suma, é o indivíduo promovido ou contratado como empregado para cargo de direção em S.A., a fim de comandar a empresa e manter inclusive a subordinação.

■ Aquele que, contratado por **empresa de trabalho temporário (ETT)**, definido em legislação específica, presta serviço para atender à necessidade transitória de substituição de pessoal regular e permanente ou a acréscimo extraordinário de serviços de outras empresas.

A **empresa de trabalho temporário** é aquela que coloca mão de obra à disposição de outra empresa, no caso, a empresa contratante, para atender necessidade transitória de substituição de pessoal regular e permanente: quando a empresa contratante precisa repor, de forma rápida e temporária, as baixas de seus empregados.

Até bem pouco tempo atrás, o prazo máximo que podia se trabalhar em trabalho temporário eram três meses, prorrogáveis por igual período. Entretanto, a Lei nº 13.429/2017 alterou a Lei nº 6.019/1974 (Lei do Trabalho Temporário), que ficou com a seguinte redação:

> Art. 10. Qualquer que seja o ramo da empresa tomadora de serviços, não existe vínculo de emprego entre ela e os trabalhadores contratados pelas empresas de trabalho temporário.
>
> § 1º O contrato de trabalho temporário, com relação ao mesmo empregador, **não poderá exceder ao prazo de 180 dias, consecutivos ou não.**
>
> § 2º O contrato poderá ser **prorrogado por até 90 dias**, consecutivos ou não, além do prazo estabelecido no § 1º deste artigo, quando comprovada a manutenção das condições que o ensejaram.

Além da situação descrita, há o brasileiro ou o estrangeiro domiciliado e contratado no Brasil como empregado no exterior:

- O brasileiro ou o estrangeiro domiciliado e contratado no Brasil para trabalhar como empregado **no exterior**, em sucursal ou agência de empresa constituída sob as leis brasileiras e que tenha sede e administração no país.

Tanto o brasileiro quanto o estrangeiro domiciliado no Brasil que for contratado para serviço no exterior, em sucursal

(filial ou agência), será considerado empregado, desde que a empresa:
- [ ] seja constituída sob as leis brasileiras; e
- [ ] tenha sede e administração no Brasil.

Também é considerado empregado o brasileiro ou o estrangeiro domiciliado e contratado no Brasil para trabalhar como empregado em **empresa domiciliada no exterior**, com maioria do capital votante pertencente à empresa constituída sob as leis brasileiras, que tenha sede e administração no país e cujo controle efetivo esteja em caráter permanente sob a titularidade direta ou indireta de pessoas físicas domiciliadas e residentes no País ou de entidade de direito público interno.

Conforme dispõe o Código Civil de 2002, são pessoas jurídicas de direito público interno ou entidades de direito público interno a União, os estados-membros, o Distrito Federal, os territórios, os municípios, as autarquias (inclusive as associações públicas) e as demais entidades de caráter público criadas por lei.

Deve-se prestar atenção que, mesmo em se tratando de empresa estrangeira, ela se encontra sob domínio de empresa brasileira (maioria do capital votante), e a empresa brasileira, por sua vez, se encontra sob domínio de residentes nacionais (controle efetivo por pessoas físicas ou jurídicas).

Outrossim, o brasileiro que presta serviço à missão diplomática ou à repartição consular estrangeira pode ser segurado da previdência, a saber:

- O brasileiro civil que trabalha para a **União no exterior**, em organismos oficiais internacionais dos quais o Brasil seja membro efetivo, ainda que lá domiciliado e contratado, salvo se amparado por RPPS.

O brasileiro residente é segurado pela previdência, mas amparado por legislação previdenciária do país da missão diplomática ou da repartição consular.

- Aquele que presta serviço no Brasil à missão diplomática ou à repartição consular de carreira estrangeira e a órgãos a elas subordinados, ou a membros dessas missões e repartições, excluídos o não brasileiro sem residência permanente no Brasil e o brasileiro amparado pela legislação previdenciária do país da respectiva missão diplomática ou repartição consular.

O brasileiro que trabalha no exterior para a União é empregado. O sujeito deve trabalhar em organismo oficial do qual o Brasil seja membro efetivo, mesmo que ele seja domiciliado e contratado no exterior, ele será segurado empregado. Só não será empregado se for amparado por RPPS (da União ou do organismo internacional).

- O brasileiro civil que presta serviços à **União no exterior**, em repartições governamentais brasileiras, lá domiciliado e contratado, inclusive o auxiliar local de que tratam os arts. 56 e 57 da Lei nº 11.440/2006, este desde que, em razão de proibição legal, não possa filiar-se ao sistema previdenciário local.

O brasileiro civil (não militar) que trabalha no exterior para a União é empregado. Esse enquadramento reza que o brasileiro que prestar serviço para à União, no exterior, em repartições governamentais brasileiras, será considerado empregado, inclusive na condição de auxiliar local.

A definição de auxiliar local está no art. 56 da Lei nº 1.440/2006:

> **Auxiliar local** é o brasileiro ou o estrangeiro admitido para prestar serviços ou desempenhar atividades de apoio que exijam familiaridade com as condições de vida, os usos e os costumes do país onde esteja sediado o posto. (Grifos nossos.)

O enquadramento faz uma ressalva quanto ao auxiliar local. Em regra, ele deve ser filiado ao sistema previdenciário local. Caso haja proibição legal, ele será enquadrado como empregado. Logo, o enquadramento de empregado para o auxiliar local é residual, ou seja, só ocorrerá se ele não for filiado ao sistema previdenciário local.

- Quando um bolsista ou estagiário presta serviço à empresa em desacordo com a Lei do Estágio, na verdade, ele está trabalhando como um empregado. O enquadramento priorizou a essência da relação. Como consabido, o estágio não gera vínculo empregatício. Contudo, se a atuação do estagiário não estiver de acordo com a Lei nº 11.788/2008, poderá ser considerado segurado da previdência, conforme aduz o art. 45 da Instrução Normativa nº 128/2022:

> Art. 45. É segurado obrigatório na categoria de empregado: (...)
>
> X – o bolsista e o estagiário que prestam serviços à empresa em **desacordo** com a Lei nº 11.788/2008 (Lei do Estágio). (Grifo nosso.)

Não é difícil encontrar empresas que explorem seus estagiários e fá-los trabalhar em condições de igualdade com seus empregados. Se esse for o caso, não estaremos diante de uma relação de estágio, mas sim de uma relação de emprego indevidamente constituída, na forma de contrato por prazo indeterminado, segundo o Direito do Trabalho.

Por fim, caso a questão citar o enquadramento supracitado, mas apresentar a antiga e revogada Lei do Estágio, a Lei nº 6.494/1977, considere o enunciado correto, porquanto a legislação previdenciária ainda não foi atualizada, logo, a banca pode considerar o enunciado como correto.

- Há o enquadramento como segurado empregado dos ocupantes de cargos comissionados dos entes políticos, de livre nomeação e livre exoneração, ou como se trata no Direito Administrativo, os chamados cargos *ad nutum*: o servidor do estado, Distrito Federal ou município, bem como o das respectivas autarquias e fundações, ocupante de **cargo efetivo**, desde que, nessa qualidade, **não esteja amparado** por RPPS.

A legislação previdenciária estende esse enquadramento ao ocupante de cargo de Ministro de Estado, de Secretário Estadual, Distrital ou Municipal, sem vínculo efetivo com a União, os estados, o Distrito Federal e os municípios, suas autarquias, ainda que em regime especial, e fundações: o servidor da União, Estado, Distrito Federal ou Município, incluídas suas autarquias e fundações, ocupante, **exclusivamente**, de **cargo em comissão** declarado em lei de livre nomeação e exoneração.

Há o enquadramento do servidor estadual, distrital ou municipal: esse enquadramento ampara, na esfera estadual, e principalmente, na esfera municipal, uma situação intermediária.

Nos pequenos municípios, os concursos são realizados para a contratação de servidores estatutários (detentores de cargos efetivos), mas, geralmente, por razões econômicas e financeiras, o referido ente não possui condições de criar um RPPS específico para seus funcionários.

Dessa forma, os servidores públicos são enquadrados, para fins previdenciários, como contribuinte empregado, regido pela Consolidação das Leis do Trabalho (CLT).

■ Os contratados temporariamente, por necessidade temporária de excepcional interesse público, são enquadrados como empregados para fins previdenciários (art. 9°, inciso I, alínea *l*, do Decreto n° 3.048/1999 – RPS):

> O servidor **contratado** pela União, Estado, Distrito Federal ou Município, bem como pelas respectivas autarquias e fundações, por **tempo determinado**, para atender à necessidade temporária de excepcional interesse público, nos termos do inciso IX do art. 37 da Constituição Federal.

Empregado público é aquele sujeito contratado por concurso público regido pelo regime CLT. Esse também é enquadrado para fins previdenciários como empregado: "o servidor da União, dos estados, do Distrito Federal ou dos municípios, incluídas suas autarquias e fundações, ocupante de **emprego público**".

No âmbito da União, pode-se citar os Conselhos de Fiscalização de Profissões Regulamentadas (CRM, CRA, CRC etc.). Os empregados dessas autarquias federais pertencem ao regime celetista, contratados por meio de concurso público, mas enquadrados no RGPS na condição de empregado.

Em resumo, por estar abarcado pelo RGPS, possui o salário de contribuição limitado ao teto deste, que, no início de 2018, alcançou o valor de R$ 5.645,80.

Assim, no futuro, seus benefícios (aposentadorias e pensões) também estarão limitados ao mesmo teto.

■ São segurados: o **escrevente** e o **auxiliar** contratados por titular de serviços notariais e de registro **a partir de 21 de novembro 1994**, bem como aquele que optou pelo Regime Geral de Previdência Social (RGPS), em conformidade com a Lei n° 8.935/1994 (Lei dos Cartórios).

Em regra, o escrevente e o auxiliar de cartório (de serviços notariais e de registro) são enquadrados como empregados. Essa regra é válida desde 21 de novembro de 1994 até os dias atuais.

O escrevente e o auxiliar contratado em data anterior à citada deve ter feito a opção pelo RGPS para ser enquadrado como segurado empregado, e gozar de seus benefícios.

Os escreventes e auxiliares de investidura estatutária ou em regime especial, contratados por titular de serviços notariais e de registro antes da vigência da Lei nº 8.935, de 21 de novembro de 1994, que fizeram opção, expressa, pela transformação do seu regime jurídico para o da CLT, serão segurados obrigatórios do RGPS como empregados e terão o tempo de serviço prestado no regime anterior integralmente considerado para todos os efeitos de direito.

Por fim, não tendo havido a opção supracitada, os escreventes e auxiliares de investidura estatutária ou em regime especial continuarão vinculados à legislação previdenciária que anteriormente os regia, desde que mantenham as contribuições nela estipuladas até a data do deferimento de sua aposentadoria, ficando, consequentemente, excluídos do RGPS conforme dispõe a legislação previdenciária.

- Também é segurado empregado o exercente de mandato eletivo federal, estadual ou municipal, desde que **não vinculado ao RPPS**.

Essa regra vale para o político que não era servidor antes de virar político, ou seja, não era vinculado a nenhum RPPS. Um Auditor-Fiscal do Trabalho eleito deputado federal, por exemplo, não será enquadrado como empregado no RGPS, pois ele já está vinculado ao RPPS da União.

Quanto à figura do exercente de mandato eletivo, é importante lembrar que o Plenário do STF, ao julgar o Recurso Extraordinário nº 351.717/PR, declarou, em 08.10.2003, a inconstitucionalidade do § 1º do art. 13 da Lei nº 9.506/1997, que instituiu a cobrança de contribuição previdenciária incidente sobre a remuneração dos detentores de mandato eletivo federal, estadual ou municipal. O Ministro Carlos Velloso, relator do recurso, entendeu que, ao criar nova figura de segurado obrigatório, a Lei nº 9.506/1997 instituiu nova fonte de custeio da seguridade social e que a contribuição social somente poderia ser instituída por lei complementar. A partir de tal decisão, o Senado Federal editou a Resolução nº 26, de 21 de junho de 2005, suspendendo a execução da alínea *h* do inciso I do art. 12 da Lei nº 8.212/1991, com a redação dada pela Lei nº 9.506/1997.

Com a promulgação da EC nº 41/2003, a polêmica voltou à baila, já que a Medida Provisória (MP) nº 167, posteriormente convertida na Lei nº 10.887, de 18 de junho de 2004, reincluiu na alínea *j* do inciso I do art. 12 da Lei nº 8.212/1991, como segurado obrigatório do RGPS, "o exercente de mandato eletivo federal, estadual ou municipal, desde que não vinculado a regime próprio de previdência social". Acerca desse tema, o TRF da 4ª Região, acolheu a tese de que, após a Lei nº 10.887/2004, passou a ser devida a referida contribuição, porém tão somente da sua entrada em vigor, respeitada a anterioridade nonagesimal, ou seja, a partir de 21 de setembro de 2004 (EI em AC nº 2003.70.01.017762-3/PR, *DJU* 16.08.2006).

O INSS disciplinou internamente a questão e permitiu que o exercente de mandato eletivo, no período de 1º de fevereiro de 1998 a 18 de setembro de 2004, restitua os valores retidos indevidamente pelos entes federativos ou opte pela manutenção da filiação na qualidade de segurado facultativo, mediante recolhimento complementar das contribuições relativas ao respectivo período, abatendo-se os valores retidos.

Sobre a possibilidade da contagem do tempo de exercício de mandato eletivo para fins de aposentadoria, o TRF da 4ª Região firmou orientação de que o art. 55, inciso IV, da Lei nº 8.213/1991 não autoriza esse cômputo sem a indenização das contribuições previdenciárias. Faz interpretação restritiva sob alegação de que, até o advento da Lei nº 10.887/2004, o exercício de mandato eletivo não implicava filiação obrigatória e, nos termos do § 1º do art. 55 da Lei nº 8.213/1991, a averbação de tempo de serviço, cujo exercício não determinava filiação obrigatória ao RGPS, só será admitida mediante o recolhimento das contribuições correspondentes (EINF 2001.71.14.000516-7/TRF, 3ª Seção, Rel. Des. Federal João Batista Pinto Silveira, *DJe* 1º.10.2009).

No mesmo sentido, a orientação do STJ, ao julgar ação declaratória em que o autor postulava o cômputo do tempo de serviço do período no qual ocupou cargo de vereança (31.01.1977 a 29.03.1988), pretendeu equiparar sua condição de edil à de servidor público, portanto, à de segurado obrigatório da Previdência Social. O STJ considerou que, além de não recolher a contribuição correspondente ao interregno em que exerceu seus mandatos, também não se enquadra em nenhuma das categorias de segurados obrigatórios previstas na legislação em vigor à época. Por isso, não há como reconhecer o supracitado período para cômputo de tempo de contribuição (REsp 921.903/RS, Rel. Min. Sebastião Reis Júnior, *DJe* 13.10.2011).

Também será considerado segurado empregado do RGPS o servidor público de órgão ou entidade da administração direta federal, estadual ou municipal que venha a ser contratado para emprego público, em face da possibilidade aberta pela Emenda Constitucional n° 19/1998, que novamente permite a existência de servidores admitidos pelas regras de direito público concomitantemente com servidores regidos pela legislação do trabalho. Quanto aos empregados de entidades da administração indireta – empresas públicas e sociedades de economia mista –, já eram filiados ao RGPS, na qualidade de segurados empregados, bem como o serão todos aqueles contratados para empregos nessas entidades.

Com a decisão proferida pelo STF, na Ação Direta de Inconstitucionalidade n° 2.135, em 2 de agosto de 2007, no sentido de suspender liminarmente, *ex nunc*, até o julgamento final da ADI, os efeitos do art. 39, *caput*, da Constituição, com a redação conferida pela EC n° 19, voltou a vigorar a redação anterior à EC n° 19/1998, ou seja, a partir da referida decisão, há a exigência de fixação de regime jurídico único para servidores que vierem a exercer cargos efetivos.

■ É segurado o empregado de organismo oficial internacional ou estrangeiro em funcionamento no Brasil, **salvo** quando coberto por RPPS.

Essa é a situação do indivíduo que trabalha em um organismo oficial internacional (ou estrangeiro) em funcionamento no território nacional. Em regra, esse indivíduo é coberto pelo RPPS (do organismo ou de alguns dos entes políticos), mas, caso não seja coberto, ele será enquadrado como segurado empregado do RGPS.

É segurado o trabalhador rural empregado, que não pode ser confundido com o trabalhador rural segurado especial, que é aquele que trabalha em regime de economia familiar: "pessoa física que presta serviço de natureza **contínua**, mediante remuneração, a pessoa ou família, no **âmbito residencial** desta, em **atividade sem fins lucrativos**".

Além dessas espécies supracitadas, ainda há a figura do trabalhador rural autônomo, que recebe a classificação de contribuinte individual, o qual é aquela pessoa que presta serviço de natureza urbana ou rural, em caráter eventual, a uma ou mais empresas, sem relação de emprego. O **trabalhador rural** contratado por **Produtor Rural Pessoa Física (PRPF)**, na forma do art. 14-A da Lei nº 5.889/1973 (Lei do Trabalho Rural), para o exercício de atividades de natureza temporária por **prazo não superior a 2 meses dentro do período de 1 ano**, será enquadrado como segurado empregado.

Como dispõe o § 4º do art. 14-A da Lei nº 5.889/1973, a contratação de trabalhador rural, por pequeno prazo, só poderá ser realizada por PRPF, proprietário ou não, que explore diretamente atividade agroeconômica.

Por sua vez, se a contratação de trabalhador rural ultrapassar 2 meses dentro do período de 1 ano, fica descaracterizada a condição de trabalho temporário, e será convertida a relação trabalhista em contrato de trabalho por prazo indeterminado.

Entretanto, essa alteração, no âmbito trabalhista, não respinga no âmbito previdenciário, uma vez que fica mantido o enquadramento como segurado empregado.

- É segurado o aprendiz, maior de 14 e menor de 24 anos, ressalvada a pessoa com deficiência, ao qual não se aplica o limite máximo de idade, sujeito à formação técnico-profissional metódica, sob a orientação de entidade qualificada, conforme disposto na CLT.

Assevera-se ainda que, além da limitação de idade, a empresa deve fornecer formação técnico-profissional ao aprendiz.

Como consabido, o "**contrato verde e amarelo**" de que tratava o art. 1º da MP nº 905, de 11 de novembro de 2019, qualificava a pessoa contratada como "segurado(a) obrigatório na categoria empregado", por se tratar de modalidade específica de contrato de trabalho, regida pela Legislação do Trabalho. Por não ter sido convertida em lei, a referida MP perdeu a eficácia, porém "os contratos verde e amarelo" realizados em sua constância (de 1° de janeiro de 2020 a 20 de abril do mesmo ano) possuem validade e efeitos jurídicos relacionados. Não obstante, o Regulamento da Previdência Social prevê, em seu art. 60, o cômputo, como tempo de contribuição, do tempo exercido na condição de aluno aprendiz, referente ao período de aprendizado profissional realizado em escola técnica, desde que comprovada a remuneração, mesmo que indireta, à conta do orçamento público e o vínculo empregatício (redação conferida pelo Decreto n° 6.722/2008).

Impõe-se frisar outra importante alteração que vigorou durante a vigência da MP n° 905/2019, que acrescentou o § 14 ao art. 11 da Lei n° 8.213/1991, de modo a prever que: "O beneficiário do Seguro-Desemprego concedido nos termos do disposto na Lei n° 7.998, de 11 de janeiro de 1990, e da Lei n° 10.779, de 25 de novembro de 2003, é segurado obrigatório da previdência social, durante os meses de percepção do benefício". Com o fim da vigência da MP n° 905/2019, o referido trecho foi revogado, mas, em razão do princípio *tempus regit actum*, os trabalhadores que receberam seguro-desemprego no período de 1°.01.2020 a 20.04.2020 têm considerado esse período como segurado obrigatório, com todos os efeitos jurídicos decorrentes.

5.2 Empregado doméstico

A legislação previdenciária delimita da seguinte forma esse enquadramento: pessoa física que presta serviço de natureza **contínua**, mediante remuneração, a pessoa ou família, no **âmbito residencial** desta, em **atividade sem fins lucrativos**.

Por sua vez, a Lei das Empregadas (LC nº 150/2015) também traz um conceito muito próximo, a saber:

> Art. 1º Ao empregado doméstico, assim considerado aquele que presta serviços de forma **contínua**, subordinada, onerosa e pessoal e de **finalidade não lucrativa** à pessoa ou à família, no **âmbito residencial** destas, **por mais de 2 dias por semana**, aplica-se o disposto nesta Lei. (Grifos nossos.)

Um exemplo clássico é a empregada doméstica, ou, ainda, o fazendeiro que contrata um motorista para ficar à disposição de sua esposa e filhos para levá-los à cidade.

O motorista presta serviço de natureza contínua, mediante **remuneração**, para **família** (esposa e filhos do fazendeiro), no âmbito **residencial** (ele não trabalha com as atividades da fazenda), e realiza uma atividade **sem fins lucrativos** (levar família para passear). Nessa situação, o motorista também é empregado doméstico.

Quanto à idade mínima para o exercício do ofício, a legislação previdenciária é omissa, entretanto, observe o que dispõe a LC nº 150/2015:

> Art. 1º (...)
>
> Parágrafo único. É vedada (**proibida**) a contratação de **menor de 18 anos para desempenho de trabalho doméstico**, de acordo com a Convenção nº 182, de 1999, da Organização Internacional do Trabalho (OIT) e com o Decreto nº 6.481, de 12 de junho de 2008 [regulamenta a referida convenção]. (Grifos nossos.)

5.3 Contribuinte individual

A classificação de segurado como contribuinte individual nasceu em 1999, quando o governo federal unificou as seguintes classes de segurados: trabalhador autônomo e empresário.

O contribuinte individual tem como característica a prestação de serviço em caráter eventual a várias empresas, sem relação de emprego. Também é característica marcante o exercício de atividade econômica por conta própria.

São enquadradas como contribuintes individuais as seguintes pessoas físicas: quem presta serviço de natureza urbana ou rural, em caráter eventual, a uma ou mais empresas, sem relação de emprego.

Esse é um dos conceitos previdenciários de contribuinte individual. É importante observar que:

a) a prestação do serviço ocorre em caráter eventual;
b) a prestação é realizada a várias empresas; e
c) não existe vínculo do trabalhador com as empresas onde exerce suas atividades.

É segurado do Regime Geral como contribuinte individual a pessoa física que, por conta própria, exerce atividade econômica de natureza urbana, com fins lucrativos ou não.

Novamente é preciso observar os seguintes requisitos:

a) prestação de serviço por conta própria;
b) atividade econômica de natureza urbana (não pode ser rural);
c) com ou sem lucro.

É segurado do Regime Geral como contribuinte individual a pessoa física, proprietária ou não, que explora **atividade agropecuária**, a qualquer título, em caráter permanente ou temporário, em área, contínua ou descontínua, **superior a quatro módulos fiscais**; ou, quando em área igual ou inferior a quatro módulos fiscais ou atividade pesqueira ou extrativista, com auxílio de empregados ou por intermédio de prepostos.

O enquadramento apresenta o termo "módulo fiscal" que, por sua vez, representa uma unidade de medida expressa em hectares (ha), fixada para cada município do Brasil, em função das características locais. O módulo fiscal tem um valor para cada cidade. Exemplo: em Ponta Porã/MS, o módulo fiscal equivale a 35 ha.

Se enquadra, ainda nessa classe de segurado, a pessoa física, proprietária ou não da terra, que explore:

a) atividade agropecuária, em área superior a quatro módulos fiscais, com ou sem auxílio de empregados ou prepostos;

b) atividade agropecuária, em área igual ou inferior a quatro módulos fiscais, desde que com auxílio de empregados ou prepostos; e

c) atividade pesqueira ou extrativista, desde que com auxílio de empregados ou prepostos.

Observe que a referência aos módulos fiscais só é realizada quando da exploração da atividade agropecuária.

Há o enquadramento do garimpeiro como contribuinte individual. Ressalta-se que garimpeiro não é empregado. Entretanto, o que poucos estudantes sabem é que o garimpeiro já teve um enquadramento distinto.

Note-se: a pessoa física, proprietária ou não, que explora atividade de extração mineral (**garimpo**), em caráter permanente ou temporário, diretamente ou por intermédio de prepostos, com ou sem o auxílio de empregados, utilizados a qualquer título, ainda que de forma não contínua.

Até 1998, o garimpeiro era considerado Segurado Especial, entretanto, a EC n° 20/1998 (Primeira Emenda de Reforma da Previdência) alterou a redação do § 8° do art. 195 da CF/1988, o que excluiu o garimpeiro dessa condição. Com isso, a partir dessa emenda, em 1998, esse segurado passou a ser classificado como contribuinte individual.

Os representantes religiosos sempre serão contribuintes individuais, independentemente da religião e de suas denominações. Tome-se como exemplo: padre, pastor, rabino. Líder religioso não é empregado da igreja, é contribuinte individual:

- O ministro de confissão religiosa e o membro de instituto de vida consagrada, da congregação ou de ordem religiosa:

> Art. 11 [Lei n° 8.213/1991]. São segurados obrigatórios da previdência social as seguintes pessoas físicas: (...)
>
> V – como contribuinte individual: (...)
>
> c) o ministro de confissão religiosa e o membro de instituto de vida consagrada, de congregação ou de ordem religiosa;

Em regra, o brasileiro civil (não militar) que trabalhar para organismo oficial internacional (que o Brasil seja membro efetivo), residindo no país do organismo, em regra, será coberto por RPPS (do organismo ou de algum ente político).

Caso não seja, será enquadrado como contribuinte individual no RGPS (art. 11, inciso V, alínea *e*, da Lei nº 8.212/1991):

> d) o brasileiro civil que trabalha no exterior para organismo oficial internacional do qual o Brasil é membro efetivo, ainda que lá domiciliado e contratado, salvo quando coberto por regime próprio de previdência social.

Atenção!

Brasileiro civil que trabalha no exterior, **para a União**, em organismo internacional que o Brasil seja membro.

Há distintas situações para o trabalhador no exterior:

- trabalhar para a União: empregado;
- trabalhar para o organismo internacional: contribuinte individual.

Também é enquadrado no Regime Geral como contribuinte individual o titular de firma individual urbana ou rural.

Esse enquadramento classifica o titular de firma individual, ou empresário (conforme a Lei nº 10.406/2002 – Código Civil), como contribuinte individual, independentemente de ser a atividade urbana ou rural.

O diretor empregado é segurado empregado, já o diretor não empregado e o membro do conselho da administração na sociedade anônima são enquadrados como contribuinte individual.

Não obstante, **o diretor não empregado**, aquele que, participando ou não do risco econômico do empreendimento, seja eleito, por assembleia geral dos acionistas, para cargo de direção das sociedades anônimas (S.A.), não mantendo as características inerentes à relação de emprego, não possui vínculo empregatício:

a) Diretor empregado: **contratado** ou **promovido** para cargo de direção na S.A., desde que observadas as exigências características inerentes da relação de emprego.

b) Diretor não empregado: é **investido** no cargo de direção na S.A., sem a existência da relação de emprego.

São segurados do Regime Geral como contribuinte individual todos os sócios, nas Sociedades em Nome Coletivo (SNC) e de capital e indústria.

Entende-se como sócios em SNC, conforme o Código Civil de 2002, exclusivamente as pessoas físicas, sendo que esses indivíduos são enquadrados como contribuintes individuais perante a Previdência Social.

Os sócios em Sociedade de Capital e Indústria (SCI) estavam presentes no secular Código Comercial (Lei nº 556/1850), mas os artigos que dispunham desse tipo de sociedade foram revogados pelo Código Civil de 2002.

Em suma, a legislação previdenciária está desatualizada, mas, como a legislação ainda não foi alterada, pode-se dizer que o sócio em SCI é enquadrado como contribuinte individual.

São, ainda, segurados do Regime Geral como contribuinte individual, o **sócio gerente** e o **sócio cotista** que recebam remuneração decorrente de seu trabalho e o administrador não empregado na sociedade por cotas de responsabilidade limitada, urbana ou rural.

Esse enquadramento engloba três classes diferentes de contribuintes individuais, a saber:

a) sócio gerente: é o sócio da sociedade limitada **que realiza** funções de gestor;

b) sócio cotista: é o sócio da sociedade limitada que **não realiza** funções de gestor; e

c) administrador não empregado da sociedade limitada: é aquele que presta consultoria gerencial para a sociedade. Ele não faz parte dos quadros da sociedade (não é empregado), mas trabalha para ela.

Como consabido, as três classes estão relacionadas à figura da sociedade limitada, o que não se aplica, por exemplo, às classes vinculadas a uma sociedade por ações (S.A.).

Do mesmo modo, enquadra-se nessa classe, o associado eleito para cargo de direção em cooperativa, associação ou entidade de qualquer natureza ou finalidade, bem como o síndico ou administrador eleito para exercer atividade de direção condominial, desde que recebam remuneração.

Esse dispositivo abarca duas classes diferentes de contribuintes individuais, a saber:

a) diretor associado de cooperativa ou associação: é aquele associado que, por eleição, é nomeado para cargo de diretor de sua associação ou agropecuária, desde que receba remuneração; e

b) síndico de condomínio remunerado: esse dispositivo faz referência a uma das mais célebres figuras da vida urbana cotidiana: o síndico!

☐ O síndico, quando remunerado, é classificado como contribuinte individual.

☐ O síndico não remunerado é segurado facultativo.

No entanto, a isenção da taxa de condomínio, compensada ao síndico e/ou subsíndico em exercício, configura meio de remuneração indireta pelo trabalho mensal, o que o transforma em contribuinte individual.

É segurado do Regime Geral como contribuinte individual o **aposentado** de **qualquer regime previdenciário** nomeado **magistrado classista temporário da Justiça do Trabalho**, ou nomeado **magistrado da Justiça Eleitoral**, conforme previsões constantes na Constituição Federal.

Esse enquadramento de contribuinte individual reúne duas hipóteses:

a) magistrado classista temporário;
b) magistrado da Justiça Eleitoral.

Assevera-se que, após a EC nº 24/1999 (disposições sobre a representação classista) e a EC nº 45/2004 (Reforma do Poder Judiciário), extinguiu-se a figura do juiz classista do trabalho.

Essas reformas aboliram a representação classista e modernizaram a justiça trabalhista. O aposentado nomeado magistrado da Justiça Eleitoral faz referência ao advogado aposentado, escolhido para atuar como juiz do Tribunal Superior Eleitoral (TSE) ou do Tribunal Regional Eleitoral (TRE).

Em relação a esse advogado, a legislação previdenciária pontua uma ressalva: o magistrado nomeado manterá o enquadramento no RGPS de antes de sua investidura no cargo de juiz da Justiça Eleitoral.

Toma-se como exemplo a seguinte situação: uma sociedade cooperativa contrata uma cooperativa de produção para a realização de um serviço qualquer. Essa cooperativa de produção disponibiliza seu cooperado para a realização do trabalho contratado. Ou seja, é segurado o **cooperado de cooperativa de produção** que, nessa condição, presta serviço à sociedade cooperativa mediante remuneração ajustada ao trabalho executado.

Desse modo, não existe vínculo entre o cooperado e a sociedade cooperativa (contratante). Essa prestação ocorre em caráter eventual e pode ser prestada a várias sociedades cooperativas distintas.

Lembrando-se do conceito previdenciário de contribuinte, não há dúvida que esse cooperado pertencente à cooperativa de produção (contratada) é enquadrado como contribuinte individual.

É segurado contribuinte individual o Microempreendedor Individual (**MEI**), de que tratam os arts. 18-A, 18-B e 18-C da LC nº 123/2006 (**Simples Nacional**), com a opção do recolhimento dos impostos e das contribuições abrangidos pelo Simples Nacional em valores fixos mensais.

A priori, o conceito de MEI advém da legislação do Simples Nacional, a qual considera aquele o empresário individual, que:

- exerce profissionalmente a atividade econômica organizada para a produção ou a circulação de bens ou de serviços, e adota o conceito legal de empresário previsto no art. 966 do Código Civil;
- que tenha auferido receita bruta no ano-calendário anterior de no máximo R$ 81.000,00;

- exerça tão somente atividades permitidas para o MEI, destacadas no Anexo XI da Resolução CGSN n° 140/2018;
- não possuir mais de um estabelecimento;
- não participar de outra empresa como titular, sócio ou administrador; e
- contratar apenas um empregado que receba exclusivamente um salário mínimo ou o piso salarial da categoria profissional.

O Simples Nacional nada mais é do que um regime tributário diferenciado, simplificado e favorecido, previsto na LC n° 123/2006, aplicável às Microempresas (ME) e às Empresas de Pequeno Porte (EPP).

Para o MEI que está iniciando a sua atividade, a Lei do Simples Nacional considera para cálculo da renda auferida no ano-calendário o importe de R$ 5.000,00 multiplicado pelo número de meses compreendido entre o início da atividade e o final do respectivo ano-calendário, consideradas as frações de meses como um mês inteiro.

Conforme dispõe a legislação tributária, a opção pelo enquadramento como MEI implica que o empresário, nessa condição (contribuinte individual), deverá recolher a sua contribuição social na forma prevista pela legislação previdenciária, ou seja, com a aplicação da alíquota de 5% sobre o limite mínimo mensal do salário de contribuição, que nada mais é do que o salário mínimo (Lei n° 8.212/1991, art. 21, § 2°, inciso II, alínea *a*).

Ressalta-se que, para quem se filiou ao sistema previdenciário antes da EC n° 103/2019, tal contribuição implica automaticamente na exclusão do direito ao benefício de Aposentadoria por Tempo de Contribuição ao MEI.

Com essa forma de recolhimento, o MEI não poderá contar seu tempo de contribuição para:

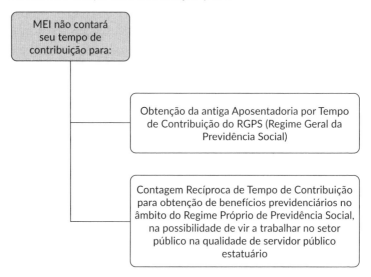

Para contar com esse tempo de contribuição na qualidade de MEI (contribuinte individual) para fins de obtenção da aposentadoria e/ou da contagem recíproca do tempo de contribuição, o empresário deverá complementar a contribuição mensal já quitada, mediante recolhimento do valor correspondente à diferença entre o percentual pago e aquele que garante o efetivo benefício ao segurado (20%), acrescido dos juros moratórios de que trata a Lei nº 9.430/1996.

Não obstante, os novos filiados ao regime previdenciário poderão obter o direito à aposentadoria por idade quando atingir 62 anos, se mulher; e 65 anos, se homem, com no mínimo 20 anos de contribuição para que o benefício seja concedido.

Exemplo: suponha que Fernando tenha contribuído durante os três primeiros meses do ano de 2022 como MEI. O referido empresário foi aprovado posteriormente no concurso para o cargo de técnico judiciário. Ele desejou levar para o RPPS da União esse período que contribuiu como MEI. Nesse caso, Fernando deverá recolher a diferença entre o percentual pago e o percentual de 20% em relação a cada uma das contribuições na condição de MEI (contribuinte individual) com os respectivos juros moratórios.

A legislação tributária ainda menciona que a empresa contratante de serviços executados por intermédio do MEI mantém, em relação a essa contratação, a obrigatoriedade de recolhimento de sua cota patronal no valor de 20% sobre o total da remuneração paga ao MEI.

Se a empresa contratante for uma instituição financeira (bancos, sociedades de crédito etc.), a cota patronal será de 22,5%. Porém, essa obrigatoriedade de recolhimento de cota patronal, por parte da empresa contratante do MEI, ocorre somente na prestação dos seguintes serviços:

- hidráulica;
- eletricidade;
- pintura;
- alvenaria;
- carpintaria; e
- manutenção de veículos.

Por sua vez, o empresário individual, que possua apenas um único empregado que receba um salário mínimo ou o piso salarial da categoria, poderá ser enquadrado como MEI (contribuinte individual). Para finalizar, é importante mencionar as seguintes informações:

a) MEI que trabalha por conta própria – MEI recolhe a **contribuição social de 5%** sobre o salário mínimo, com possibilidade de complementação até 20% para fazer jus à aposentadoria.

b) MEI contratado por empresa – A empresa recolhe a **cota patronal de 20% ou 22,5%** (instituições financeiras) sobre a remuneração do MEI.

O MEI que contrata um empregado recolhe a cota patronal de 3% sobre a remuneração do seu empregado.

É segurado contribuinte individual o **condutor autônomo** de veículo rodoviário, assim considerado aquele que exerce atividade profissional **sem vínculo empregatício**, quando proprietário, coproprietário ou promitente comprador de **um só veículo**.

Condutor autônomo nada mais é do que o taxista e o motorista de aplicativo autônomo, o famoso taxista ou motorista de Uber, que não tem vínculo com nenhuma empresa e exerce a profissão de forma autônoma na condição de proprietário, coproprietário ou, no caso de taxista, promitente comprador de um só veículo.

Há também aquele que exerce atividade de **auxiliar de condutor autônomo** de veículo rodoviário, em automóvel cedido em regime de colaboração, nos termos da Lei nº 6.094/1974 (Lei do Auxiliar de Condutor Autônomo). Essa figura é o motorista auxiliar, que se senta ao lado do condutor e o auxilia em seu trabalho (problemas mecânicos, revezamento de motoristas, entre outras atividades auxiliares).

Não é qualquer auxiliar de condutor autônomo que é enquadrado como contribuinte individual. Esse enquadramento só é realizado quando o veículo utilizado se encontra em regime de colaboração, conforme legislação.

Esse dispositivo se refere ao comerciante ambulante e ao camelô. É segurado o trabalhador associado à cooperativa que, nessa qualidade, presta serviços a terceiros.

Aquele que, **pessoalmente**, por **conta própria** e a seu risco, exerce pequena atividade comercial em **via pública** ou de **porta em porta**, como comerciante ambulante, nos termos da Lei n° 6.586/1978 (Lei do Comerciante Ambulante).

Nas condições apresentadas, o trabalhador associado à cooperativa executará tarefas a terceiros, sem vínculo empregatício e de forma eventual. Esse tipo de operação também classifica o trabalhador cooperado como contribuinte individual.

É segurado como contribuinte individual o membro de Conselho Fiscal de sociedade por ações (S.A.).

O Conselho Fiscal é um colegiado composto por membros, acionistas ou não, da sociedade por ações. Esse Conselho examina a prestação de contas do exercício, emite pareceres sobre as demonstrações contábeis do exercício social, além de fiscalizar os atos dos administradores e verificar o cumprimento de seus deveres legais e estatutários.

O Conselho Fiscal é obrigatório para as S.A. A Lei n° 6.404/1976 (Lei das S.A.), em seu art. 161, deixa bem claro: "A companhia **terá** um Conselho Fiscal e o estatuto disporá sobre seu funcionamento, de modo permanente ou nos exercícios sociais em que for instalado a pedido de acionistas" (grifo nosso).

O membro do Conselho Fiscal, acionista ou não, é enquadrado como contribuinte individual: aquele que presta serviço de natureza **não contínua**, por conta própria, a pessoa ou família, no **âmbito residencial** desta, **sem fins lucrativos**.

Diante da similitude com o conceito de empregado doméstico, é importante distinguir as diferenças. Empregado doméstico é a pessoa física que presta serviço de natureza **contínua**, mediante remuneração. Pessoa física que presta serviço no âmbito residencial à pessoa ou família, sem fins lucrativos, pode ser enquadrada de duas formas:

a) se o serviço for **contínuo**: o trabalhador é um **empregado doméstico**;

b) se o serviço **não for contínuo**: o trabalhador é um **contribuinte individual**.

A diferença entre um enquadramento e outro reside exatamente na continuidade, ou não, da atividade realizada. Exemplo disso é a diarista. Isso porque a periodicidade não configura natureza contínua, ou seja, é um trabalho eventual.

Dessa forma, se não há registro em Carteira de Trabalho e Previdência Social (ou seja, não se trata de um empregado doméstico), ela deverá, particularmente, contribuir para com a previdência para ter assegurados seus direitos e benefícios, tratando-se, portanto, de uma segurada contribuinte individual.

Para constar, a LC nº 150/2015 (Lei das Domésticas) assim dispõe:

> Art. 1º Ao empregado doméstico, assim considerado aquele que presta serviços de **forma contínua**, subordinada, onerosa e pessoal e de **finalidade não lucrativa** à pessoa ou à família, no âmbito residencial destas, **por mais de 2 dias por semana**, aplica-se o disposto nesta Lei. (Grifos nossos.)

É segurado como contribuinte individual o notário ou tabelião e o oficial de registros ou registrador, titular de cartório, que **detêm a delegação** do exercício da atividade notarial e de registro, **não remunerados pelos cofres públicos**, admitidos a partir de 21 de novembro de 1994.

A pessoa que detém a delegação do exercício de atividades notariais e registro é um profissional do Direito, dotado de fé pública, ao qual compete, por delegação do Poder Público, formalizar juridicamente a vontade das partes.

Apesar de o exercício dessa delegação ser uma atividade privada, ela está sujeita à fiscalização do Poder Judiciário. Assim, o detentor da referida delegação será enquadrado como contribuinte individual, desde que atenda a dois requisitos:

a) não seja remunerado pelo Estado;
b) que tenha iniciado o exercício da função após 21.11.1994.

Em regra, o escrevente e o auxiliar de cartório (de serviços notariais e de registro) são enquadrados como empregados. Essa regra é válida desde 21 de novembro de 1994 até os dias atuais. O escrevente e o auxiliar contratados, em data anterior, devem ter feito opção pelo RGPS para serem considerados segurados empregados.

Nesse contexto, é importante tecer um breve paralelo:

a) Detentor da delegação de exercício da atividade notarial e de registro = **contribuinte individual**.
b) Escrevente e auxiliar contratado pelo detentor da delegação = **empregado**.

É segurado contribuinte individual a pessoa física que edifica obra de construção civil, ou seja, aquela que detém a posse da obra. Esta é classificada como contribuinte individual, mas a RFB tem um entendimento um pouco mais restrito, que é disposto conforme a Instrução Normativa RFB n° 971/2009: a pessoa física que **habitualmente** edifica obras de construção civil com **fins lucrativos**.

Nesses casos, para ser considerado contribuinte individual segundo a Receita Federal, o sujeito pessoa física deverá apresentar habitualidade e lucratividade na atividade de construção civil.

É segurado como contribuinte individual aquele que, na condição de pequeno feirante, compra para revenda produtos hortifrutigranjeiros ou assemelhados.

É segurado como contribuinte individual o médico residente de que trata a Lei n° 6.932/1981 (Lei do Médico Residente). O art. 1° da referida Lei dispõe sobre as atividades do médico residente:

> Art. 1°. A Residência Médica constitui modalidade de ensino de pós-graduação, destinada a médicos, sob a forma de cursos de especialização, caracterizada por treinamento em serviço, funcionando sob a responsabilidade de instituições de saúde, universitárias ou não, sob a orientação de profissionais médicos de elevada qualificação ética e profissional.

Trata-se de modalidade de pós-graduação, e não de vínculo empregatício. Por isso, sem dúvida é segurado como contribuinte individual. Cabe, ainda, apontar a seguinte diferença:

a) médico residente = **contribuinte individual**;
b) médico plantonista = **empregado**.

É segurado como contribuinte individual o pescador que trabalha em regime de parceria, meação ou arrendamento, em embarcação de **médio** ou **grande** porte, nos termos da Lei nº 11.959/2009.

Por seu turno, conforme dispõe a Lei supracitada, tem-se a seguinte classificação de embarcações:

Porte	Arqueação Bruta (AB)	
Pequeno porte	Igual ou menor que 20	AB ≤ 20
Médio porte	Maior que 20 e menor que 100	20 < AB < 100
Grande porte	Igual ou maior que 100	AB ≥ 100

Para constar, a arqueação bruta é um parâmetro adimensional (sem unidade de medida), que expressa o tamanho total da embarcação, sendo função do volume de todos os espaços fechados.

Assim, o pescador (parceiro, meeiro, arrendatário), em embarcação de médio (AB entre 20 e 100) ou de grande porte (AB superior a 100), é contribuinte individual.

Diante de todo o exposto, atualmente se tem os seguintes enquadramentos na legislação previdenciária:

Pescador	Enquadramento
Sem embarcação	Segurado especial
Embarcação de pequeno porte	Segurado especial
Embarcação de médio porte	Contribuinte individual
Embarcação de grande porte	Contribuinte individual

É segurado como contribuinte individual o **incorporador imobiliário** de que trata o art. 29 da Lei nº 4.591/1964 (Lei do Condomínio em Edificações e Incorporações Imobiliárias).

> Art. 29. Considera-se **incorporador** a **pessoa física** ou **jurídica**, comerciante ou não, que embora não efetuando a construção, compromisse ou efetive a venda de frações ideais de terreno objetivando a vinculação de tais frações a unidades autônomas, em edificações a serem construídas ou em construção sob regime condominial, ou que meramente aceite propostas para efetivação de tais transações, coordenando e levando a termo a incorporação e responsabilizando-se, conforme o caso, pela entrega, a certo prazo, preço e determinadas condições, das obras concluídas. (Grifos nossos.)

Não obstante, no art. 28, parágrafo único, da referida Lei, tem-se a seguinte definição:

> Art. 28. (...)
>
> Parágrafo único. Para efeito desta Lei, considera-se incorporação imobiliária a atividade exercida com o intuito de **promover e realizar a construção**, para **alienação (venda) total ou parcial**, de edificações ou conjunto de edificações compostas de unidades autônomas. (Grifos nossos.)

É segurado como contribuinte individual o bolsista da Fundação Habitacional do Exército (FHE) contratado em conformidade com a Lei nº 6.855/1980.

É segurado como contribuinte individual o árbitro e seus auxiliares, como os bandeirinhas, que atuam em conformidade com a Lei nº 9.615/1998 (Normas Gerais sobre Desporto ou Lei Pelé).

É segurado como contribuinte individual o membro de Conselho Tutelar de que trata o art. 132 da Lei nº 8.069/1990 (**Estatuto da Criança e do Adolescente – ECA**), quando **remunerado**.

É segurado como contribuinte individual o **interventor**, o **liquidante**, o **administrador especial** e o **diretor fiscal** de instituição financeira.

5.4 Trabalhador avulso

A definição para trabalhador avulso está presente na legislação previdenciária como aquele que, **sindicalizado ou não**, presta serviço de natureza urbana ou rural, a diversas empresas, **sem vínculo empregatício**, com a intermediação obrigatória do **Órgão Gestor de Mão de Obra** (no caso de atividades portuárias), nos termos da Lei nº 12.815/2013 e do Decreto nº 10.410/2020 (art. 9º, inciso VI), que considera como trabalhador avulso aquele que:

a) sindicalizado ou não, preste serviço de natureza urbana ou rural a diversas empresas, ou equiparados, sem vínculo empregatício, com intermediação obrigatória do órgão gestor de mão de obra, nos termos do disposto na Lei nº 12.815, de 5 de junho de 2013, ou do sindicato da categoria, assim considerados:

1. o trabalhador que exerça atividade portuária de capatazia, estiva, conferência e conserto de carga e vigilância de embarcação e bloco;
2. o trabalhador de estiva de mercadorias de qualquer natureza, inclusive carvão e minério;
3. o trabalhador em alvarenga (embarcação para carga e descarga de navios);
4. o amarrador de embarcação;
5. o ensacador de café, cacau, sal e similares;
6. o trabalhador na indústria de extração de sal;
7. o carregador de bagagem em porto;

8. o prático de barra em porto;
9. o guindasteiro; e
10. o classificador, o movimentador e o empacotador de mercadorias em portos.

b) exerça atividade de movimentação de mercadorias em geral, nos termos do disposto na Lei nº 12.023, de 27 de agosto de 2009, em áreas urbanas ou rurais, sem vínculo empregatício, com intermediação obrigatória do sindicato da categoria, por meio de acordo ou convenção coletiva de trabalho, nas atividades de:

1. cargas e descargas de mercadorias a granel e ensacados, costura, pesagem, embalagem, enlonamento, ensaque, arrasto, posicionamento, acomodação, reordenamento, reparação de carga, amostragem, arrumação, remoção, classificação, empilhamento, transporte com empilhadeiras, paletização, ova e desova de vagões, carga e descarga em feiras livres e abastecimento de lenha em secadores e caldeiras;
2. operação de equipamentos de carga e descarga; e (...)

Também são considerados aqueles que exerçam atividade de movimentação de mercadorias em geral, nos termos do disposto na Lei nº 12.023/2009, em áreas urbanas ou rurais, sem vínculo empregatício, com intermediação obrigatória do sindicato da categoria, por meio de acordo ou convenção coletiva de trabalho (art. 9º, inciso VI, alínea *b*, do Regulamento da Previdência Social).

O trabalhador avulso é uma classificação bastante específica e quase que voltada unicamente aos trabalhadores portuários. Sobre esse enquadramento, é interessante conhecer os requisitos necessários:

a) trabalhador pode ser sindicalizado ou não;
b) serviço de natureza urbana ou rural;
c) serviço prestado a diversas empresas;
d) ausência de vínculo empregatício; e
e) intermediação obrigatória do Órgão Gestor de Mão de Obra (OGMO) ou do Sindicato (característica essencial do trabalhador avulso).

Apenas com o conceito de trabalhador avulso, é possível desvendar qualquer questão controversa a respeito do assunto. Contudo, é preciso transcrever os enquadramentos existentes na legislação previdenciária. São, ainda, considerados trabalhadores avulsos:

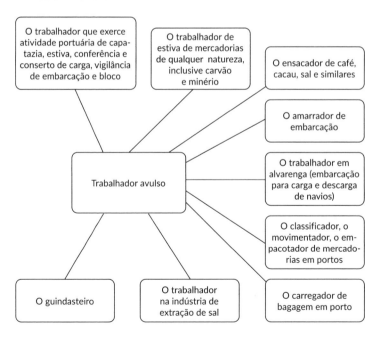

> **Atenção!**
>
> Não se pode confundir o enquadramento do trabalhador avulso com a antiga Lei dos Portos (a revogada Lei nº 8.630/1993), porquanto aquele não é considerado trabalhador avulso, pois a legislação previdenciária ainda não foi atualizada.

Não obstante a todas as formas de trabalho, é importante refletir sobre o importante fenômeno da plataformização das relações de trabalho (DORNELLES JUNIOR, 2020). As plataformas digitais de trabalho são uma realidade na vida cotidiana de expressiva parcela da população mundial. Seja utilizando os serviços de transporte, entregas ou outros dos mais variados disponíveis, seja mesmo prestando serviços por intermédio de aplicativos, as plataformas promoveram expressivos impactos no consumo, na economia e na sociedade, com particular destaque no período da pandemia da Covid-19.

Esse popular fenômeno social, no entanto, envolve importantes questionamentos envolvendo a natureza jurídica da prestação desses serviços, como os impactos na previdência à luz das novas relações de trabalho. Demandas envolvendo este e outros questionamentos análogos são propostas no judiciário brasileiro e de diversos outros países. Daí a necessidade de compreensão do fenômeno também denominado plataformização do trabalho, dados os impactos que a alteração nos sistemas de trabalho e previdenciário provocam na sociedade em geral.

5.5 Segurado especial

A princípio, é importante apresentar o conceito de segurado especial presente na doutrina previdenciária (VIANNA, 2014, p. 148):

> Segurado Especial é o produtor, o parceiro, o meeiro, o arrendatário rural, o comodatário, o usufrutuário, os assentados, os acampados, os posseiros, os extrativistas, os foreiros, os ribeirinhos, os remanescentes de quilombos, o índio, o pescador artesanal e o assemelhado, que exerçam suas atividades, individualmente ou em regime de economia familiar, ainda que com o auxílio de terceiros, bem como seus respectivos cônjuges ou companheiros e filhos.

Além do conceito doutrinário, é salutar a noção de cada uma das atividades descritas:

- Produtor: é o produtor rural, proprietário ou não da propriedade rural, que desenvolve atividades agrícolas, pastoris ou hortifrutigranjeiras.
- Parceiro: é o que tem contrato de parceria, escrito ou verbal, com o proprietário da terra. O parceiro desenvolve atividades agrícolas, pastoris ou hortifrutigranjeiras, sendo que o lucro (ou prejuízo) da produção será repartido entre as partes (proprietário e parceiro).
- Meeiro: é o que tem contrato, escrito ou verbal, com o proprietário da terra. O meeiro desenvolve atividades agrícolas, pastoris ou hortifrutigranjeiras, sendo que os rendimentos e os custos da produção serão repartidos entres as partes (proprietário e meeiro).
- Arrendatário rural: é o que utiliza a terra de outrem para desenvolver atividades agrícolas, pastoris ou hortifrutigranjeiras. Nesse caso, o arrendatário rural paga aluguel ao proprietário da terra, e esse aluguel pode ser pago em pecúnia (dinheiro) ou com parte da produção (produtos *in natura*).
- Comodatário: é o que, por meio de contrato, escrito ou verbal, empresta a propriedade rural de outrem, por tempo

determinado ou não, para exercer atividades agrícolas, pastoris ou hortifrutigranjeiras.

- Usufrutuário: é aquele que não detém a propriedade sobre o imóvel rural, entretanto, detém posse, uso, administração ou direito a receber os ganhos da produção, desde que exerça atividades agrícolas, pastoris ou hortifrutigranjeiras.
- Assentado: é o que foi beneficiado por projeto de incentivo à reforma agrária e que recebeu imóvel rural, onde exerce atividades agrícolas, pastoris ou hortifrutigranjeiras.
- Acampado: é o que se encontra organizado coletivamente no campo, pleiteia sua inclusão como beneficiário de programa de reforma agrária e desenvolve atividades rurais em terras pertencentes a terceiros.
- Posseiro: é o que não é proprietário, mas tem a posse da propriedade rural e a explora como se dele fosse.
- Extrativista: é o que tem como principal fonte de renda a atividade de extração da natureza de produtos *in natura*. Como exemplo, tem-se o seringueiro.
- Foreiro: é o que explora a atividade rural em terra cedida por terceiro e firma contrato escrito de caráter perpétuo e mediante pagamento anual.
- Ribeirinho: é o que vive às margens dos rios, lagos ou lagoas e explora a terra. Geralmente, essa exploração acontece por meio do extrativismo e da pesca artesanal.
- Remanescente de quilombo: quilombola era o escravo que se refugiava nos quilombos. A Constituição Federal de 1988, no Título X do Ato das Disposições Constitucionais Transitórias (ADCT), garantiu a propriedade definitiva aos remanescentes das comunidades dos quilombos que estejam ocupando suas terras, o que deve o Estado lhes emitir os títulos respectivos. Logo, a todos os descendentes dos quilombolas, que, em suas terras permaneceram, foi reco-

nhecida a propriedade definitiva, inclusive com emissão do título de posse por parte do Estado.

■ Indígena: é o indígena reconhecido pela Fundação Nacional do Índio (Funai), inclusive o artesão que utilize matéria-prima proveniente de extrativismo vegetal, independentemente do local onde resida ou exerça suas atividades, e é irrelevante a definição de indígena aldeado, não aldeado, em vias de integração, isolado ou integrado, desde que exerça a atividade rural individualmente ou em regime de economia familiar e faça dessas atividades o principal meio de vida e de sustento (Instrução Normativa INSS/PRESS nº 77/2015).

■ Pescador artesanal e assemelhado: é o que faz da pesca seu principal meio de vida ou sua profissão, exerce-a de maneira individual ou em regime de economia familiar, dentro das limitações e imposições previstas na legislação previdenciária.

O conceito doutrinário de segurado especial e a descrição das 15 atividades supracitadas são importantes para compreender as disposições legais referentes ao tema, que serão apresentadas a seguir.

Conforme definição legal, são segurados obrigatórios da previdência social classificados na qualidade de **segurado especial** (art. 9º, inciso VII, do Decreto nº 3.048/1999):

> VII – como segurado especial: a **pessoa física** residente no imóvel rural ou em aglomerado urbano ou rural próximo que, individualmente ou em regime de economia familiar, ainda que com o **auxílio eventual de terceiros**, na condição de:
>
> a) **produtor**, seja ele proprietário, usufrutuário, possuidor, assentado, parceiro ou meeiro outorgados, comodatário ou arrendatário rurais, que explore atividade:

1. **agropecuária** em área contínua ou não de **até quatro módulos fiscais;** ou

2. de **seringueiro** ou **extrativista vegetal** na coleta e extração, de modo sustentável, de recursos naturais renováveis, e faça dessas atividades o principal meio de vida.

b) **pescador artesanal** ou a este assemelhado, que faça da pesca profissão habitual ou principal meio de vida; e

c) **cônjuge** ou **companheiro**, bem como filho maior de **dezesseis anos de idade** ou a este equiparado, do segurado de que tratam as alíneas *a* e *b* deste inciso, que, comprovadamente, tenham participação ativa nas atividades **rurais** ou **pesqueiras artesanais**, respectivamente, do grupo familiar. (Grifos nossos.)

Em sua essência, o segurado especial necessariamente:

- é pessoa física;
- reside em imóvel rural ou em aglomerado urbano/rural; e
- trabalha sozinho, com a família (regime de economia familiar), e/ou conta com auxílio de terceiros.

O segurado especial, conforme a legislação previdenciária, pode ser classificado em quatro subclasses:

a) Produtor agropecuário: trabalha em área de no máximo quatro módulos fiscais. Se for superior a quatro módulos fiscais, o trabalhador será enquadrado como contribuinte individual.

b) Produtor extrativista vegetal: é o seringueiro (borracha) e assemelhados (castanha, madeira etc.). Não existe limite máximo de área a ser explorada, como na subclasse anterior. Para ser considerado segurado especial, a atividade deve ser exercida de forma sustentável e constituir a principal fonte de renda do trabalhador.

c) Pescador artesanal: aquele que, individualmente ou em regime de economia familiar, faz da pesca sua profissão habitual ou meio principal de vida (principal atividade), desde que:
- não utilize embarcação; ou
- utilize embarcação de pequeno porte, ou seja, que apresente arqueação bruta igual ou menor que 20, conforme dispõe a Lei n° 11.959/2009. Para constar, a arqueação bruta é um parâmetro adimensional (sem unidade de medida) que expressa o tamanho total da embarcação, sendo função do volume de todos os espaços fechados. Conforme dispôs o Decreto n° 8.499/2015, considera-se assemelhado ao pescador artesanal aquele que realiza atividade de apoio à pesca artesanal, exerce trabalhos de confecção e de reparos de artes e petrechos de pesca e de reparos em embarcações de pequeno porte ou atua no processamento do produto da pesca artesanal.

d) Cônjuge, companheiro, filho maior de 16 anos: essas pessoas, quando comprovadamente participarem das atividades das subclasses anteriormente apresentadas, também serão consideradas seguradas especiais. Cabe ressaltar que o filho maior de 16 anos é segurado especial, pois, para a Previdência Social, a idade mínima para filiação como segurado facultativo é de 16 anos completos, salvo no caso do menor aprendiz, a partir dos 14 anos como segurado empregado. Com isso, o legislador intentou evitar a evasão escolar, muito característico entre famílias rurais que dependem da mão de obra dos filhos para auxiliar no trabalho no campo.

A partir de 2008, quando a legislação previdenciária foi alterada, para ser considerado segurado especial, o trabalhador

deve possuir alguns requisitos de moradia. Assim dispõe a legislação, no art. 9º, § 20, do Decreto nº 3.048/1999:

> § 20. Para os fins deste artigo, considera-se que o segurado especial reside em **aglomerado urbano ou rural** próximo ao imóvel rural onde desenvolve a atividade quando resida **no mesmo município** de situação do imóvel onde desenvolve a atividade rural, ou em **município contíguo** ao em que desenvolve a atividade rural. (Grifos nossos.)

O trabalhador deve morar em aglomerado urbano/rural próximo ao imóvel objeto da atividade trabalhista, não importando se esse imóvel está localizado no mesmo município ou em município contíguo (que faz limite como município do aglomerado).

O segurado especial poderá trabalhar com a família (regime de economia familiar). Para conceituar economia familiar, a legislação previdenciária dispõe que (art. 11, § 1º, da Lei nº 8.213/1991):

> § 1º Entende-se como **regime de economia familiar** a atividade em que o trabalho dos membros da família é **indispensável** à própria subsistência e ao desenvolvimento socioeconômico do núcleo familiar e é exercido em condições de **mútua dependência e colaboração**, sem a utilização de empregados permanentes. (Grifos nossos.)

O conceito deixa claro que a participação dos familiares no trabalho deve ser indispensável, com mútua dependência e colaboração, e com uso de empregados eventualmente.

O segurado especial pode trabalhar com auxílio eventual de terceiros. A caracterização desse auxílio se encontra na legislação previdenciária, a saber: entende-se como **auxílio eventual de terceiros** o que é exercido **ocasionalmente**, em condições de mútua colaboração, não existindo **subordinação** nem **remuneração**.

O auxílio, para ser eventual, precisa ser ocasional, em condição de mútua colaboração, sem subordinação e atenção: sem remuneração.

A legislação, com intuito de beneficiar o segurado especial, criou ainda uma hipótese específica de auxílio eventual a ser utilizada pelo grupo familiar (regime de economia familiar):

- O **grupo familiar (regime de economia familiar)** poderá utilizar-se de **empregados contratados por prazo determinado** (inclusive trabalhador rural temporário) ou de **contribuinte individual**, à razão de no máximo **120 pessoas/dia**, no ano civil, em períodos corridos ou intercalados ou, ainda, por tempo equivalente em horas de trabalho, **não sendo computado nesse prazo o período de afastamento em decorrência da percepção de auxílio-doença**.

Em princípio, a redação dada a esse dispositivo é recente, implementada pela MP nº 619, publicada em 7 de junho de 2013 e, posteriormente, convertida na Lei nº 12.873/2013.

Atualmente, o grupo familiar está autorizado a utilizar empregado contratado por prazo determinado (inclusive trabalhador rural temporário) ou contribuinte individual, na razão de no máximo 120 pessoas/dia dentro do ano civil, sem que os integrantes do grupo percam a qualidade de segurado especial, independentemente de se tratar de época de safra ou não.

Além disso, desde 2013, o período de afastamento, por motivo de gozo de auxílio-doença, não é computado no prazo supracitado.

A legislação dispõe que o grupo familiar pode contratar por prazo determinado de 120 pessoas/dias. Nessas condições, eles podem contratar, sem perder a referida condição de contribuinte, a seguinte quantidade de empregados (ou contribuintes individuais) para auxiliarem no serviço, das seguintes maneiras:

Número de empregados		Número de dias de trabalho	(A) X (B)
1	Empregado e/ou CI:	Por 120 dias.	120
2	Empregado e/ou CI:	Por 60 dias.	120
3	Empregado e/ou CI:	Por 40 dias.	120
4	Empregado e/ou CI:	Por 30 dias.	120
5	Empregado e/ou CI:	Por 24 dias.	120
6	Empregado e/ou CI:	Por 20 dias.	120
(...)			
30	Empregado e/ou CI:	Por 4 dias.	120
(...)			
60	Empregado e/ou CI:	Por 2 dias.	120
(...)			
120	Empregado e/ou CI:	Por 1 dia.	120

Desse modo, o número de empregados multiplicado pelo número de dias de trabalho sempre resulta no mesmo número (120). Essa é a razão de 120 pessoas/dia de trabalho.

Atenção!

O membro de grupo familiar que possuir outra fonte de rendimentos não é enquadrado como segurado especial, e sim como contribuinte individual. Essa é a regra.

No entanto, a legislação previdenciária autorizou que o membro de grupo familiar possuísse outras fontes de rendimentos sem necessariamente perder a qualidade de segurado especial. São os casos previstos: benefício de **pensão por morte**, **auxílio-acidente** ou **auxílio-reclusão**, cujo valor **não supere** o do menor benefício de prestação continuada da Previdência Social.

No caso supracitado, o membro de grupo familiar pode receber, concomitantemente aos seus rendimentos, os seguintes benefícios:

- pensão por morte;
- auxílio-acidente; e
- auxílio-reclusão.

A disposição legal deixa claro que o benefício terá o valor máximo de um salário mínimo (menor benefício de prestação continuada da Previdência Social). Nessas condições, não haverá perda da qualidade de segurado especial.

O recebimento de benefício de previdência complementar de entidade de classe rural não descaracteriza a qualidade de segurado especial do membro familiar. Observe que deve ser previdência complementar instituída por entidade classista rural: **benefício previdenciário** pela participação em plano de **Previdência Complementar** instituído por **Entidade Classista Rural** (RPS/1999, art. 9°, § 8°, inciso II c/c § 18°, inciso III).

O membro de família produtora rural que trabalhe fora do campo, por no máximo 120 dias/ano, não perderá a qualidade de segurado especial.

Deve-se, porém, ressaltar que a legislação previdenciária obriga o trabalhador nessa condição a recolher as contribuições devidas em relação ao exercício da atividade prestada na entressafra. Exercício de **atividade remunerada** em período **não superior a 120 dias**, corridos ou intercalados, no ano civil.

O exercício do cargo de dirigente sindical dos trabalhadores rurais não descaracteriza o enquadramento de segurado especial. Exercício de **mandato eletivo** de dirigente sindical de organização da categoria de trabalhadores rurais.

A legislação previdenciária é clara ao afirmar que o dirigente sindical mantém, durante o exercício do mandato, o mesmo enquadramento no RGPS anterior à investidura no cargo.

Logo, se o membro da família era segurado especial, ele continuará o sendo. O trabalhador rural segurado especial, eleito para o cargo de vereador no município onde exerce suas atividades agrícolas e receba remuneração pelo cargo mencionado, continua enquadrado como segurado especial:

- Exercício de **mandato de vereador** do município onde desenvolve a atividade rural, ou de **dirigente** de cooperativa rural constituída **exclusivamente** por segurados especiais.

O mesmo ocorre para dirigente de cooperativa rural. É importante notar que o único cargo político autorizado pela legislação previdenciária é o de vereador.

Desse modo, o trabalhador que recebe remuneração pelo cargo de deputado ou senador perderá a condição de segurado especial. Deve-se enfatizar que a legislação previdenciária também obriga esse trabalhador a recolher as contribuições devidas em relação ao exercício da atividade exercida (vereador ou dirigente de cooperativa rural).

A atividade de parceria ou meação outorgada não descaracteriza a condição de segurado especial do trabalhador, desde que na forma da legislação previdenciária. A legislação prevê que essa outorga será realizada por meio de contrato escrito:

a) O imóvel rural terá no máximo quatro módulos fiscais, sendo no máximo 50% do imóvel cedido para a parceria ou meação.
b) O outorgante e o outorgado devem continuar exercendo as suas respectivas atividades, individualmente ou em regime de economia familiar.

O artesanato rural não descaracteriza o enquadramento do trabalhador segurado especial. A única observação fica por conta da origem da matéria-prima utilizada: **atividade artesanal desenvolvida com matéria-prima produzida pelo respectivo grupo familiar**. No entanto, pode ser utilizada matéria-prima de outra origem, desde que, nesse caso, a renda mensal obtida na atividade não exceda o salário mínimo (art. 112, inciso IX, alínea *h*, da Instrução Normativa PRES/INSS nº 128, de 28 de março de 2022).

Se a matéria-prima é produzida pelo próprio grupo familiar, importa dizer que não há limite mensal de rendimentos em função do artesanato.

No caso de matéria-prima não produzida pelo grupo familiar, a renda mensal obtida em função do artesanato deverá ser de no máximo um salário mínimo (valor do menor benefício de prestação continuada da Previdência Social).

A atividade artística, desde que não gere um rendimento igual ou maior que um salário mínimo mensal (menor benefício de prestação continuada da Previdência Social), não descaracteriza o enquadramento de segurado especial do trabalhador.

5.6 Manutenção da qualidade de segurado especial

A legislação previdenciária, com intuito de proteger ainda mais o trabalhador rural, previu algumas situações em que esse trabalhador manterá a sua condição de segurado especial.

São as seguintes:

- A **outorga**, por meio de contrato escrito de parceria, meação ou comodato, de **até 50% de imóvel rural** cuja área total, contínua ou descontínua, **não seja superior a quatro módulos fiscais**, desde que outorgante e outorgado continuem a exercer a respectiva atividade, individualmente ou em regime de economia familiar.

A outorga (parceria, meação ou comodato) não descaracteriza a qualidade de segurado especial, desde que siga as seguintes condições:

- ☐ será realizada por meio de contrato escrito;
- ☐ o imóvel rural terá no máximo quatro módulos fiscais, sendo no máximo 50% do imóvel cedido para a parceria ou meação;
- ☐ o outorgante e o outorgado devem continuar exercendo as suas respectivas atividades, individualmente ou em regime de economia familiar.

- A **exploração da atividade turística** da propriedade rural, inclusive com **hospedagem**, por não mais de 120 dias ao ano. Isso é o que se conhece como turismo rural.

- A participação em plano de previdência complementar instituído por **entidade classista** a que seja associado, em razão da condição de trabalhador rural ou de produtor rural em regime de economia familiar.

    A participação em plano de previdência complementar classista rural não retira o enquadramento de segurado especial do trabalhador rural.

- A participação como beneficiário ou integrante de grupo familiar que tem algum componente que seja **beneficiário de programa assistencial oficial de governo**.

    O trabalhador rural que goza de algum benefício assistencial do governo não será desenquadrado da qualidade de segurado especial. Essa prerrogativa estende-se inclusive aos membros do grupo familiar desse trabalhador, que poderão usufruir de benefícios assistenciais oficiais.

- A utilização pelo próprio grupo familiar de **processo de beneficiamento ou industrialização artesanal**, na exploração da atividade.

    A modernização do campo não pode ser encarada como uma descaracterização da qualidade de segurado especial. E qual o conceito de processo de beneficiamento ou industrialização artesanal? É o processo cujo trabalho é realizado pelo próprio PRPF e que não esteja sujeito à incidência do Imposto sobre Produtos Industrializados (IPI). Como exemplos: processos de lavagem, limpeza, descaroçamento, pilagem, descascamento, lenhamento, pasteurização, resfriamento, secagem, socagem, fermentação, embalagem, cristalização, fundição, carvoejamento, cozimento, destilação, moagem e torrefação.

- A associação em cooperativa agropecuária ou de crédito rural.

Estar associado a uma cooperativa agropecuária ou de crédito rural não retira do trabalhador rural a sua qualidade de segurado especial.

- A incidência do IPI sobre o produto das atividades desenvolvidas nos termos da legislação previdenciária.

Com o advento da MP nº 619/2013 (atual Lei nº 12.873/2013), a incidência do IPI sobre o produto das atividades desenvolvidas não retira do trabalhador rural a sua qualidade de segurado especial, desde que a sua participação ocorra:

☐ em sociedade empresária;
☐ em sociedade simples;
☐ como empresário individual; ou
☐ na condição de MEI, quando exerça as atividades de industrialização, comercialização e prestação de serviços no âmbito rural.

Além disso, deve ser mantido o exercício da atividade rural, em consonância com a legislação previdenciária. Por sua vez, a pessoa jurídica deve ser composta apenas de segurados de igual natureza (segurados especiais) com sede no mesmo município ou em município limítrofe àquele em que eles desenvolvam suas atividades.

5.7 Perda da qualidade de segurado especial

No subtópico anterior, verificaram-se as situações em que há a manutenção na qualidade de segurado especial. Neste, serão observadas as situações que ensejam a perda da qualidade de segurado especial por parte do trabalhador.

A perda da qualidade de segurado especial pode ocorrer nas seguintes ocasiões:

- A contar do primeiro dia do mês em que:
    - deixar de satisfazer as condições estabelecidas no art. 9º, inciso VII, do RPS/1999 (características de enquadramento do segurado especial), ou exceder qualquer dos limites estabelecidos no art. 9º, § 18, inciso I, do RPS/1999 (características da outorga de parceria, meação ou comodato – imóvel de no máximo quatro módulos fiscais e no máximo 50% da propriedade pode ser outorgada);
    - se enquadrar em qualquer outra categoria de segurado obrigatório do RGPS, ressalvado o disposto no art. 9º, § 8º, nos incisos III, V, VII e VIII do § 10 e § 14 do RPS/1999 (os incisos se referem aos casos em que o trabalhador rural possui outra fonte de rendimentos, mas mantém a qualidade de segurado especial);
    - se tornar segurado obrigatório de outro regime previdenciário (quando o trabalhador se torna servidor público, por exemplo, tornando-se segurado obrigatório do RPPS);
    - participar de sociedade empresária, de sociedade simples, como empresário individual ou como titular de empresa individual de responsabilidade limitada em desacordo com as limitações impostas pelo art. 9º, § 23, do RPS/1999 (deve ser mantida a atividade rural na forma da legislação previdenciária. A pessoa jurídica deve ser composta apenas de segurados especiais e a sede da empresa deve ser no mesmo município ou em município limítrofe àquele onde desenvolvem suas atividades).
- A contar do primeiro dia do mês subsequente ao da ocorrência, quando o grupo familiar a que pertence exceder o limite de:
    - utilização de trabalhadores nos termos do art. 9º, § 21, do RPS/1999 (extrapolar a razão 120 pessoas/dia no

ano civil, nos casos de contratação para trabalho em época de safra).
- dias em atividade remunerada estabelecidos no art. 9º, § 8º, inciso III, do RPS/1999 (exercício de atividade remunerada em período de entressafra de no máximo 120 dias por ano civil).
- dias de hospedagem a que se refere o art. 9º, § 18, inciso II, do RPS/1999 (explorar a atividade turística rural por no máximo 120 dias por ano civil).

5.8 O segurado facultativo do Regime Geral de Previdência Social (RGPS)

O segurado facultativo, atualmente, é a pessoa maior de 16 anos que não possui renda própria, mas deseja contribuir para o RGPS com intuito de usufruir dos benefícios previdenciários.

O menor aprendiz filiado pode ser segurado empregado a partir dos 14 anos de idade. O limite de 16 anos deve ser observado para contribuição ao RGPS na condição de facultativo, mas é importante notar as seguintes diferenças:

- limite mínimo para contribuir para o RGPS: **14 anos – menor aprendiz, na condição de segurado empregado**;
- limite mínimo para contribuir para o RGPS na **condição de facultativo**: **16 anos**.

No que tange ao reconhecimento de atividade como aluno aprendiz, é sobremodo relevante mencionar que o tempo de atividade como aluno aprendiz, realizado em escola pública profissional, sob as expensas do Poder Público, é contado como tempo de serviço para efeito de aposentadoria previdenciária.

O TRF da 1ª Região já se posicionou sobre o assunto:

APELAÇÃO. REMESSA NECESSÁRIA. PREVIDENCIÁRIO. AÇÃO ORDINÁRIA. APOSENTADORIA POR TEMPO DE CONTRIBUIÇÃO. **ALUNO APRENDIZ. RECONHECIMENTO DEVIDO.** RECOLHIMENTO DAS CONTRIBUIÇÕES PREVIDENCIÁRIAS. RESPONSABILIDADE DO EMPREGADOR. MINORAÇÃO DOS HONORÁRIOS ADVOCATÍCIOS FIXADOS. CORREÇÃO MONETÁRIA E JUROS DE MORA. SENTENÇA MANTIDA. (...) 7. **O tempo de atividade como aluno-aprendiz, realizado em escola pública profissional, sob as expensas do Poder Público, é contado como tempo de serviço para efeito de aposentadoria previdenciária, sendo que para reconhecimento do trabalho prestado nesta condição é necessária a comprovação da retribuição pecuniária à conta de dotações da União, admitindo-se, como tal, certidão que ateste o recebimento de alimentação, fardamento, material escolar e parcela de renda auferida com a execução de encomendas para terceiros.** A matéria está disciplinada, também, na legislação previdenciária, vez que é tratada, atualmente, na Lei nº 8.213/1991 e no Decreto nº 2.172/1997, de 05 de março de 1997, os quais nada mencionam sobre o aluno-aprendiz, em razão de este último ser tratado como servidor público (Cf. STF, MS 27.476 MC DF, Ministro Menezes Direito, *DJ* 28.08.2008; STJ, REsp 382085/RS Quinta Turma, Ministro Gilson Dipp, *DJ* 1º.07.2002; REsp 397.947/SE, Sexta Turma, Rel. Ministro Fernando Gonçalves, *DJ* 08.04.2002; TRF-1ª Região, Primeira Turma, AC 2000.38.00.009494-0/MG, Rel. Des. Federal Luiz Gonzaga Barbosa Moreira, *DJ* 18.10.2004) 8. A sentença reconheceu como atividade comum os períodos em que o autor laborou na função de aluno-aprendiz no Colégio Agrícola Nilo Peçanha/RJ, que passo a reexaminar por força da sua apelação. Não vejo óbice ao reconhecimento do período de 15.01.1964 a 12.11.1971, laborado pela parte autora para fins de contagem da sua aposentaria, uma vez que foi apresentada Certidão de Tempo de Estudo de Aluno (fl. 14 e 33), constando que de 15.01.1964 a 12.11.1971 a parte autora foi aluno do Colégio Agrícola Nilo Peçanha/RJ, no curso de Ginasial e Colegial Agrícola, sendo que "nos períodos de 12.03.1973 a 30.11.1974, o aluno supra mencionado, manteve-se em regime de internato nesta Escola, onde prestou serviços inerentes a seu curso, cujos produtos atendiam ao refeitório e ao comércio local, com renda revertida para os cofres públicos, tendo como retribuição, estadia, alimentação, uniforme, assistência médico-odontológica e outros pertinentes ao sistema escolar que o adotou, mantido à conta da dotação global da União", bem como que "nos períodos de 15.01.1964 a 12.11.1971, o aluno supra mencionado, manteve-se em regime de internato neste Escola, onde prestou serviços inerentes a seu curso, cujos produtos atendiam ao refeitório e ao comércio local, com renda revertida para os cofres públicos, tendo como retribuição, estadia, alimentação, uniforme, assistência médico-odontológica e outros pertinentes ao sistema escolar que o adotou, mantido à conta da dotação global da União". Note-se que o INSS insurge-se contra a Certidão de Tempo de Estudo de Aluno expedida pelo Colégio porque não houve menção ao recolhimento das contribuições previdenciárias. 9. Em se tratando de segurado empregado, a demonstração inequívoca de vínculo empregatício dispensa a comprovação do recolhimento das contribuições previdenciárias. Nessa linha de raciocínio, demonstrado o exercício da atividade vinculada ao Regime Geral da Previdência, nasce a obrigação tributária exclusiva para o empregador, uma vez que o segurado empregado não pode ser responsabilizado por eventual omissão ou inadimplência a que não deu causa, no que se refere ao não recolhimento das contribuições na época própria, tampouco pelo recolhimento a menor (STJ, REsp 1.108.342/RS, Quinta Turma, Ministro Jorge Mussi, *DJe* 03.08.2009; AREsp 684.239/SP, Ministro Sérgio Kukina, *DJ* de 20.03.2017; AREsp 601.827/SP, Ministro Gurgel De Faria, *DJ* de 15.03.2017; TRF 1ª Região, AC 2009.01.99.05065-5/MG, Juiz Federal José Alexandre Franco, 1ª CRP de Juiz de Fora, *DJe* de 06.03.2017, AC 0018096-95.2010.4.01.3800/MG, Juiz Federal Emmanuel Mascena de Medeiros, Primeira Turma, *e-DJF1* de 30.06.2016). Pelos mesmos fundamentos não se pode responsabilizar o aluno aprendiz pelo não recolhimento das contribuições a que não deu causa, cabendo ao próprio INSS fiscalizar e cobrar as contribuições previdenciárias pertinentes. (...) (TRF1, Apelação Cível, Proc. nº 0022789-22.2013.4.01.9199, 1ª Turma, j. 16.10.2017). (Grifos nossos.)

Ressalta-se, todavia, que, para reconhecimento do trabalho prestado nessa condição, é necessária a comprovação da retribuição pecuniária à conta de dotações da União, admitindo-se, por exemplo, certidão que ateste o recebimento de alimentação, fardamento, material escolar e parcela de renda auferida com a execução de encomendas para terceiros.

A definição legal de segurado facultativo é a seguinte: é segurado facultativo o **maior de 16 anos de idade** que se filiar ao RGPS, mediante contribuição, na forma do art. 199 do RPS/1999 (**20% sobre o salário de contribuição por ele declarado**), desde que **não esteja exercendo atividade remunerada que o enquadre como segurado obrigatório da previdência social.

Enquanto o RPS (Decreto nº 3.048/1999) traz a idade mínima do segurado facultativo de 16 anos, as Leis nºs 8.212/1991 e 8.213/1991 dispõem que a idade mínima do segurado facultativo é 14 anos:

- Lei nº 8.212/1991, art. 14: "É segurado facultativo o maior de **14 anos** de idade que se filiar ao Regime Geral de Previdência Social".
- Lei nº 8.213/1991, art. 13: "É segurado facultativo o maior de **14 anos** que se filiar ao Regime Geral de Previdência Social, mediante contribuição, desde que não incluído nas disposições do Artigo 11 (rol dos segurados obrigatórios)".

Essa discrepância acontece pelo fato de que as Leis nºs 8.212/1991 e 8.213/1991, ao definirem a idade mínima de 14 anos para o segurado facultativo, foram de encontro à redação original do art. 7º, inciso XXXIII, da CF/1988, que previa a proibição de qualquer trabalho aos menores de 14 anos.

Entretanto, a EC nº 20/1998 alterou a redação do referido dispositivo constitucional, que passou a vigorar da seguinte maneira:

> Art. 7º São direitos dos trabalhadores urbanos e rurais, além de outros que visem à melhoria de sua condição social: (...)
>
> XXXIII – **Proibição** de trabalho noturno, perigoso ou insalubre a menores de 18 e de **qualquer trabalho a menores de 16 anos**, salvo na condição de aprendiz, a partir de 14 anos; (...). (Grifos nossos).

Assim, o Decreto n° 3.048/1999 foi redigido, corretamente, em consonância com a nova redação constitucional (idade mínima de 16 anos para o segurado facultativo), mas, por inércia da Presidência da República e do Congresso Nacional, as Leis n°s 8.212/1991 e 8.213/1991 nunca foram atualizadas.

a) Em regra, se a pergunta é a idade mínima do segurado facultativo, é de 16 anos.

b) Por outro lado, se a interpretação se der à luz das Leis n°s 8.212/1991 e 8.213/1991, é possível considerar a idade mínima de 14 anos.

Qualquer pessoa que se encontre nas condições mencionadas anteriormente será enquadrada como segurado facultativo, mas a legislação previdenciária foi além do conceito e trouxe em seu texto um rol exemplificativo de enquadramentos. Os enquadramentos apresentados pela legislação são meros exemplos. Em outras palavras, quer dizer que existem outras formas de se enquadrar como segurado facultativo, quais sejam:

a) a dona de casa;
b) o síndico não remunerado;
c) o estudante;
d) o brasileiro que acompanha cônjuge que presta serviço no exterior;
e) aquele que deixou de ser segurado obrigatório da Previdência Social;
f) membro de Conselho Tutelar de que trata o art. 132 da Lei n° 8.069/1990 (**ECA**), quando não esteja vinculado a qualquer regime de Previdência Social.

O membro de Conselho Tutelar do seu município, quando remunerado, é classificado como contribuinte individual. E quando ele for não remunerado, é possível aferir as seguintes situações:

- **Conselheiro que exerce outra atividade vinculada ao RGPS:** vai ser enquadrado conforme a outra atividade (empregado, empregado doméstico etc.).
- **Conselheiro que exerce cargo de servidor público:** não é enquadrado no RGPS, apenas no RPPS.
- **Conselheiro que não exerce nenhuma atividade remunerada:** nesse caso, ele é enquadrado como segurado facultativo.
    g) O bolsista e o estagiário que prestam serviços à empresa de acordo com a Lei nº 11.788/2008 (Lei do Estágio).

    Quando o estágio é realizado em consonância com a Lei do Estágio, estar-se-á diante de um segurado facultativo, pois o estágio não gera vínculo empregatício.

    h) O bolsista que se dedique em **tempo integral** à pesquisa, ao curso de especialização, à pós-graduação, ao mestrado ou ao doutorado, no Brasil ou no exterior, desde que não esteja vinculado a qualquer regime de previdência social.

Nesse caso, o enquadramento prioriza a essência da relação, e, caso isso ocorra, não se estará diante de uma relação de estágio (segurado facultativo), mas sim de uma relação de emprego (segurado empregado). É o estudante profissional que se dedica aos estudos de pós-graduação (pesquisa, especialização, mestrado ou doutorado).

Esse indivíduo que dispende tempo integral aos estudos e não esteja vinculado a nenhum regime previdenciário (segurado obrigatório do RGPS ou servidor abrangido por RPPS), será enquadrado como segurado facultativo.

i) O presidiário que **não exerce atividade remunerada** nem esteja vinculado a qualquer regime de previdência social.

Estar-se-á diante da figura do presidiário não produtivo. Se ele não estiver vinculado a algum regime previdenciário (segurado obrigatório do RGPS ou servidor abrangido por RPPS), será enquadrado como segurado facultativo.

j) O segurado recolhido à prisão sob regime **fechado ou semiaberto**, que, nessa condição, **preste serviço**, dentro ou fora da unidade penal, a uma ou mais empresas, com ou sem intermediação da organização carcerária ou entidade afim, ou que exerce **atividade artesanal** por conta própria.

Estar-se-á diante da figura do presidiário produtivo. Esse, no exercício de atividade remunerada dentro ou fora do presídio, observado o regime em que cumpre sua pena, será também enquadrado como segurado facultativo, inclusive no exercício de atividades artesanais.

Sobre o tema presidiário produtivo, observa-se que estão presentes os requisitos típicos de uma relação de emprego. Entretanto, desde 2009, os presidiários produtivos foram classificados como segurados facultativos.

Em conclusão, é correto afirmar que tanto o **presidiário produtivo** quanto o **presidiário não produtivo** são classificados, perante o RGPS, como **segurados facultativos**, conforme prevê a legislação previdenciária.

Essa alteração de *status* de contribuinte individual para segurado facultativo teve o intuito de desonerar a parte contratante, que não mais arcará com a contribuição social patronal, haja vista estar diante do segurado facultativo, o que estimula consequentemente a captação desses indivíduos pelo mercado de trabalho.

k) O brasileiro residente ou domiciliado no exterior, **salvo** se filiado a regime previdenciário de país com o qual o Brasil mantenha acordo internacional.

O brasileiro que se encontre no exterior de forma definitiva (residente ou domiciliado), em regra, pode ser enquadrado como segurado facultativo.

Atenção!

A ressalva fica por conta da filiação em regime previdenciário do país, onde o brasileiro se encontra, desde que esse local mantenha acordo internacional com o Brasil.

É sobremodo relevante destacar que é **vedada (proibida)** a filiação ao RGPS, na qualidade de **segurado facultativo**, de pessoa participante de RPPS, **salvo** na hipótese de afastamento **sem vencimento** e desde que não permitida, nessa condição, contribuição ao respectivo regime próprio.

Esse dispositivo repete os dizeres da Constituição Federal e inclui uma ressalva. Como já é de seu conhecimento, o servidor abrangido por RPPS não poderá filiar-se ao RGPS na condição de segurado facultativo.

Porém, no caso do servidor público que se afasta, sem percebimento de remuneração, e que durante o afastamento não contribua para o seu RPPS, poderá ser enquadrado como segurado facultativo do RGPS.

A filiação na qualidade de segurado facultativo representa **ato volitivo (ato de vontade)**, gerando efeito somente a partir da inscrição e do primeiro recolhimento, **não podendo retroagir** e **não permitindo o pagamento de contribuições relativas a competências anteriores à data da inscrição**.

A filiação na qualidade de segurado facultativo representa um ato de vontade da pessoa, pois ninguém é obrigado a filiar-se como segurado facultativo. Por isso chama-se facultativo, o que se distingue das demais categorias de contribuintes.

Atenção!

Todos os efeitos previdenciários começam a contar da inscrição e do primeiro recolhimento. Não existe a possibilidade de recolher contribuições relativas a períodos anteriores à filiação, pois o indivíduo constitui-se segurado facultativo a partir da filiação!

5.9 O período de carência

A definição legal do instituto é disposta da seguinte forma: período de carência é o tempo correspondente ao **número mínimo de contribuições mensais** indispensáveis para que o beneficiário faça jus ao benefício.

Em síntese, período de carência **é o tempo mínimo de contribuição que o trabalhador precisa comprovar para ter direito a um benefício previdenciário, visto que esse tempo mínimo varia de acordo com o benefício solicitado.**

Para o segurado especial, a regra é mais branda, pois se considera o tempo mínimo de efetivo exercício de atividade rural, ainda que de forma descontínua, igual ao número de meses necessários à concessão do benefício requerido.

Ressalta-se que essa regra vale para os contribuintes individuais e os segurados facultativos, pois, para os segurados empregados, domésticos e trabalhadores avulsos, o recolhimento é **presumido** quando da sua retenção.

Por seu turno, é **possível fazer o recolhimento de períodos atrasados**, contudo, a regra supracitada não vale para o segurado facultativo, lembre-se, até a vigência da EC n° 103/2019.

Conforme o art. 28, inciso II, do Decreto n° 3.048/1999, com redação dada pelo Decreto n° 10.410/2020, apenas contam para carência as contribuições feitas após o primeiro recolhimento sem atraso e desde que não se tenha perdido a qualidade de segurado.

Como o período de graça do segurado facultativo é de seis meses, apenas contarão para carência as contribuições pagas com, no máximo, seis meses de atraso.

Além disso, o Comunicado n° 02/2020, reiterado pela Portaria n° 1.382/2021, definiu que as contribuições em atraso pagas após 30.06.2020 não serão contadas para análise de direito adquirido a benefícios pré-reforma de 2019, tampouco para o pedágio das regras de transição, de 50% e 100%.

Será considerado, ainda, para efeito de **carência**, o tempo de contribuição para o Plano de Seguridade Social do Servidor Público anterior à Lei n° 8.647/1993, efetuado pelo servidor público ocupante de cargo em comissão sem vínculo efetivo com a União, as autarquias, ainda que em regime especial, e as fundações públicas federais. Essa lei dispõe exatamente sobre a vinculação dos ocupantes de cargos comissionados ao RGPS. Em resumo, os servidores em cargos comissionados que até 1993 contribuíram com o Plano de Seguridade Social do Servidor Público terão esse Tempo de Contribuição (TC) considerado como período de carência no RGPS, pois, a partir da edição da Lei n° 8.647/1993, todos os comissionados passaram a integrar o RGPS.

Para efeito de período de carência, considera-se **presumido** o recolhimento das contribuições do segurado **empre-**

gado, do **doméstico**, do **trabalhador avulso** e, relativamente, ao **contribuinte individual contratado por empresa**, a partir da competência abril/2003, as contribuições dele descontadas pela empresa contratante na forma do RPS/1999.

Observado o disposto na legislação previdenciária, as contribuições vertidas para RPPS serão consideradas para todos os efeitos, inclusive para os de **carência**.

Quando o segurado se desvincula do RGPS e migra para o RPPS, as contribuições recolhidas são contadas para **tempo de contribuição** e, se pagas em dia, para período de carência. Todavia, entre as muitas normas que poderiam ser comentadas nesta primeira abordagem pós-promulgação, destaca-se a disposição do § 3º do art. 25 da EC nº 103/2019:

> Art. 25. Será assegurada a contagem de tempo de contribuição fictício no Regime Geral de Previdência Social decorrente de hipóteses descritas na legislação vigente até a data de entrada em vigor desta Emenda Constitucional para fins de concessão de aposentadoria, observando-se, a partir da sua entrada em vigor, o disposto no § 14 do art. 201 da Constituição Federal.
>
> (...)
>
> § 3º Considera-se nula a aposentadoria que tenha sido concedida ou que venha a ser concedida por regime próprio de previdência social com contagem recíproca do Regime Geral de Previdência Social mediante o cômputo de tempo de serviço sem o recolhimento da respectiva contribuição **ou da correspondente indenização pelo segurado obrigatório responsável, à época do exercício da atividade**, pelo recolhimento de suas próprias contribuições previdenciárias. (Grifos nossos.)

Embora o art. 25 da EC nº 103/2019 tenha problemas quanto à redação, há nítida interpretação teratológica, pois o que se pretende com essa redação é atingir veementemente a segurança jurídica, por algumas razões: a anulação de aposentadorias atualmente em gozo pelos seus beneficiários, vale dizer, a extinção dos efeitos de atos jurídicos perfeitos, direitos adquiridos reconhecidos, e coisas julgadas proclamadas que não deveriam acontecer, pois resta evidente que não se pode ferir direito adquirido à luz dos preceitos constitucionais.

Para além desses efeitos, determinar previamente a anulação de qualquer aposentadoria que venha a ser concedida na hipótese de se considerar no cálculo o período de aquisição do benefício por tempo de serviço nas mesmas condições precedentes, independentemente desse reconhecimento ou cômputo do tempo ter ocorrido antes ou depois da promulgação da EC nº 103/2019, torna a norma exótica e inconstitucional por vários motivos.

Cuida-se de interpretação que pretende declinar-se ao plano concreto de benefícios de aposentadoria em fase de percepção, concedidos antes de sua vigência e ao plano dos atos de registro de tempo de serviço, igualmente anteriores, considerados para benefícios em vias de aquisição nos regimes próprios de previdência.

Não se trata de norma preordenada a estabelecer novos requisitos abstratos de aquisição de benefícios ou vocacionada a agravar parâmetros previdenciários para o futuro. Cuida-se de interpretação destinada exclusivamente a voltar ao passado e desconstituir retroativamente os efeitos de normas legais e constitucionais que converteram o tempo de serviço privado anterior em tempo de contribuição para o regime próprio de previdência, a exemplo do art. 4º da EC nº 20/1998, que dispõe: "Art. 4º. Observado o disposto no art. 40, § 10, da Constituição

Federal, o tempo de serviço considerado pela legislação vigente para efeito de aposentadoria, cumprido até que a lei discipline a matéria, será contado como tempo de contribuição".

A EC nº 20/1998 extinguiu a aposentadoria por tempo de serviço nos regimes próprios e a transformou em aposentadoria por tempo de contribuição, convertendo, de forma instantânea, por norma transitória, todo o tempo de serviço considerado na legislação precedente como tempo de contribuição para o novo regime.

O § 3º do art. 25 da EC nº 103/2019 é norma, por isso, flagrantemente retroativa e pretende regredir seus efeitos. Todas as emendas constitucionais sobre segurança social ou previdência social aprovadas nesses mais de 30 anos de vigência da Constituição de 1988, inclusive a referida Emenda, previram norma transitória com o objetivo de assegurar aos agentes que integralizaram os requisitos para a aposentadoria antes da promulgação a possibilidade de exercerem o direito de aposentação a qualquer tempo, consideradas as regras precedentes (*v.g.*, art. 3º e ss. da EC nº 20/1998; art. 2º e ss. da EC nº 41/2003; art. 3º da EC nº 103/2019).

No entanto, por óbvio, diversos agentes mais antigos implementaram os requisitos à aposentadoria considerando a conversão do tempo de serviço anterior em tempo de contribuição, nos termos autorizados pela EC nº 20/1998, independentemente de terem oportunamente contribuído e também de terem exercido o direito de aposentar. Nesses casos, se for aplicado o § 3º do art. 25 da EC nº 103/2019, ter-se-á de desatender seu art. 3º, que assegura a esses agentes a aposentadoria segundo o princípio *tempus regit actum*.

No caso de **perda da qualidade de segurado**, para efeito de carência para a concessão dos benefícios previdenciários de auxílio por incapacidade temporária, de aposentadoria por incapacidade permanente, de salário-maternidade e de auxílio-reclusão, o segurado deverá contar, **a partir da nova filiação à Previdência Social, com metade (50%) dos seguintes períodos de carência:**

- auxílio-doença: 12 contribuições;
- aposentadoria por invalidez e atual aposentadoria por incapacidade permanente: 12 contribuições;
- salário-maternidade: 10 contribuições; e
- auxílio-reclusão: 24 contribuições.

Assim, diante dessa nova regra, introduzida pela Lei nº 13.457/2017, com atual redação dada pelo Decreto nº 10.410/2020, conclui-se que, para os **quatro benefícios** citados, é necessário o cumprimento de **50% do período de carência** (leia-se recolhimentos) após a perda da qualidade de segurado.

Para os demais benefícios, compreende-se que **não há** necessidade de novos recolhimentos (nova carência) quando da perda da qualidade de segurado e que os prazos anteriores à perda **poderão ser utilizados normalmente.**

Em suma, aquela famosa e consagrada regra do 1/3 está **revogada expressamente**, uma vez que ela estava presente no parágrafo único do art. 24 da Lei nº 8.213/1991 e este foi revogado, em 2017, pela Lei nº 13.457, produto da conversão da MP nº 767/2017.

O RPS prevê, expressamente, que, ao expirar o período de graça, o segurado perde a sua qualidade de segurado do RGPS.

As contribuições pagas anteriormente à perda dessa qualidade, **em regra**, serão computadas para período de carência do benefício desejado. Entretanto, havendo a perda da qualidade de segurado, em quatro situações apenas, será necessário um novo período de contribuições, a saber: **auxílio-doença** (12 contribuições), **aposentadoria por invalidez** e/ou **aposentadoria por incapacidade permanente** (12 contribuições), **salário-maternidade** (10 contribuições) e **auxílio-reclusão** (24 contribuições mensais).

Conforme dispõe o Decreto n° 3.048/1999, a perda da qualidade de segurado **não prejudica** o direito à aposentadoria caso tenham sido preenchidos todos os requisitos, segundo a legislação em vigor à época em que esses requisitos foram atendidos.

A partir de quando começa a contagem da carência? Conforme o RPS, o período de carência é contado:

a) para o segurado **empregado** (E), **empregado doméstico** (D) e **trabalhador avulso** (A), da **data de filiação ao RGPS**;

b) para o segurado **contribuinte individual** que trabalha para empresa (C), e **facultativo** (F), inclusive o **segurado especial** (S) que contribui como contribuinte individual, da **data do efetivo recolhimento da primeira contribuição sem atraso**, não sendo consideradas para esse fim as contribuições recolhidas com atraso referentes a competências anteriores.

Os empregados, os domésticos e os trabalhadores avulsos têm o seu período de carência iniciado com a data de sua filiação no RGPS, e não leva em conta o efetivo recolhimento da primeira contribuição, pois quem realiza esses recolhimentos é o empregador (no caso dos trabalhadores empregados e domésticos) e o OGMO, no caso dos trabalhadores avulsos.

Os contribuintes individuais e o segurado facultativo têm o seu período de carência iniciado quando do efetivo recolhimento da primeira contribuição (sem atraso) ao RGPS. Não obstante, para o segurado especial **que não contribui facultativamente como contribuinte individual**, o período de carência é contado a partir do **efetivo exercício da atividade rural**, mediante comprovação com documentos.

O contribuinte individual e o segurado facultativo, cujo salário de contribuição for igual ao salário mínimo, podem optar pelo **recolhimento trimestral das contribuições sociais**, conforme a legislação previdenciária.

Nesse caso, o período de carência é contado a partir do mês de inscrição do segurado, desde que efetuado o recolhimento da primeira contribuição no prazo estipulado, ou seja, até o dia 15 do mês seguinte ao respectivo trimestre civil. Lembrando que os trimestres civis ocorrem nos seguintes períodos: de janeiro a março; de abril a junho; de julho a setembro; e de outubro a dezembro.

Após algumas páginas dissertando sobre o conceito de carência e do período de carência, iniciar-se-á o estudo das **carências exigidas pelos benefícios**, quando exigidas.

A priori, existem dois tipos de benefícios: **os que exigem a carência** e **os que dispensam a carência**. A concessão das prestações pecuniárias do RGPS, conforme a legislação previdenciária, depende dos seguintes períodos de carência:

- **10** contribuições mensais, no caso de **salário-maternidade**, para as seguradas contribuintes individuais (C), especial (S) e facultativa (F);
- **12** contribuições mensais, nos casos de **auxílio-doença** e **aposentadoria por incapacidade permanente**;
- **180** contribuições mensais, nos casos de **aposentadoria por idade**, **aposentadoria por tempo de contribuição** e **aposentadoria especial**.

- **24 contribuições mensais**, nos casos de auxílio-reclusão (incluído pela Medida Provisória n° 871, de 2019, e, posteriormente, convertida na Lei n° 13.846, de 2019).

Sobre o primeiro benefício, é importante anotar que será devido o salário-maternidade no valor de um **salário mínimo à segurada especial**, desde que comprove o exercício de atividade rural nos últimos 10 (dez) meses imediatamente anteriores à data do parto ou do requerimento do benefício, quando requerido antes do parto, mesmo que essa atividade tenha se dado de forma descontínua.

Ainda sobre o salário-maternidade, em caso de **parto antecipado**, o período de carência será reduzido em número de contribuições equivalente ao número de meses em que o parto foi antecipado. Imagine que o parto foi antecipado em dois meses; nesse caso, o período de carência exigido será de apenas oito meses.

A carência de 24 meses para a concessão do benefício de auxílio-reclusão foi inserida pela MP n° 871/2019, e, posteriormente, pela Lei n° 13.846, de 18 de junho de 2019. Antes de 18.01.2019, data da publicação da MP n° 871/2019, o referido benefício era isento de carência.

Por sua vez, os benefícios da Previdência Social, que **independem de período de carência**, são os seguintes:

a) **pensão por morte**, **salário-família** e **auxílio-acidente** de qualquer natureza;
b) **salário-maternidade**, para as seguradas empregadas (E), empregada doméstica (D) e trabalhadora avulsa (A);

O salário-maternidade para as empregadas, empregadas domésticas e trabalhadoras avulsas dispensa carência, ao contrário das outras classes de seguradas anteriormente expostas.

c) **auxílio-doença** e **aposentadoria por incapacidade permanente** nos casos de **acidente** de qualquer natureza ou causa e de doença profissional ou do trabalho, bem como nos casos de segurado que, após se filiar ao RGPS, for acometido de alguma das doenças e afecções especificadas em lista elaborada pelos Ministérios da Saúde e do Trabalho, atualizada a cada três anos, de acordo com os critérios de estigma, deformação, mutilação, deficiência ou outro fator que lhe confira especificidade e gravidade que mereçam tratamento particularizado;

Para efeitos previdenciários, entende-se como **acidente** de qualquer natureza ou causa aquele de origem traumática e por exposição a agentes exógenos (físicos, químicos e biológicos), que acarrete lesão corporal ou perturbação funcional que cause a morte, a perda ou a redução permanente ou temporária da capacidade laborativa.

Estar-se-á diante de **auxílio-doença acidentário** e da **aposentadoria por invalidez acidentária**. Por decorrerem de acidente, **dispensam** qualquer carência. A lógica é a seguinte: **se o benefício for derivado de acidente, não existe carência a ser cumprida**.

Não obstante, até que seja elaborada a lista de doenças supramencionada, independe de carência a concessão de auxílio-doença de aposentadoria por incapacidade permanente ao segurado que, após filiar-se ao RGPS, for acometido das seguintes doenças: **tuberculose ativa, hanseníase, alienação mental, esclerose múltipla, hepatopatia grave, neoplasia maligna, cegueira, paralisia irreversível e incapacitante, cardiopatia grave, Doença de Parkinson, espondiloartrose anquilosante, nefropatia grave, estado avançado da Doença de Paget (osteíte deformante), síndrome da deficiência imunológica adquirida (AIDS) ou contaminação por radiação, com base em conclusão da medicina especializada.

d) **aposentadoria por idade, aposentadoria por incapacidade permanente, auxílio-doença, auxílio-reclusão** ou **pensão por morte**, no valor de **um salário mínimo**, e de **auxílio-acidente**, aos **segurados especiais**, desde que comprove o exercício da atividade rural, ainda que de forma descontínua, no período imediatamente anterior ao requerimento do benefício, igual ao número de meses correspondentes à carência do benefício requerido (Lei nº 8.213/1991, art. 39, inciso I, com redação alterada pela Lei nº 12.873/2013).

O segurado especial sempre segue regras previdenciárias próprias e, no caso do período de carência, não seria diferente. Para gozar dos benefícios, o segurado deve apresentar, em regra, o seguinte tempo de exercício na atividade rural:

Benefício	Tempo de trabalho rural
Aposentadoria por idade	180 meses
Aposentadoria por incapacidade permanente	12 meses
Auxílio-doença	12 meses

Atenção!

Os períodos de **carência** exigidos poderão ser apresentados como contribuições **descontínuas** no caso do segurado especial.

O art. 142 da Lei nº 8.213/1991 prevê uma tabela de **período de carência** para aposentadorias **por idade, por tempo de contribuição** e **especial** para os segurados que se filiaram à antiga Previdência Social Urbana (atual RGPS) até 24 de julho de 1991.

Para esses cidadãos, conforme dispõe a legislação, tem-se o seguinte quadro:

Ano de implementação das condições	Meses de contribuição exigidos
1991	60 meses
1992	60 meses
1993	66 meses
1994	72 meses
1995	78 meses
1996	90 meses
1997	96 meses
1998	102 meses
1999	108 meses
2000	114 meses
2001	120 meses
2002	126 meses
2003	132 meses
2004	138 meses
2005	144 meses
2006	150 meses
2007	156 meses
2008	162 meses
2009	168 meses
2010	174 meses
2011	180 meses

O quadro supracitado faz a **transição** entre as 60 contribuições exigidas pela antiga Previdência Social Urbana para os benefícios de aposentadoria e as 180 contribuições exigidas pelo atual RGPS.

Por seu turno, não se pode deixar de citar a Súmula nº 44/2011 da Turma Nacional de Uniformização dos Juizados Especiais Federais (TNUJEF), que assim dispõe:

> Para efeito de **aposentadoria urbana por idade**, a tabela progressiva de carência prevista no art. 142 da Lei nº 8.213/1991 deve ser aplicada em função **do ano em que o segurado completa a idade mínima para concessão do benefício, ainda que o período de carência só seja preenchido posteriormente**. (Grifos nossos.)

Conforme o entendimento do Poder Judiciário, tal fenômeno é conhecido como **congelamento da carência**. Em outras palavras, no ano em que o segurado completar a idade para se aposentar por idade, mas não tiver o mínimo de contribuições exigido pelo quadro, o **cidadão poderá continuar contribuindo até completar a carência exigida para aquele ano específico e solicitar sua aposentadoria**.

5.10 A manutenção e a perda da qualidade de segurado do RGPS

Sobre o tema, a legislação previdenciária é clara ao proferir que mantém a qualidade de segurado, independentemente de contribuições: sem limite de prazo, quem está em gozo de benefício, exceto do auxílio-acidente, não perde a condição de segurado, independentemente de estar contribuindo ou não para a Previdência Social.

É uma norma protetiva em favor da pessoa que está passando por momentos difíceis em sua vida, por exemplo, o indivíduo que sofreu um acidente e está percebendo o benefício do auxílio-doença.

O dispositivo traz duas hipóteses em que o indivíduo manterá a condição de segurado: até **12 meses** após a cessação de benefício por incapacidade **ou** após a cessação das contribuições, o segurado que deixar de exercer atividade remunerada abrangida pela Previdência Social ou estiver suspenso ou licenciado sem remuneração.

- Por até 12 meses após a extinção de benefício por incapacidade. Exemplo: imagine que Ricardo sofra um acidente e receba o auxílio-doença por um determinado período de sua vida. Passado algum tempo, ele finalmente melhora e o benefício de incapacidade (auxílio-doença) é extinto. Nesse caso, até 12 meses após a extinção do benefício, independentemente de contribuições, Ricardo manterá a qualidade de segurado perante a Previdência Social.
- Por até 12 meses após parar de contribuir para a Previdência Social, o segurado que não exerce mais atividade remunerada ou estiver suspenso/licenciado sem remuneração. Exemplo: imagine que uma engenheira de uma construtora trabalhou por mais de um ano na referida empresa e foi demitida. Nessa situação, a engenheira terá 12 meses de segurada no INSS, mesmo sem contribuir nesse período.
- Até a entrada em vigor da MP nº 767/2017 (posteriormente convertida na Lei nº 13.457/2017), é possível readquirir a qualidade de segurado após 1/3 (um terço) do número de contribuições exigidas para completar o período de carência.

Ademais, desde a publicação da Lei nº 13.846/2019, o beneficiário que recebe auxílio-acidente não possui direito à manutenção da qualidade de segurado enquanto em gozo do benefício. Assim, para manter a qualidade de segurado, o beneficiário de auxílio-acidente deve continuar vertendo contribuições ao INSS de acordo com sua classe de segurado.

A proteção ao direito adquirido também se faz presente para preservar situação fática já consolidada mesmo ausente modificação no ordenamento jurídico, devendo a autarquia previdenciária avaliar a forma de cálculo que seja mais rentável aos segurados, dado o caráter social da prestação previdenciária, consoante previsão contida no art. 6º da Constituição Federal.

Este é o entendimento do STF:

> AGRAVO REGIMENTAL NO AGRAVO DE INSTRUMENTO. PREVIDENCIÁRIO. REVISÃO DA RENDA MENSAL INICIAL. APLICAÇÃO DO PRINCÍPIO *TEMPUS REGIT ACTUM*. ALEGAÇÃO DE CONTRARIEDADE AO ART. 5º, INC. XXXVI, DA CONSTITUIÇÃO DA REPÚBLICA. IMPOSSIBILIDADE DE ANÁLISE DA LEGISLAÇÃO INFRACONSTITUCIONAL. OFENSA CONSTITUCIONAL INDIRETA. PRECEDENTES. AGRAVO REGIMENTAL AO QUAL SE NEGA PROVIMENTO (AI 817.576-AgR, Rel. Min. Celso de Mello, Primeira Turma, *DJe* 31.03.2011).
>
> Os benefícios previdenciários devem regular-se pela lei vigente ao tempo em que preenchidos os requisitos necessários à sua concessão. Incidência, nesse domínio, da regra *tempus regit actum*, que indica o estatuto de regência ordinariamente aplicável em matéria de instituição

e/ou de majoração de benefícios de caráter previdenciário. Precedentes. (AI 625.446-AgR, Rel. Min. Celso de Mello, Segunda Turma, *DJe* 19.09.2008.)

Atenção!

O prazo de até 12 meses poderá ser prorrogado para até 24 meses caso o segurado já tenha pagado mais de 120 contribuições mensais à Previdência Social, sem interrupção que acarrete a perda da qualidade de segurado. O indivíduo que já tiver pagado 121 ou mais contribuições para a Previdência Social poderá permanecer na qualidade de segurado por até 24 meses, independentemente de contribuições. Essa norma estendeu o período de graça do trabalhador que já contribuiu por mais de 10 anos para a Previdência Social.

Mas o que é período de graça?

O período de graça é aquele em que o indivíduo não contribui para o sistema previdenciário, mas mantém a sua qualidade de segurado.

Os períodos de graça de 12 meses ou 24 meses, anteriormente expostos, podem ser prorrogados por mais 12 meses para o segurado desempregado involuntariamente, desde que comprovada essa situação no Ministério do Trabalho e Previdência (MTP). Sobre essa comprovação de desemprego no MTP, existe divergência entre o exposto na lei e na jurisprudência, como pode ser visto a seguir.

Conforme o art. 15, § 2º, da Lei nº 8.213/1991, o acréscimo de 12 meses para o segurado desempregado é devido desde que comprovada essa situação pelo registro no órgão próprio do MTP.

Por seu turno, a jurisprudência do STJ e da TNUJEF é diametralmente contrária ao exposto na lei, como pode ser observado na Súmula TNUJEF n° 27/2005: "a ausência de registro em órgão do Ministério do Trabalho (MT) **não impede** a comprovação do desemprego por outros meios admitidos em Direito".

O exposto sobre o dispositivo é aplicado tanto para os trabalhadores da iniciativa privada quanto para os servidores que se desvincularem do seu respectivo RPPS.

	Condições normais	Desemprego involuntário
Até 120 contribuições	Período de graça = 12 meses	Período de graça = 24 meses
Mais de 120 contribuições	Período de graça = 24 meses	Período de graça = 36 meses

O segurado que estava doente, sofrendo de alguma doença de segregação compulsória (afastamento obrigatório da pessoa enferma do convívio social comum, como nos casos de tuberculose, hanseníase, entre outras, tratadas pelo art. 151 da Lei n° 8.213/1991 – Benefícios da Previdência Social), tem direito a um período de graça de até 12 meses após a extinção dessa segregação.

O segurado que estava detido ou recluso terá direito a um período de graça de 12 meses após sua soltura. Esse período pode parecer exagerado na visão de algumas pessoas, mas é um período relativamente curto, pois, ainda hoje, é muito complicado um ex-detento conseguir um emprego formal.

O segurado que prestou serviço militar às Forças Armadas (Exército, Marinha ou Aeronáutica) terá direito a um período de graça de três meses após o seu desligamento. Ressalta-se que o licenciamento é apenas uma das hipóteses de desligamento das Forças Armadas.

O segurado facultativo que deixar de contribuir para a Previdência Social gozará de um período de graça de até seis meses após a cessação das contribuições.

Sobre os casos de manutenção da qualidade de segurado apresentados, é importante ressaltar que, durante o período de graça, o segurado conserva todos os seus direitos perante a Previdência Social.

A perda da qualidade de segurado, com o fim do período de graça, não será considerada para a concessão da aposentadoria por tempo de contribuição, aposentadoria especial e aposentadoria por idade.

- Para a concessão dos referidos benefícios, o segurado deverá apresentar o número de contribuições mensais exigidas para efeito de carência (nesse caso, no mínimo 180 contribuições).
- Se o segurado já tiver preenchido todos os requisitos para se aposentar em uma das três espécies de aposentadoria supracitadas, a perda da qualidade de segurado não impedirá a concessão da aposentadoria.

De forma breve, observe dois parágrafos interessantíssimos do art. 180 do Decreto nº 3.048/1999:

> § 1º A perda da qualidade de segurado **não prejudica** o direito à aposentadoria para cuja concessão **tenham sido preenchidos todos os requisitos**, segundo a legislação em vigor à época em que estes requisitos foram atendidos.
>
> § 2º Não será concedida pensão por morte aos dependentes do segurado que falecer após a **perda desta quali-**

dade, nos termos dos arts. 13 a 15, salvo se preenchidos os requisitos para obtenção de aposentadoria na forma do parágrafo anterior, observado o disposto no art. 105. (Grifos nossos.)

O reconhecimento da perda da qualidade de segurado no termo final dos prazos fixados nos casos estudados, conforme dispõe o RPS/1999, ocorrerá no dia seguinte ao do vencimento da contribuição do contribuinte individual relativa ao mês imediatamente posterior ao término daqueles prazos.

Essa é a redação truncada e confusa presente na legislação previdenciária. Para facilitar o entendimento do dispositivo, observe o quadro seguinte:

Mês N	Final do período de graça
Mês N+1	Mês posterior
Mês N+2	Dia 15 (vencimento da contribuição referente ao mês N+1 (para contribuinte individual)
Mês N+2	Dia 16 (reconhecimento da perda da qualidade de segurado)

Para concluir o assunto, imagine que, em junho de 2018, tenha terminado o período de graça do indivíduo. Quando ocorrerá o reconhecimento da perda da qualidade de segurado? Em 16 de agosto de 2018. Observe:

Mês N	Junho (final do período de graça)
Mês N+1	Julho (mês posterior)
Mês N+2	Dia 15.08.2018 (vencimento referente a N+1)
Mês N+2	Dia 16.08.2018 (reconhecimento da perda da qualidade de segurado)

Desse modo, observam-se as seguintes situações para manutenção da qualidade de segurado:

a) Sem limite de prazo: em gozo de benefício, exceto auxílio-acidente.
b) Até 12 meses: após cessar benefício por incapacidade.
c) Até 12 meses: após a cessação das contribuições para o RGPS (não exerce mais atividade remunerada).
d) Se tiver mais de 120 contribuições, recebe mais 12 meses.
e) Se o desemprego for involuntário, recebe mais 12 meses.

Período de graça: não contribui, mas mantém a qualidade de segurado:

a) Até 12 meses: após cessar a segregação compulsória (doença).
b) Até 12 meses: após livramento do detido ou recluso.
c) Até 3 meses: após licenciamento, o segurado incorporado às Forças Armadas.
d) Até 6 meses: após a cessação das contribuições do segurado facultativo.

O período de graça de 12 meses após a cessação do benefício por incapacidade constava expressamente no art. 13, inciso II, do Decreto nº 3.048/1999. Entretanto, o Poder Executivo, por meio do Decreto 10.410/2020, tentou suprimir esse direito ao modificar a redação do referido inciso para "até doze meses após a cessação das contribuições, observado o disposto nos § 7º e § 8º e no art. 19-E". Entretanto, tal medida foi revogada e o período de graça após o fim do benefício por incapacidade foi inserido novamente pelo Decreto nº 10.491/2020.

5.11 A situação do servidor público perante o RGPS

Neste tópico, será visto, brevemente, o conceito de servidor público pertencente ao RPPS e a sua relação com o RGPS.

A definição de RPPS está presente na própria legislação previdenciária: entende-se por Regime Próprio de Previdência Social o que assegura **pelo menos** as **aposentadorias e pensão por morte** previstas no art. 40 da Constituição Federal.

Conforme dispõe a legislação previdenciária, os servidores públicos, desde que amparados pelo RPPS, são automaticamente excluídos do RGPS. Esses sãos os dizeres legislativos do RPS/1999:

> Art. 10. O servidor civil ocupante de cargo efetivo ou o militar da União, Estado, Distrito Federal ou Município, bem como o das respectivas autarquias e fundações, são **excluídos** do Regime Geral de Previdência Social [**RGPS**] consubstanciado neste Regulamento, **desde que amparados por** Regime Próprio de Previdência Social [**RPPS**]. (Grifos nossos.)

O servidor (civil ou militar), amparado por RPPS, poderá filiar-se ao RGPS quando exercer, concomitantemente, as atividades de servidor, uma atividade abrangida pelo RGPS.

É o exemplo do auditor fiscal do trabalho (servidor civil) que leciona Direito do Trabalho em uma faculdade particular. Nesse caso, o auditor fiscal será enquadrado como segurado empregado perante o RGPS. A legislação previdenciária traz: "Caso o servidor ou o militar venham a exercer, concomitantemente, uma ou mais atividades abrangidas pelo Regime Geral de Previdência Social, tornar-se-ão **segurados obrigatórios** em relação a essas atividades" (art. 10, § 2°, RPS/1999).

Para encerrar este tópico, é importante lembrar os tópicos constitucionais que vedam (proíbem) a filiação ao RGPS, na qualidade de segurado facultativo, de pessoa participante de RPPS:

> Art. 201. (...) § 5º É **vedada** a filiação ao Regime Geral de Previdência Social (RGPS), na **qualidade de segurado facultativo**, de pessoa participante de Regime Próprio de Previdência (RPPS). (Grifos nossos.)

Exemplo: juiz de Direito, servidor público federal e participante do RPPS, pode participar do RGPS, somente, na condição de empregado, caso fosse professor de Direito em alguma universidade.

Em regra, é vedada a contribuição facultativa de participante do RPPS sem que haja qualquer vínculo com a Previdência Social.

Por sua vez, o art. 55, § 5º, da Instrução Normativa INSS/PRESS nº 77/2015 traz um entendimento um pouco distinto, que pode ser assim esquematizado:

- Servidor federal: é vedada a filiação ao RGPS, na qualidade de segurado facultativo, inclusive na hipótese de afastamento sem vencimentos.
- Servidor estadual, distrital e municipal: é vedada a filiação ao RGPS, na qualidade de segurado facultativo, salvo na hipótese de afastamento sem vencimento e desde que não permitida, nesta condição, contribuição ao respectivo regime próprio.

Observe que a pessoa participante do RPPS, em regra, não pode se filiar ao RGPS na condição de segurado facultativo. Entretanto, se estiver afastado, sem receber e sem contribuir para o seu RPPS, pode sim ingressar como segurado facultativo no RGPS.

O servidor público aposentado não pode se filiar ao RGPS como contribuinte facultativo para conseguir um benefício. É o que dispõe o art. 55, § 4°, inciso II, da Instrução Normativa INSS/PRESS n° 77/2015:

> Art. 55. (...)
>
> § 4° A filiação como segurado facultativo não poderá ocorrer:
>
> (...)
>
> II – Para o servidor público aposentado, qualquer que seja o regime de previdência social a que esteja vinculado.

6

Benefícios previdenciários e assistenciais

Os benefícios previdenciários, previstos na legislação até a entrada em vigor da EC nº 103/2019, eram:

Benefícios previdenciários
Aposentadoria especial
Aposentadoria por idade e aposentadoria por tempo de contribuição (até a EC nº 103/2019)
Aposentadoria por invalidez (até a EC nº 103/2019), Aposentadoria por incapacidade permanente (após a EC nº 103/2019)
Aposentadoria por idade e tempo de contribuição (após EC nº 103/2019)
Auxílio-acidente
Auxílio-doença
Auxílio-reclusão
Salário-família
Salário-maternidade
Pensão por morte
Serviço social
Habilitação e reabilitação profissional

Ressalta-se, por oportuno, que a EC n° 103/2019 extinguiu a aposentadoria por tempo de contribuição sem idade mínima. Ademais, existiam dois serviços devidos tanto aos segurados quanto aos seus dependentes: serviço social e reabilitação profissional. No entanto, durante a vigência da MP n° 905/2019 que revogou a alínea *b* do inciso III do *caput* do art. 18 da Lei n° 8.213/1991, deixou o serviço social de ser prestação previdenciária. Conquanto, por falha, tenha esquecido de revogar o art. 88 da Lei n° 8.213/1991.

De qualquer modo, uma vez finalizada a vigência da MP n° 905/2019 (vigência de 1°.01.2020 a 20.04.2020), o referido inciso voltou a vigorar, e o serviço social voltou a ser considerado prestação previdenciária.

Ao fim e ao cabo, atualmente, o plano de prestações do RGPS é formado por dez benefícios e dois serviços previdenciários.

6.1 Aposentadoria por invalidez

Para os requerimentos realizados até a entrada em vigor da EC n° 103/2019, a saber, 13.11.2019 é possível que o beneficiário da previdência possa perceber o benefício de aposentadoria por invalidez, como previsto no art. art. 201, inciso I, da Constituição Federal e arts. 42 a 47 da Lei n° 8.213/1991.

A aposentadoria por invalidez será devida quando o segurado cumprir a carência exigida de 12 contribuições mensais. Ainda é possível a aferição da aposentadoria por invalidez, quando o segurado estiver **ou não** em gozo de auxílio-doença, for considerado incapaz para o trabalho e insuscetível de reabilitação para o exercício de atividade que lhe garanta a subsistência, e ser-lhe-á paga enquanto permanecer nessa condição.

Para aferição de incapacidade suscetível de percebimento de aposentadoria por invalidez, deverá o segurado ser submetido à perícia médica oficial, em uma das agências do INSS. A perícia deverá identificar incapacidade total, permanente e impossibilidade de reabilitação para exercício de quaisquer atividades laborativas (incapacidade omniprofissional). Ou seja, não será mais possível a obtenção de renda por qualquer meio de trabalho.

Atenção especial deve ser depositada ao segurado que exerce atividades concomitantes. Nessa situação, a aposentadoria por invalidez será devida quando, no laudo médico, o perito oficial concluir impossibilidade de labor em qualquer das ocupações, conforme § 3º do art. 44 do Decreto nº 3.048/1999.

Vale ressaltar: apenas as incapacidades adquiridas após a aquisição da qualidade de segurado, são suscetíveis ao percebimento do benefício em análise. As chamadas incapacidades preexistentes ao ingresso na Previdência Social **não são válidas** para concessão do benefício. No entanto, ressalta-se que existe pequena diferença entre doença e incapacidade.

A doença equivale a um início de lesão, que pode evoluir para uma incapacidade. A título de exemplo, o segurado pode ter sido acometido por hérnia de disco, mas passou a não mais conseguir se locomover anos após sofrer a enfermidade. Se houve agravamento da lesão, passa a existir a incapacidade e, portanto, se o segurado já possuía qualidade, quando do agravamento de sua doença, é devido o benefício de aposentadoria por invalidez, a depender do grau da incapacidade, como já referenciado. Essa situação encontra-se prevista no art. 42, § 2º, da Lei nº 8.213/1991.

Por ser benefício não programado, a renda mensal da aposentadoria por invalidez, antes da Reforma da Previdência

(EC n° 103/2019), era de 100% do valor do salário de benefício, sendo devida, ao segurado obrigatório, a partir do décimo sexto dia de início de sua incapacidade (se nunca percebeu auxílio-doença), ou a partir da cessação do auxílio-doença (*vide* art. 43 da Lei n° 8.213/1991).

O art. 101 da referida lei dispõe que, com exceção daquele que percebe o benefício por mais de 15 (quinze) anos e completa 55 (cinquenta e cinco) anos ou mais, ou a todo segurado que completa 60 (sessenta) anos, todos os beneficiários serão submetidos a exame pericial periódico, a ser marcado pelo próprio INSS.

É possível que o benefício seja cessado se o segurado, voluntariamente, retornar ao labor, cujo caráter é punitivo e pode ensejar até a necessidade de devolução das quantias indevidamente percebidas. Outra possibilidade é a de o próprio segurado, por ato de sua vontade, encaminhar-se ao INSS e requerer a cessação de seu benefício. Será marcada perícia médica que, atestando a capacidade do aposentado, cortará o benefício imediatamente (conforme art. 47 da Lei n° 8.213/1991). A morte também é um evento que cessa a aposentadoria por invalidez.

O RPS (Decreto n° 3.048/1999) afirma que os aposentados por invalidez deverão fazer exames médicos no INSS de dois em dois anos. Esse, contudo, é um prazo máximo. Antes de completar dois anos, tais pessoas poderão ser convocadas pelo INSS para fazer novos exames médicos, sempre que a Previdência entender necessário (art. 46, *caput* e parágrafo único).

Para aqueles segurados que não possuírem condições de locomoção, é devido o atendimento domiciliar e hospitalar pela perícia médica e social do INSS, conforme § 5º do art. 101 da Lei nº 8.213/1991, inserido pela Lei nº 13.457/2017.

A Lei nº 13.457/2017 acrescentou o § 4º ao art. 43 da Lei nº 8.213/1991, e reforçou essa possibilidade de o INSS convocar a qualquer momento o segurado aposentado por invalidez:

> Art. 43. (...) § 4º O segurado aposentado por invalidez poderá ser convocado a qualquer momento para avaliação das condições que ensejaram o afastamento ou a aposentadoria, concedida judicial ou administrativamente, observado o disposto no art. 101 desta Lei.

As exceções para a dispensa da perícia em caso de convocação são as seguintes:

a) quando tiverem mais de 55 anos de idade e já estejam com a invalidez há mais de 15 anos;
b) quando tiverem mais de 60 anos (não importando, neste caso, o tempo de invalidez); e
c) coube à Lei nº 13.847/2019 isentar de perícia médica de revisão o aposentado por incapacidade permanente com AIDS, desde que, obviamente, não haja o retorno ao labor remunerado, independentemente da sua idade.

Essas regras devem aplicadas até 12.11.2019, quando entrou em vigor a EC nº 103. Ressalta-se, todavia, que em razão do princípio *tempus regit actum*, os requerimentos que foram realizados antes da Reforma da Previdência ou que, a esta data, a incapacidade já era existente, podem ter benefícios concedidos com as regras anteriores à reforma.

Com a promulgação da Emenda Constitucional, a aposentadoria por invalidez passou a se chamar aposentadoria por incapacidade permanente. O maior impacto da reforma para os benefícios previdenciários foi a forma de cálculo, à luz do art. 26 da EC nº 103/2019:

> Art. 26. Até que lei discipline o cálculo dos benefícios do regime próprio de previdência social da União e do Regime Geral de Previdência Social, será utilizada a média aritmética simples dos salários de contribuição e das remunerações adotados como base para contribuições a regime próprio de previdência social e ao Regime Geral de Previdência Social, ou como base para contribuições decorrentes das atividades militares de que tratam os arts. 42 e 142 da Constituição Federal, atualizados monetariamente, correspondentes a 100% (cem por cento) do período contributivo desde a competência julho de 1994 ou desde o início da contribuição, se posterior àquela competência.

6.2 Aposentadoria por incapacidade permanente

Após a EC nº 103/2019, a aposentadoria por invalidez passou a ser denominada como aposentadoria por incapacidade permanente. Esse benefício encontra-se mencionado nos termos do art. 26, § 2º, III: "aposentadoria por incapacidade permanente aos segurados do Regime Geral de Previdência Social".

Outro ponto alterado foi a sua renda mensal, visto que o art. 44 da Lei nº 8.213/1991 não restou recebido pela EC nº 103/2019. **Regra geral**: para os homens, a teor do art. 26 da EC nº 103/2019, o valor do benefício de aposentadoria por incapacidade permanente corresponderá a 60% da média aritmética de 100% das remunerações/salários de contribuição, com acréscimo de 2% para cada ano que ultrapassar os 20 anos de contribuição.

Para a aposentadoria por incapacidade da mulher, existe uma regra especial de cálculo da renda mensal no art. 26 da EC nº 103/2019, que prevê a progressão a contar de 15 anos, e não de 20 anos de contribuição.

Poderão ser excluídas da média as contribuições que resultem em redução do valor do benefício, desde que mantido o tempo mínimo de contribuição exigido, vedada a utilização do tempo excluído para qualquer finalidade, para averbação em outro regime previdenciário ou para a obtenção dos proventos de inatividade dos militares. Vale registrar que esse novo regramento somente será aplicável para a data de início da incapacidade a partir da publicação da EC nº 103/2019 (*tempus regit actum*), devendo ser aplicado o art. 44 da Lei nº 8.213/1991 nos casos antigos.

6.3 Casos de extinção da aposentadoria por incapacidade permanente

O retorno à vida laboral pode acontecer de duas maneiras:

- **voluntariamente**: é o caso do aposentado por incapacidade permanente que retornar voluntariamente a sua atividade, e tem a aposentadoria automaticamente cessada a partir da data do retorno; ou
- **por perícia médica do INSS, que confirme a recuperação da capacidade laborativa**: já nesse caso, o aposentado por incapacidade permanente que se julgar apto a retornar à atividade deverá **solicitar** a realização de nova avaliação médico-pericial.

Caso essa perícia conclua pela sua recuperação laboral, a aposentadoria será cancelada e observado o seguinte:

☐ Quando a recuperação for **total** e ocorrer **dentro de 5 anos** contados da data do início da aposentadoria por incapacidade permanente ou do auxílio-doença que a antecedeu sem interrupção, o benefício cessará:

- **de imediato**, para o segurado empregado (E) que tiver direito de retornar à função que desempenhava na empresa ao se aposentar, na forma da legislação trabalhista, valendo como documento, para tal fim, o certificado de capacidade fornecido pela Previdência Social; ou
- **após tantos meses** quantos forem os anos de duração do auxílio-doença e da aposentadoria por incapacidade permanente, para os demais segurados (C, A, D, S, F). Por exemplo, se a aposentadoria durou três anos, a cessação do benefício ocorrerá após três meses.

No caso de o aposentado perceber o benefício por mais de 5 (cinco) anos, regra prevista no art. 46 do Decreto nº 3.048/1999, possibilita a preparação para a cessação do benefício, caso ocorra o evento recuperação da capacidade laborativa. Em linhas curtas: gradativamente o valor do benefício é minorado.

Nos primeiros seis meses a partir da data que se verificou a recuperação, o segurado receberá 100%. Após, 50%. Passados os primeiros 12 meses, o segurado receberá 25% do valor total. Percorridos e vencidos 18 meses, o pagamento será definitivamente cessado.

Quando a recuperação for **parcial** ou for **total, mas ocorrer após o período de cinco anos** ou, ainda, quando o segurado for declarado **apto para o exercício de trabalho diverso** do qual habitualmente exercia, a aposentadoria será mantida, sem prejuízo da volta à atividade:

a) pelo seu **valor integral**, durante 6 meses contados da data em que for verificada a recuperação da capacidade;
b) com **redução de 50%**, no período seguinte de seis meses; e
c) com **redução de 75%**, também por igual período de seis meses, ao término do qual cessará definitivamente.

Situação	Recuperação total (até 5 anos)
Extinção da aposentadoria	De imediato.
	Após determinados meses.

Situação	Recuperação parcial	Recuperação total (após 5 anos)	Apto para serviço diferente
Aposentadoria será mantida	Com 100% do valor, de 0 a 6 meses		
	Com 50% do valor, de 6 a 12 meses.		
	Com 25% do valor, de 12 a 18 meses.		
Extinção da aposentadoria	A partir do 19º mês.		

Com efeito, quando a recuperação ocorrer dentro de cinco anos, contado da data do início da aposentadoria por incapacidade permanente ou do auxílio-doença que a antecedeu sem interrupção, o benefício cessará após tantos meses quantos forem os anos de duração do auxílio-doença ou da aposentadoria por incapacidade permanente, para segurado empregado doméstico, trabalhador avulso, segurado especial, contribuinte individual e segurado facultativo. No caso do segurado empregado, a cessação do pagamento será imediata, caso ele tenha direito a retornar à função que desempenhava na empresa quando se aposentou, na forma da legislação trabalhista.

Por outro lado, quando a recuperação ocorrer após os referidos cinco anos ou, mesmo antes, se for parcial ou se o segurado for declarado apto para o exercício de trabalho diverso do qual habitualmente exercia, a aposentadoria será mantida, sem prejuízo da volta à atividade, da seguinte forma:

a) no seu valor integral, durante seis meses, contados da data em que for verificada a recuperação da capacidade;

b) com redução de 50%, no período seguinte de seis meses; e

c) com redução de 75%, também por igual período de seis meses, ao término do qual cessará definitivamente.

Vale registrar que o ato administrativo do INSS que pronuncia a recuperação do aposentado por incapacidade permanente e fixa as parcelas das mensalidades de recuperação pode ser questionado judicialmente, de logo, acaso o segurado entenda que inexiste recuperação. Não se exige que o segurado aguarde a cessação de todas as parcelas da mensalidade de recuperação para ajuizar demanda, pois já existe um ato jurídico que pode ser alvo imediatamente de controle judicial, pois a espera pode se revelar prejudicial para o segurado, especialmente com a redução progressiva das parcelas.

Considerando que a natureza jurídica do pagamento das mensalidades de recuperação é de aposentadoria por incapacidade permanente, deve incidir a regra do art. 55, inciso II, da Lei nº 8.213/1991 para fins de cômputo como tempo de contribuição.

6.4 Acréscimo de 25% no salário da aposentadoria por incapacidade permanente

A aposentadoria por incapacidade permanente apresenta uma peculiaridade em relação às outras modalidades de aposentadoria: caso o segurado necessitar de assistência permanente de outra pessoa, será **acrescido de 25%** o valor de seu benefício. Essa aposentadoria, com acréscimo de 25%, poderá exceder o limite máximo de valor do benefício (Teto do RGPS).

Pelo puro texto do art. 45 da Lei nº 8.213/1991, o aposentado por incapacidade permanente, portador de moléstia que o incapacite para os atos mais triviais da vida comum, tais como vestir-se, tomar banho, andar ou comer, pode ter direito de perceber adicional de 25% em seu benefício. Outras situações estão previstas no anexo I da lei citada.

Quando perícia médica oficial do INSS indicar a necessidade de acompanhante para assistir o segurado aposentado por incapacidade permanente, o adicional será acrescido ao benefício desde a data da concessão da aposentadoria. E será devido até que nova perícia ateste a possibilidade de o segurado manter e administrar sua própria vida, ou no caso de mitigação da doença, ou até o evento morte. Importante ressaltar que pensionistas e dependentes não perceberão o adicional de 25%.

Atenção!

A Primeira Seção do STJ, seguindo o voto-vista da Ministra Regina Helena Costa, decidiu, por maioria de cinco a quatro, que, comprovada a necessidade de auxílio permanente de terceira pessoa, é devido o **acréscimo de 25% em todas as modalidades de aposentadoria pagas pelo INSS**. A assistência é prevista no **art. 45** da Lei nº 8.213/1991 apenas para as aposentadorias por incapacidade permanente e se destina a auxiliar as pessoas que precisam da ajuda permanente de terceiros.

Ao julgar recurso repetitivo (**Tema 982**) sobre o assunto, a seção fixou a seguinte tese: "Comprovada a necessidade de assistência permanente de terceiro, é devido o acréscimo de 25%, previsto no artigo 45 da Lei nº 8.213/1991, a todas as modalidades de aposentadoria".

Não obstante ao julgamento do STJ, a Primeira Turma do STF suspendeu o trâmite, em todo território nacional, de ações judiciais individuais ou coletivas e em qualquer fase processual, que tratam sobre a extensão do pagamento do adicional de 25% não relacionada às aposentadorias por incapacidade permanente, nos seguintes termos: "O benefício que foi mantido, previsto no artigo 45 da Lei nº 8.213/1991, é direcionado aos segurados que necessitam de assistência permanente de outra pessoa e contempla **apenas as aposentadorias por invalidez**" (STF, **RE Pet 8.002. Número único: 0083552-41.2018.1.00.0000**. Rel. Min. Luiz Fux, 2019).

Por unanimidade dos votos, os ministros deram provimento a um recurso (agravo regimental) interposto pelo INSS contra decisão do relator, Ministro Luiz Fux, que havia negado pedido na Petição (Pet) 8002 para que fosse suspenso o pagamento do adicional a uma aposentada por idade. O Instituto solicitava a atribuição de efeito suspensivo cautelar a recurso extraordinário a ser remetido ao Supremo. Na ocasião, o ministro entendeu que a controvérsia implicaria a análise de legislação infraconstitucional, inviabilizando a discussão por meio de RE Pet 8.002, de 12 de março de 2019.

A controvérsia foi decidida pelo plenário do STF em 21.06.2021, na apreciação do Tema 1.095 (RE 1.221.446), na qual se firmou a seguinte tese:

> No âmbito do Regime Geral de Previdência Social (RGPS), somente lei pode criar ou ampliar benefícios e

vantagens previdenciárias, não havendo, por ora, previsão de extensão do auxílio da grande invalidez a todas as espécies de aposentadoria. (STF, RE 1.221.446, Número único: 0021237-49.2015.4.02.9999. Rel. Min. Dias Toffoli, 2021.)

6.5 Aposentadoria por tempo de contribuição

Apesar da EC nº 103/2019, que dispõe alterações na aposentadoria, até a vigência da referida emenda é possível a aposentadoria ao homem, que completa 35 anos de contribuição (serviço), e mulher, que completa 30 anos de contribuição (serviço), no RGPS, com valor de renda mensal em 100% do salário de benefício, multiplicado pelo fator previdenciário.

O termo "serviço" ainda é utilizado pela Lei nº 8.213/1991, muito embora a EC nº 20/1998 tenha modificado o parâmetro de contagem de tempo para a aposentadoria. Hoje, não basta apenas comprovar serviço, é necessário contribuir.

A aposentadoria por tempo de contribuição é um benefício voluntariamente requerido pelo segurado ou pela segurada que complete os requisitos para tanto. E, ainda assim, a norma dispõe de possibilidade de obtenção em período menor (a partir dos 30 anos, se homem; e 25 anos, se mulher), com decréscimo no valor da renda mensal. Nessa situação, a renda mensal será de 70%, acrescida de 6% a cada ano a mais de contribuição, até o máximo de 100% (momento em que o homem possui 35 anos e a mulher 30 anos de contribuição), multiplicado pelo fator previdenciário.

A regra disposta, em que o segurado escolhe a proporcionalidade, ainda exige fator idade mínima para homens (53 anos) e mulheres (48 anos), e ainda terá um decréscimo no coeficiente do período adicional de contribuição, equivalente ao tempo que, em dezembro de 1998, faltava para atingir 35 anos de contribuição.

Não será necessária a manutenção da qualidade de segurado para obtenção do benefício em apreço. Se os requisitos foram atingidos, seja quando for, será devida a aposentadoria (art. 3º da Lei nº 10.666/2003). No entanto, as regras de contribuição são distintas dos demais benefícios.

Nessa modalidade de aposentadoria, é importante ressaltar a nova regra sobre o fator previdenciário, incluída na Lei nº 8.213/1991 pela MP nº 676/2015, que autoriza o aposentado a optar pela não incidência do fator previdenciário caso atinja os requisitos expostos.

Para não ocorrer a incidência do fator previdenciário, a soma deve chegar ao montante de 85 pontos (a soma da idade com o tempo de contribuição) se for mulher; e 95 pontos (a soma da idade com o tempo de contribuição) se for homem.

A partir de 31 de dezembro de 2018, a fórmula aumentou em um ponto. Assim, para se aposentar à luz das regras anteriores à reforma da previdência, foi preciso que a soma da idade, com o tempo de contribuição, seja de 86 para as mulheres e 96 para os homens.

O segurado obrigatório, que juntamente à empresa realiza contribuições sociais, é o contribuinte legitimado para perceber o benefício. Os demais contribuintes, sejam eles o individual e o facultativo, somente farão jus à benesse caso complementem o pagamento das contribuições. Explica-se: o contribuinte individual, por exemplo, faz pagamento de alíquota ordinária de 11% sobre o valor do salário de contribuição. Este, se pretende perceber aposentadoria por tempo de contribuição, deverá complementar suas contribuições em mais 9%, até alcançar alíquota de 20%, conforme a Lei n° 8.212/1991. O benefício é devido a partir do momento em que o segurado, voluntariamente, se encaminha ao INSS e realiza o requerimento.

Homem	35 anos
Mulher	30 anos

Com a Reforma da Previdência, à luz da EC n° 103/2019, a aposentadoria por tempo de contribuição nos moldes anteriormente citados foi extinta. Porém, continuam valendo para aqueles que atingiram os requisitos necessários antes da promulgação da referida Emenda, mesmo que não tenham feito o requerimento administrativo até a data ou após a promulgação desta.

Assim dispõe o art. 3° da EC n° 103/2019:

> A concessão de **aposentadoria** ao servidor público federal vinculado a regime próprio de previdência social e ao segurado do **Regime Geral de Previdência Social** e de **pensão por morte** aos respectivos dependentes será assegurada, **a qualquer tempo, desde que tenham sido cumpridos os requisitos para obtenção desses benefícios até a data de entrada em vigor desta Emenda Constitucional**, observados os critérios da legislação vigente na data em que foram atendidos os requisitos para a concessão da aposentadoria ou da pensão por morte. (Grifos nossos.)

6.6 A Reforma da Previdência e a extinção da aposentadoria por tempo de contribuição

Com a entrada em vigor da EC n° 103/2019, houve a extinção da previsão de aposentadoria por tempo de contribuição (sem a previsão de uma idade mínima) das regras permanentes da Constituição.

Portanto, a partir EC citada, somente há a possibilidade de concessão de aposentadoria voluntária com o cumprimento de tempo de contribuição e de idade mínima ou pontuação mínima (idade + tempo de contribuição). Todavia, foi prevista regra de transição para a aposentadoria por tempo de contribuição sem idade mínima, para homens e mulheres que faltavam cumprir tempo de contribuição na data da publicação da EC nº 103/2019, complementando o período com um pedágio de 50% do tempo faltante.

6.7 Aposentadoria do professor

O professor terá uma redução de cinco anos nesse tempo, desde que comprove tempo de efetivo exercício **em função de magistério na educação infantil**, ensino fundamental ou médio.

O art. 201, § 8º, da Constituição dispõe sobre a aposentadoria do professor. Também o art. 56 da Lei nº 8.213/1991, trata sobre a minoração do requisito tempo de contribuição na situação em tela. A mesma lei expõe possibilidade de contagem diferenciada do fator previdenciário, com acréscimo de cinco anos para o homem professor e de dez anos para a mulher professora, desde que, ininterruptamente, tenham desempenhado a atividade de magistério.

O art. 29-C, que dispõe sobre a não aplicação do fator previdenciário, possibilita ao professor contagem de pontuação diferenciada. O § 3º do artigo mencionado indica que o professor ou a professora, ao adquirirem 90 pontos (até dezembro de 2018), compreendido pela soma da idade e do tempo de contribuição, terão excluído do cálculo da renda mensal o fator previdenciário.

Muito embora a lei utilize o termo "função de magistério na educação infantil, ensino fundamental ou médio", o STF deu interpretação conforme ao art. 201 da Constituição para compreender, além da atividade direta de sala de aula, a possibilidade de aposentação ao professor que exerce direção, assessoramento pedagógico e coordenação.[1] Frise-se: professor. Outro profissional não estará habilitado para perceber a benesse própria da nobre função.

Professor	30 anos
Professora	25 anos

A Reforma da Previdência (EC nº 103/2019) manteve o direito à redução dos cinco anos no requisito da idade, sendo de 60 anos para professores e 57 para professoras, desde que comprovado 25 anos de efetivo magistério (art. 19, § 1º, inciso II, da EC nº 103/2019), de acordo com o art. 54 da RPS (redação dada Decreto nº 10.410/2020).

Até 13.11.2019, o professor tinha direito à aposentadoria se comprovasse 30 (trinta) anos de contribuição, se homem, e 25 (vinte e cinco) anos de contribuição, se mulher. Porém, a Reforma da Previdência extinguiu a possibilidade de se aposentar sem idade mínima, devendo agora o professor comprovar, além do tempo de contribuição, a idade mínima prevista no art. 54 da RPS (redação dada Decreto nº 10.410/2020).

---

[1] BRASIL. Superior Tribunal Federal. *Ação Direta de Inconstitucionalidade 3.772*. Distrito Federal. Rel. Min. Carlos Brito, 2008.

Art. 54. Para o professor que comprove, exclusivamente, tempo de efetivo exercício em função de magistério na educação infantil, no ensino fundamental ou no ensino médio, desde que cumprido o período de carência exigido, será concedida a aposentadoria de que trata esta Subseção quando cumprir, cumulativamente, os seguintes requisitos:

I – cinquenta e sete anos de idade, se mulher, e sessenta anos de idade, se homem; e

II – vinte e cinco anos de contribuição, para ambos os sexos, em efetivo exercício na função a que se refere o *caput*.

Cabe aqui o mesmo adendo do tópico anterior: aos que completaram o tempo e idade mínimos antes de 12.11.2019 poderão se aposentar por essa regra antiga, mesmo que não tenham feito o requerimento administrativo.

O STJ, em sede de recurso especial, oscilou em seu posicionamento ao longo dos anos. Em 2013, no REsp 1.163.028/RS, 6ª Turma, entendeu que: "O salário benefício da aposentadoria especial deve ser calculado pela média aritmética simples dos maiores salários de contribuição correspondentes a 80% de todo o período contributivo, **sem a incidência do fator previdenciário**".[2]

Reiterando o entendimento no ano de 2014, o STJ decidiu pela não aplicação do fator previdenciário.[3]

---

[2] BRASIL. *Lei nº 8.213, de 24 de julho de 1991.* Disponível em: http://www.planalto.gov.br/ccivil_03/leis/l8213cons.htm#:~:text=%C2%A7%201%C2%BA%20Entende%2Dse%20como,sem%20a%20utiliza%C3%A7%C3%A3o%20de%20empregados. Acesso em: 15 jun. 2020.

[3] BRASIL. Superior Tribunal de Justiça. *Agravo Regimental 1.251.165/RS*. Rel. Min. Jorge Mussi, DJe 15.10.2014. "AGRAVO REGIMENTAL. RECURSO ESPECIAL. PREVIDENCIÁRIO. APOSENTADORIA. PROFESSOR. FATOR PREVIDENCIÁRIO. INAPLICABILIDADE. RECURSO IMPROVIDO. 1. Não incide o fator previdenciário no cálculo do salário-de-benefício da aposentadoria do professor. Precedentes. 2. Agravo regimental a que se nega provimento".

A matéria foi novamente revista no ano de 2017, REsp 1.599.097, quando decidiram pela incidência do fator previdenciário na aposentadoria de professor, sob argumento de que a benesse conferida pela Constituição resume-se tão somente à redução em cinco anos no tempo de serviço, apenas sendo possível a exclusão do fator previdenciário quando o segurado tenha completado tempo suficiente para concessão do benefício anteriormente à edição da Lei n° 9.876/1999.

Ocorre que a matéria discutida merece uma análise profunda em razão dos reflexos jurídicos e sociais inerentes a esta. Apesar de topograficamente a previsão da aposentadoria para professores estar dentre as previsões do regime geral, deve-se analisar a real intenção do constituinte ao regularizar a matéria da maneira que o fez.

Tanto o instituto da aposentadoria especial quanto a redução no tempo de contribuição prevista no art. 201, § 8°, foram assegurados constitucionalmente àqueles que exercem suas atividades em condições diferenciadas. Diante disso, aplicar o fator previdenciário à aposentadoria do professor seria tratar de forma desigual dois benefícios assegurados pela mesma situação fática.

Sabe-se que o fator previdenciário é calculado considerando a idade, a expectativa de sobrevida e o tempo de contribuição do segurado ao se aposentar. O critério foi introduzido na legislação previdenciária com intuito de estimular a população a se aposentar mais tarde. Assim, considerando a redução prevista na Constituição e a aplicação do fator previdenciário na Lei n° 8.213/1991, art. 29, § 9°, o que deveria ser um benefício à categoria resulta em dano, por pertencer à faixa etária mais baixa e possuir maior expectativa de sobrevida.

Os professores e as professoras exercem atividade de extrema relevância na sociedade. Eles possuem a responsabilidade de facilitar a jornada dos estudantes em destino ao futuro profissional, por intermédio da transmissão do conhecimento.

Entretanto, as precárias condições de trabalho oferecidas aos professores no Brasil não correspondem à importância de tal mister, porquanto os baixos salários, a falta de estrutura nas escolas, de incentivos para o aperfeiçoamento profissional da carreira e, sobretudo, de reconhecimento da atividade prestada demonstram que a profissão não recebe a devida prioridade de políticas públicas estatais, ao arrepio dos dispositivos programáticos constitucionais.

Constata-se que, não por acaso, os referidos países ocupam a posição de destaque no *ranking* de países com as melhores qualidades de ensino no mundo.

A Organização para a Cooperação e Desenvolvimento Econômico (OCDE) mantém um *ranking* da educação em 36 países, no qual a Finlândia figura nas primeiras posições, por adotar um sistema de responsabilidade individual dos professores pelo desempenho dos alunos, como proposto pela OCDE.[4]

Como resultado desse clima competitivo, lecionar é agora uma ocupação altamente seletiva na Finlândia, com professores extremamente habilidosos e bem treinados, espalhados

---

[4] OCDE – Organização para Cooperação e Desenvolvimento Econômico. "Políticas Melhores para Vidas Melhores; professores altamente respeitados; A confiança da qual os professores desfrutam na sociedade finlandesa é merecida e reflete a alta qualidade do treinamento que recebem. A Finlândia elevou o *status* social de seus professores a um nível no qual há poucas profissões com *status* mais alto. Os professores universitários estão entre os mais bem vistos de todas as profissões, e até mesmo a mesma palavra é utilizada para 'professor escolar' e 'professor universitário' (o que não acontece no idioma inglês). Em 2010, houve mais de 10 inscrições para cada uma das 660 vagas disponíveis em universidades para treinamento primário de professores escolares, fazendo da profissão de professor a mais procurada".

por todo o país. Embora os professores na Finlândia sempre tenham tido respeito da sociedade, a combinação de mais exigência para aprovação e mais autonomia nas salas de aula e sobre as condições de trabalho de seus colegas em outros países ajudou a elevar o *status* da profissão. Os professores conquistaram a confiança dos pais e da sociedade em geral pela capacidade comprovada de utilizarem discrição profissional e bom senso para gerenciarem suas aulas e enfrentarem o desafio de ajudar quase todos os alunos a se tornarem aprendizes de sucesso.

Desde 1980, o sistema de responsabilidade pelos resultados da Finlândia tem sido reformulado por completo, de uma forma ascendente. Os candidatos a professores são selecionados, em parte, de acordo com a capacidade de expressarem suas crenças na missão central da educação pública na Finlândia, que é profundamente humanística, além de cívica e econômica. A preparação que recebem tem como objetivo gerar um senso profundo de responsabilidade individual pelo aprendizado e pelo bem-estar de todos os alunos sob seus cuidados.

Durante suas carreiras, os professores devem combinar papéis de pesquisador e cuidador. Não se espera que os professores da Finlândia apenas dominem conhecimento básico sobre educação e desenvolvimento humano, mas também devem escrever uma tese respaldada em pesquisa como exigência final para o diploma de mestrado.[5]

Em pesquisa realizada na Finlândia em 2007, a média de salários dos professores alcançou os seguintes patamares à época:

[5.] OCDE. Better life index. *Educação*. Disponível em: http://www.oecdbetterlifeindex.org/pt/quesitos/education-pt/. Acesso em: 1º jun. 2017.

Start		Average	End
Research assistant	–	1.772 €/month	
Assistant	–	2.290 €/month	
Postdoc/Senior assistant (Yliassistentti)	–	3.220 €/month	
Full time teacher	–	2.520 €/month	
Lecturer (Lehtori)	–	3.420 €/month	
Professor (Projessori)	–	5.218 €/month	

Fonte: Instituto Universitário Europeu.

No Brasil, contudo, a realidade é perversamente diversa. O Instituto Nacional de Estudos e Pesquisas Educacionais Anísio Teixeira (INEP) divulgou dados referentes da média de salário dos professores no Brasil, conforme a tabela a seguir:

Remuneração média ponderada por carga horária padronizada
para 40h semanais – Brasil – 2014

Rede de ensino	Número de docentes	Média padronizada 40 horas semanais	Média de horas semanais do contrato
Federal	23.921	R$ 7.767,94	39,3
Estadual	717.144	R$ 3.476,42	31,1
Municipal	1.065.630	R$ 3.116,35	30,6
Público	1.806.695	R$ 3.335,06	30,9
Privada	377.700	R$ 2.599,33	30,2

Fonte: Inep, 2017.

A tabela demonstra que a maior média de remuneração, que corresponde aos professores de entidades federais, sequer chega à metade da média remuneratória dos países mencionados (Alemanha, Finlândia, Luxemburgo).

Em uma comparação simples entre os salários oferecidos em média aos professores de Luxemburgo e Brasil, constata-se que, enquanto os professores da rede pública do Brasil recebem em média R$ 3.335,06, os professores de Luxemburgo recebem a quantia de R$ 39.838,75. A proporção é assustadora. Os professores no Brasil recebem somente 8% em comparação aos professores de Luxemburgo.

É preciso ressaltar, ainda, que o cenário dos fatos demonstra as péssimas condições de trabalho. Segundo pesquisas realizadas (GOUVÊA, 2018), os professores lideram casos de aposentadoria por incapacidade permanente no estado do Espírito Santo. O cenário é de sucateamento do sistema educacional público e privado. O que se busca demonstrar é que a referida discrepância remuneratória e as precárias condições de trabalho são fatos incontroversos há anos no Brasil (LAPO, 2003).

O Poder Constituinte Originário declarou a vontade de conferir tratamento diferenciado aos professores com a redução do tempo de contribuição para quem comprove exclusivo tempo de efetivo exercício das funções de magistério na educação infantil, no ensino fundamental e no médio.

Nesse sentido, é impossível vislumbrar um cenário em que tal previsão constitucional seja aplicada de forma desfavorável aos professores. Em uma realidade em que suas jornadas de trabalho são de extrema penosidade, uma prerrogativa prevista na Constituição Federal vem sendo aplicada de forma a contribuir tão somente com o aumento do abandono ao magistério, o que não merece a tolerância do STF.

A função de magistério encontra diversos obstáculos, como desgaste físico, mental e prejuízos à saúde. Tendo em vista a penosidade típica da profissão, a atividade de professor era enquadrada como especial no Decreto nº 53.831/1964.

Não obstante a exclusão da categoria profissional do rol das atividades profissionais ditas como especial, a função conservou todos os fundamentos que ensejaram a aplicação de regulamentos próprios. Exemplo disso é o índice de violência nas salas de aula, que, conforme pesquisa da OCDE, o Brasil está no topo do *ranking* de violência em escolas. Essa referência foi confirmada pela Unesco, que publicou relatório mostrando que mais de 80% dos professores nas principais capitais brasileiras já conviveram com a violência no trabalho.

Tais fatores combinados com a desvalorização do profissional, o baixo salário e a falta de reconhecimento resultam em desestímulo dos atuantes, bem como total desinteresse de novos profissionais em atuar na área. Pesquisa do Todos pela Educação feita em maio de 2018 mostra que 49% dos professores não indicariam a docência, bem como apenas 2,4%, segundo a OCDE, dos jovens no Brasil têm interesse na profissão.

Após a EC nº 20/1998, a aposentadoria da referida classe passou a ser tratada com especial proteção, na qual o art. 201, § 8º, da Constituição Federal, determina, para aqueles que comprovem exclusivo exercício na função de magistério na educação infantil, no ensino fundamental e no médio, a redução de cinco anos no tempo mínimo de contribuição para aposentar-se.

A Lei nº 8.213/1991, para ratificar a benesse prevista na Constituição, assim previu:

> Art. 56. O professor, após 30 (trinta) anos, e a professora, após 25 (vinte e cinco) anos de efetivo exercício em funções de magistério poderão aposentar-se por tempo de serviço, com renda mensal correspondente a 100% (cem por cento) do salário-de-benefício, observado o disposto na Seção III deste Capítulo.

Ressalta-se ainda, o princípio educacional previsto no art. 206, V, que assim determina:

> **Art. 206. O ensino será ministrado com base nos seguintes princípios:** (...)
>
> V – **valorização dos profissionais da educação escolar,** garantidos, na forma da lei, planos de carreira, com ingresso exclusivamente por concurso público de provas e títulos, aos das redes públicas; (...). (Grifos nossos.)

A Constituição Federal não pode ser interpretada de forma enrijecida, visto que esta é um instrumento inerente à sociedade e obviamente não se autoatualiza de maneira a acompanhar a evolução histórica e as necessidades sociais, sendo papel do intérprete positivar a interpretação mais adequada.

Apesar da necessidade do tratamento diferenciado, o STJ interpretou a norma de forma isolada e restringiu a sua aplicação e, por unanimidade, a Primeira Seção do STJ decidiu que o cálculo da renda mensal inicial da aposentadoria por tempo de contribuição de professores vinculados ao RGPS está sujeito à incidência do fator previdenciário.

6.8 Aposentadoria do professor com o advento da EC nº 103/2019

Para a aposentadoria do professor, até o advento da EC nº 103/2019, questionava-se a aplicação do fator previdenciário na apuração da renda mensal inicial, havendo a divergência se corresponde a uma espécie de aposentadoria por tempo de contribuição ou de aposentadoria especial.

Cabe aqui mencionar o entendimento do STF, que decidiu, em sede de repercussão geral, RE nº 1.221.630, ser constitucional a utilização do fator previdenciário no cálculo da renda mensal inicial da aposentadoria.

Do mesmo modo, o STJ (REsp n°s 1.799.305/PE e 1.808.156/SP) decidiu no Tema 1.011 que:

> Incide o fator previdenciário no cálculo da renda mensal inicial de aposentadoria por tempo de contribuição de professor vinculado ao Regime Geral de Previdência Social, independente da data de sua concessão, quando a implementação dos requisitos necessários à obtenção do benefício se der após o início da vigência da Lei nº 9.876/1999, ou seja, a partir de 29.11.1999.

A favor da primeira classificação, ou seja, da configuração da aposentadoria do professor como aposentadoria por tempo de contribuição, são os seguintes os argumentos:

- a posição topográfica, na lei, do artigo que a disciplina, uma vez que o art. 56 está inserido na Lei n° 8.213/1991, na subseção da aposentadoria por tempo de serviço, e não na subseção da aposentadoria especial;
- as disposições específicas para cálculo do fator previdenciário da aposentadoria do professor, contidas no § 9° do art. 29 da Lei n° 8.213/1991, na redação introduzida pela Lei n° 9.876/1999.

Favoravelmente à classificação da aposentadoria do professor como aposentadoria especial está a interpretação histórica das regras que, ao longo do tempo, a disciplinaram sempre procurando abreviar o tempo do trabalho, por considerá-lo penoso (Decreto n° 53.831/1964), assim como as regras constitucionais que pretenderam assegurar a aposentadoria com período de atividade reduzido (EC n° 18/1981 e art. 201, § 8°, da CF/1988), e, portanto, com o mínimo de prejuízo ao titular do direito.

Com efeito, a aplicação do fator previdenciário sobre a aposentadoria do professor e não sobre as aposentadorias especiais em geral implica desigualdade entre benefícios assegurados constitucionalmente com a mesma natureza, ou seja, concedidos em razão das condições diferenciadas no desempenho da atividade. Como se observa dos dispositivos constitucionais antes referidos, se o legislador constituinte tomou a cautela de fazer constar do texto constitucional uma aposentadoria com redução do tempo necessário à sua outorga, para o professor com tempo de efetivo exercício das funções de magistério na educação infantil e nos ensinos fundamental e médio, exclusivamente, é de se concluir que entendeu dar especial proteção aos que exercem tão relevante atividade, dentre outros aspectos, pelo desgaste físico e mental, com prejuízo à saúde, daqueles profissionais.

Por outro lado, não é compreensível que o legislador constituinte tenha reduzido o tempo de contribuição necessário à concessão de aposentadoria de determinada categoria profissional e, depois, com a aplicação do fator previdenciário, a redução desse tempo venha a prejudicar o segurado, uma vez que uma das variáveis consideradas no cálculo do fator previdenciário é o tempo de contribuição até o momento da aposentadoria. Nesse sentido, precedente do STJ: AgR no REsp 1.163.028/RS, 6ª Turma, Rel. Min. Sebastião Reis Júnior, *DJe* 16.8.2013.

A EC nº 103/2019 e a nova fórmula de cálculo também atingem o salário de benefício (integralidade da média aritmética de todos os salários de contribuição desde julho de 1994) e o coeficiente de cálculo.

Inicialmente, corresponderá a 60% do valor do salário de benefício (média integral de todos os salários de contribuição), com acréscimo de dois pontos percentuais para cada ano de contribuição que exceder o tempo de 20 anos de contribuição, para os homens; e de 15 anos, para as mulheres.

Os homens poderão obter o percentual de 100% do salário de benefício somente com 40 anos de tempo de contribuição, e as mulheres, com 35 anos de contribuição. Para obter um coeficiente de cálculo mais elevado, poderão ser utilizados períodos contributivos diversos da função de magistério. Futuramente, o valor da aposentadoria concedida nesses termos poderá ser apurado na forma de lei ordinária a ser aprovada pelo Congresso Nacional.

A EC nº 103/2019 trouxe uma nova regra permanente de aposentadoria programada para os que se filiarem após sua promulgação, e regras de transição para aqueles que já eram filiados antes da Reforma.

Aos professores do ensino infantil, fundamental e médio, a aposentadoria pela nova regra se dará quando o contribuinte atingir a idade mínima de 57 anos de idade, se mulher, e 60 anos, se homem, e um tempo de contribuição mínimo de 25 anos para ambos os sexos.

Isso vale para os ocupantes de cargo de professor filiado ao RPPS mantido pela União (art. 40, inciso III, c/c § 3º da CF/1988) e para os professores da rede privada (art. 201, § 7º, inciso I, c/c § 8º).

Quanto às regras de transição criadas pela Reforma da Previdência, 3 (três) são aplicáveis aos professores já filiados antes da EC nº 103/2019, as quais constam nos arts. 15, 16 e 20, aplicando-se a redução de cinco anos na idade e tempo de contribuição.

A regra de transição de pontos (art. 15) consiste na soma da idade mais o tempo de contribuição do contribuinte para se chegar à pontuação mínima para concessão da aposentadoria:

> Art. 15 (...) § 3º Para o **professor** que comprovar **exclusivamente vinte e cinco anos de contribuição, se mulher, e trinta anos de contribuição, se homem**, em **efetivo exercício das funções de magistério na educação infantil e no ensino fundamental e médio**, o somatório da idade e do tempo de contribuição, incluídas as frações, será **equivalente a oitenta e um pontos, se mulher, e noventa e um pontos, se homem**, aos quais **serão acrescentados, a partir de 1º de janeiro de 2020, um ponto a cada ano para o homem e para a mulher, até atingir o limite de noventa e dois pontos, se mulher, e cem pontos, se homem**. (Grifos nossos.)

Ano	Homens	Mulheres
Até 31.12.2019	91	81
1º.01.2020	92	82
1º.01.2021	93	83
1º.01.2022	94	84
1º.01.2023	95	85
1º.01.2024	96	86
1º.1.2025	97	87
1º.1.2026	98	88
1º.1.2027	99	89
1º.1.2028	100	90
1º.1.2029	100	91
1º.1.2030	100	92

Na regra de transição de idade mínima progressiva (art. 16), a idade mínima parte de 51 anos para mulheres e 56 anos para homens (em 2019) e aumentará seis meses por ano até atingir o limite de 57 anos para as professoras e 60 anos para os professores.

Nas duas regras anteriores, exige-se um tempo mínimo de contribuição de 25 anos para mulheres e 30 anos para homens.

Na regra de transição do pedágio de 100% (art. 20), ofertada para os trabalhadores próximos de se aposentar na data de entrada em vigor da referida emenda, a idade mínima é fixa em 52 anos para mulheres e 55 anos para homens, devendo o trabalhador contribuir com período adicional de contribuição correspondente ao tempo (100%) que, na data de entrada em vigor da EC nº 103/2019, faltaria para atingir o tempo mínimo de contribuição de 25 anos de contribuição para mulheres e 30 anos para homens.

Exemplificando: um professor que contava, em 12.11.2019, com 28 anos de contribuição, deverá contribuir por mais quatro anos para se aposentar (os dois anos que faltavam mais o pedágio de 100%).

Para todas as regras de transição anteriores, é exigido um tempo mínimo de 25 anos de contribuição para professoras e 30 anos de contribuição para professores.

6.9 Aposentadoria especial

A aposentadoria especial, uma vez cumprida a carência de 180 contribuições mensais, será devida ao segurado empregado (E), trabalhador avulso (A) e contribuinte individual (este somente quando cooperado filiado à cooperativa de trabalho ou de produção; C – Cooperado), que tenha trabalhado durante 15, 20 ou 25 anos, conforme o caso, sujeito a condições especiais que prejudiquem a saúde ou a integridade física.

Até a vigência da EC nº 103/2019, não havia a exigência de idade mínima para a aposentadoria especial. Todavia, após a Reforma Previdenciária de 2019, passou-se a exigir uma idade mínima de 55, 58 ou 60 anos.

- Aposentadoria especial após 15 anos de serviço e 55 anos de idade: somente os trabalhos em atividades permanentes no subsolo de minerações subterrâneas **em frente de produção**.
- Aposentadoria especial após **20 anos** de serviço e 58 anos de idade: mineração subterrânea cujas atividades sejam exercidas **afastadas das frentes de produção** e atividades que envolvam o elemento asbesto (amianto).
- Aposentadoria especial após **25 anos** de serviço e 60 anos de idade: todos os demais trabalhos especiais.

Observe os quadros abaixo:

Conversão entre tempos de trabalho em condições especiais			
Tempo a converter	Multiplicadores		
	Para 15	Para 20	Para 25
De 15 anos	–	1,33	1,67
De 20 anos	0,7	–	1,25
De 25 anos	0,60	0,80	–

Conversão de tempo de trabalho em condições especiais em tempo de trabalho comum		
Tempo a converter	Multiplicadores	
	Mulher (para 30)	Homem (para 35)
De 15 anos	2,00	2,33
De 20 anos	1,50	1,75
De 25 anos	1,20	1,40

Precipuamente, o Legislador Pátrio previu, no art. 201, § 1°, da CF/1988, o regime diferenciado das atividades especiais:

> Art. 201. A previdência social será organizada sob a forma do Regime Geral de Previdência Social, de caráter contributivo e de filiação obrigatória, observados critérios que preservem o equilíbrio financeiro e atuarial, e atenderá, na forma da lei, a:
>
> § 1° É vedada a adoção de requisitos ou critérios diferenciados para concessão de benefícios, ressalvada, nos termos de lei complementar, a possibilidade de previsão de idade e tempo de contribuição distintos da regra geral para concessão de aposentadoria exclusivamente em favor dos segurados: (Redação dada pela Emenda Constitucional n° 103, de 2019.)
>
> I – com deficiência, previamente submetidos a avaliação biopsicossocial realizada por equipe multiprofissional e interdisciplinar; (Incluído pela Emenda Constitucional n° 103, de 2019.)
>
> II – **cujas atividades sejam exercidas com efetiva exposição a agentes químicos, físicos e biológicos prejudiciais à saúde**, ou associação desses agentes, vedada a caracterização por categoria profissional ou ocupação. (Grifos nossos.)

O art. 57 da Lei nº 8.213/1991 também trata da aposentadoria especial, *in verbis*:

> Art. 57. A aposentadoria especial será devida, uma vez cumprida a carência exigida nesta Lei, ao segurado que tiver trabalhado sujeito a condições especiais que prejudiquem a saúde ou a integridade física, durante 15 (quinze), 20 (vinte) ou 25 (vinte e cinco) anos, conforme dispuser a lei.

De acordo com Castro e Lazzari (2010, p. 637):

> (...) a aposentadoria especial é uma espécie de aposentadoria por tempo de contribuição, com redução do tempo necessário à inativação, concedida em razão do exercício de atividades consideradas prejudiciais à saúde ou à integridade física. Ou seja, é um benefício de natureza previdenciária que se presta a reparar financeiramente o trabalhador sujeito a condições de trabalho inadequadas.

O § 4º do artigo referenciado exige a devida comprovação da exposição a agentes nocivos, após o ano de 1995, por meio de documentos, como o Perfil Profissiográfico Previdenciário (PPP) e o Laudo Técnico das Condições Ambientais de Trabalho (LTCAT). Já no período anterior a 29 de abril de 1995, data da entrada em vigor da Lei nº 9.032/1995, não há a necessidade de comprovação de insalubridade permanente, como já expõe a Súmula nº 49, da TNUJEF: "**Súmula 49**: Para reconhecimento de condição especial de trabalho antes de 29.04.1995, exposição a agentes nocivos à saúde ou à integridade física não precisa ocorrer de forma permanente".

A pretensão de reconhecimento do tempo laborado em condições especiais é regulada pelas normas que regem a aposentadoria especial, atualmente, regradas pela Lei nº 8.213/1991, em seus arts. 57 e 58. Quando vigente, a Lei nº 3.807/1960 e, posteriormente, sob a vigência da Lei nº 8.213/1991, na redação original dos arts. 57 e 58, a condição originalmente estabelecida para a concessão da aposentadoria especial era o exercício de atividade profissional, com exposição a determinados agentes nocivos, em atividades penosas, insalubres ou perigosas, bastando o enquadramento da atividade especial de acordo com a categoria profissional a que pertencia o trabalhador, segundo os agentes nocivos constantes nos róis exemplificativos dos Decretos nºs 53.831/1964 e 83.080/1979, ou quando demonstrada a sujeição do segurado a determinados agentes nocivos.

Com o advento da Lei nº 9.032/1995, que deu nova redação ao art. 57 da Lei nº 8.213/1991, passou a ser necessária a demonstração real de exposição aos agentes nocivos, químicos, físicos ou biológicos, exigindo do INSS, para quem implementasse os requisitos após a edição da lei alteradora (29.04.1995), o preenchimento do formulário previsto pela referida autarquia, sem exigência de embasamento em laudo técnico.

Com a Lei nº 9.528, de 10 de dezembro de 1997, passou-se a exigir, para fins de reconhecimento de tempo de serviço especial, a comprovação da efetiva sujeição do segurado a agentes agressivos por meio da apresentação de formulário-padrão, embasado em laudo técnico, ou por meio de perícia técnica. Cumpre observar que não se exige a comprovação da efetiva exposição do segurado aos agentes nocivos, para contagem, como tempo de serviço, dos períodos laborados até 29 de abril de 1995, data da publicação da Lei nº 9.032/1995, uma vez que a legislação previdenciária anterior não fazia tal exigência, conforme exposto, sob pena de afronta aos princípios da segurança jurídica e do direito adquirido. A propósito, esse é o posicionamento do STJ (**STJ. AgRg no REsp 924827/SP. Rel. Min. Gilson Dipp. Órgão julgador: 5ª Turma. Data do julgado: 12.06.2007. DJ 06.08.2007, p. 688**).

Conforme o art. 57, da Lei nº 8.213/91, a renda mensal deve ser equivalente ao total de 100% do salário benefício que assim aduz: "§ 1º A aposentadoria especial, observado o disposto no artigo 33 desta Lei, consistirá numa renda mensal equivalente a 100% (cem por cento) do salário de benefício".

O valor da aposentadoria especial, até a entrada em vigor da EC nº 103/2019, constava no art. 57, § 1º, da Lei nº 8.213/1991, consistindo numa renda mensal de 100% do salário benefício, que, por sua vez, era calculado na média aritmética de 80% dos maiores salários do contribuinte.

Com o advento da Reforma da Previdência, o valor da aposentadoria especial foi modificado pelo art. 26, § 2º, da EC nº 103/2019, e passou a ser de apenas 60% do salário de benefício, com acréscimo de dois pontos percentuais para cada ano de contribuição que exceder 20 anos de contribuição para homens e 15 anos para mulheres. O salário de benefício, por sua vez, passou a ser a média aritmética simples de todo o período contributivo do segurado.

Cabe salientar que em ambas as formas de cálculo não há a incidência do fator previdenciário.

O beneficiário que preencheu todos os requisitos para se aposentar antes da entrada em vigor da Reforma de 2019 poderá se aposentar pela regra antiga e receber o valor integral de seu salário de benefício (100%). Já os segurados filiados após essa data ou que não atingiram os requisitos antes da modificação da lei terão o valor do benefício calculado conforme a nova regra, inclusive as aposentadorias especiais concedidas com base nas regras de transição.

Ademais, caso o trabalhador não tenha o tempo mínimo exigido para a aposentadoria especial, poderá usar o tempo especial para se aposentar pela regra geral, por meio da conversão de tempo especial em comum.

O art. 25 da EC nº 103/2019 vedou a conversão de tempo especial em comum após a sua entrada em vigor:

> Art. 25. Será assegurada a contagem de tempo de contribuição fictício no Regime Geral de Previdência Social decorrente de hipóteses descritas na legislação vigente até a data de entrada em vigor desta Emenda Constitucional para fins de concessão de aposentadoria, observando-se, a partir da sua entrada em vigor, o disposto no § 14 do art. 201 da Constituição Federal.

A constitucionalidade de tal dispositivo está sendo questionada pela ADI nº 6.309, ainda em discussão no STF.

É oportuno destacar o entendimento da TNUJEF sobre a conversão de tempo de serviço especial em comum, antes da vigência da EC nº 103/2019: "**Súmula nº 50**: É possível a conversão do tempo de serviço especial em comum do trabalho prestado em qualquer período".

Com efeito, o § 5º do art. 57 da Lei nº 8.213/1991 garante que o tempo de trabalho exercido sob condições especiais seja convertido e acrescido ao tempo laborado em atividade comum para fins de concessão de benefício, segundo critérios estabelecidos pelo Ministério da Previdência e Assistência Social. Tem direito adquirido à conversão do tempo de serviço, de forma majorada, o trabalhador que tenha exercido atividades em condições especiais, mesmo que posteriores a maio de 1998, para fins de aposentadoria comum, sendo inconstitucional a vedação prevista no art. 28 da Lei nº 9.711/1998 (no mesmo sentido: STJ. AgRg no REsp 1.150.069/MG. Rel. Min. Felix Fischer. Órgão julgador: 5ª Turma. Data do julgado: 18.05.2010. DJe 07.06.2010).

No entanto, para aqueles que possuem direito adquirido antes da vigência da reforma da previdência (EC nº 103/2019), os fatores de conversão aplicáveis são aqueles estabelecidos pelo art. 70 do Decreto nº 3.048/1999, com a nova redação dada pelo Decreto nº 4.827/2003, independentemente da época em que a atividade especial foi prestada, por força do § 2º do mesmo dispositivo (STJ. REsp 1.151.652/MG. Rel. Min. Laurita Vaz. Órgão julgador: 5ª Turma. Data do julgado: 20.10.2009. DJe 09.11.2009).

Conforme os fundamentos jurídicos anteriormente declinados, para o labor prestado até 28 de abril de 1995, não se exige a comprovação da efetiva exposição do segurado aos agentes nocivos, para contagem como tempo especial do serviço prestado, e basta aferir-se o enquadramento ou não das atividades exercidas pela parte autora como atividades especiais ou, caso contrário, o exercício de tais atividades sob condições especiais.

Atenção!

Não existe a conversão de tempo de contribuição comum em tempo de atividade especial.

Como ventilado anteriormente, a Reforma da Previdência trouxe grandes mudanças à aposentadoria especial, alterando o valor do benefício e criando um requisito etário mínimo. Para amenizar o impacto dessas mudanças, o constituinte criou uma regra de transição de pontos, disposta no art. 21 da EC nº 103/2019, que vale para os segurados já filiados ao RGPS antes desta emenda.

Nessa regra de transição, soma-se a idade e o tempo de efetiva exposição a agente nocivo, podendo o segurado ou servidor público federal se aposentar quando atingir a pontuação de:

> I – 66 (sessenta e seis) pontos e 15 (quinze) anos de efetiva exposição;
>
> II – 76 (setenta e seis) pontos e 20 (vinte) anos de efetiva exposição; e
>
> III – 86 (oitenta e seis) pontos e 25 (vinte e cinco) anos de efetiva exposição.

No caso do servidor público federal, este também deverá cumprir o tempo mínimo de 20 (vinte) anos de efetivo exercício no serviço público e de 5 (cinco) anos no cargo efetivo.

6.10 Aposentadoria compulsória

A aposentadoria por idade pode ser requerida pela **empresa**, desde que o segurado tenha cumprido a carência de 180 contribuições, quando este completar **70** anos de idade, se do sexo masculino, ou **65** anos de idade, se do sexo feminino, sendo **compulsória**.

Nesse caso, será garantida ao empregado a **indenização prevista na legislação trabalhista**, considerada como data da rescisão do contrato de trabalho imediatamente anterior à do início da aposentadoria.

Importante mencionar que a EC nº 103/2019 não alterou os requisitos para concessão desse benefício, exceto quanto ao cálculo da renda mensal, que é distinta para os servidores federais, nos termos do art. 26, § 4º, da EC nº 103/2019.

A aposentadoria compulsória do servidor público efetivo teve o seu regramento modificado pela EC nº 88, de 7 de maio de 2015, que passou a ser prevista obrigatoriamente ao servidor efetivo, homem ou mulher, com proventos proporcionais ao tempo de contribuição, aos 70 (setenta) anos de idade, ou aos 75 (setenta e cinco) anos de idade, na forma de lei complementar.

Ainda, a EC nº 88/2015 criou regra de transição até a edição da mencionada lei complementar, prevendo que os Ministros do Supremo Tribunal Federal, dos Tribunais Superiores e do Tribunal de Contas da União aposentar-se-ão, compulsoriamente, aos 75 (setenta e cinco) anos de idade, nas condições do art. 52 da Constituição Federal.

6.11 Aposentadoria por idade (aposentadoria programada)

A aposentadoria por idade, após a Reforma da Previdência, passou a ser nomeada de aposentadoria programada, passando a exigir, além da idade mínima, tempo de contribuição mínimo para sua concessão.

Conforme o art. 51 do Decreto nº 3.048/1999, a aposentadoria programada pode ser concedida quando cumprido o período de carência de 180 contribuições mensais exigido. Será devida ainda, ao segurado que cumprir, cumulativamente, os seguintes requisitos:

- sessenta e dois anos de idade, se mulher, e sessenta e cinco anos de idade, se homem; e
- quinze anos de tempo de contribuição, se mulher, e vinte anos de tempo de contribuição, se homem.

O valor da aposentadoria programada corresponderá a 60% (sessenta por cento) do salário de benefício (100% de todo o período contributivo do(a) segurado(a)), com acréscimo de dois pontos percentuais para cada ano de contribuição que exceder o tempo de vinte anos de contribuição, para os homens, ou de quinze anos de contribuição, para as mulheres.

Já a aposentadoria por idade, nos moldes anteriores à Reforma, é devido ao segurado que cumprir a carência de 180 contribuições mensais exigida até 12.11.2019 e completar 65 anos de idade, se homem; ou 60, se mulher, reduzidos esses limites para 60 e 55 anos de idade para os **trabalhadores rurais**, respectivamente homens e mulheres, **inclusive para os garimpeiros** que trabalhem, comprovadamente, em regime de **economia familiar**.

A idade avançada é um dos critérios para cobertura previstos no art. 201, inciso I, da Constituição Federal, mais especificamente no § 7º, inciso II. A Lei nº 8.213/1991 também dispõe sobre a aposentadoria por idade entre os arts. 48 a 51. Trata-se de uma das mais importantes situações, haja vista que pressupõe o evento incapacidade.

O benefício é requerido voluntariamente pelo segurado, quando preenche os requisitos, com exceção da aposentadoria compulsória, que será dissecada em momento oportuno.

Conforme o art. 3º da Lei nº 10.666/2003, a partir do preenchimento dos requisitos para obtenção do benefício, a qualquer momento o segurado pode se dirigir ao INSS e pedir a concessão da aposentadoria. Ou seja, as regras para aquisição ou perda da qualidade de segurado não são aplicáveis nesse benefício. Se foi cumprida a carência de 180 contribuições, será devido o benefício. No entanto, antes de 2003, para garantir o direito ao benefício, o segurado deveria cumprir, simultaneamente, idade (65 anos para o homem e 60 para a mulher), bem como o tempo de contribuição de 15 anos.

Conforme a Súmula nº 359, do STF, a aposentadoria se regula pela lei do momento em que se reuniu todos os requisitos necessários, seja para o militar, servidor civil ou até para o segurado do regime geral de previdência social.[6] Deve-se respeitar ao máximo possível a garantia fundamental do ato jurídico perfeito e direito adquirido.

Assim, caso o segurado tenha ingressado no regime geral após o advento da Lei nº 8.213/1991, deverá cumprir os requisitos já citados. Regra distinta é a de transição, para todo segurado que ingressou antes da Lei nº 8.213/1991 e que completou o requisito idade entre 1991 e 2011.

O art. 142 da Lei nº 8.213/1991 expõe quadro de progressão que aumenta o número de contribuições mensais a cada ano de cumprimento da condição de idade pelo segurado. Leia-se:

Ano de implementação das condições	Meses de contribuição exigidos
1991	60 meses
1992	60 meses
1993	66 meses
1994	72 meses
1995	78 meses
1996	90 meses
1997	96 meses
1998	102 meses
1999	108 meses

[6.] BRASIL. Supremo Tribunal Federal. *RE-AGR 269407/RS*, Rel. Min. Carlos Velloso, *DJ* 02.08.2002.

Ano de implementação das condições	Meses de contribuição exigidos
2000	114 meses
2001	120 meses
2002	126 meses
2003	132 meses
2004	138 meses
2005	144 meses
2006	150 meses
2007	156 meses
2008	162 meses
2009	168 meses
2010	174 meses
2011	180 meses

Se a mulher, segurada obrigatória, cumprir o requisito idade em 2001, deverá ter 120 meses de contribuição, ou 10 anos. Portanto, ao mesmo passo do direito adquirido para aposentadoria por idade em sua totalidade, também será devido o direito ao benefício.

Outro ponto interessante refere-se à aposentadoria híbrida por idade, em que o segurado possui tempo de labor rural e urbano. Essa hipótese será analisada a seguir.

A renda mensal inicial da aposentadoria por idade, nos moldes anteriores à Reforma, é de 70% do valor do salário de benefício, acrescido de 1% para cada ano de contribuição, limitando-se a 100%. Ou seja, o segurado que se aposentava com quinze anos de contribuição possui coeficiente de 85%. A mulher que cumpriu os requisitos em 2005, de idade e de tempo de contribuição à época (10 anos), terá renda mensal inicial de 80% do salário de benefício (70% mais 10%, um para cada ano de contribuição).

Homem	65 anos
Mulher	60 anos
Homem rural	60 anos
Mulher rural	55 anos

6.12 Regras de transição

Com o intuito de preservar a segurança jurídica, evitando uma mudança muito drástica para os segurados já filiados à previdência, que estavam próximos de se aposentar, o constituinte trouxe algumas regras de transição à luz da EC nº 103/2019. As regras de transição caracterizam-se por serem mais benéficas que as novas regras, com requisitos mais brandos que vão progredindo ano a ano até chegar na regra nova.

6.12.1 Regra de transição por pontos

Prevista no art. 15 da EC nº 103/2019, é assegurada a aposentadoria ao trabalhador, cumprida a carência de 180 contribuições, quando preencher, de forma cumulativa:

> I – 30 (trinta) anos de contribuição, se mulher, e 35 (trinta e cinco) anos de contribuição, se homem; e
>
> II – somatório da idade e do tempo de contribuição, incluídas as frações, equivalente a 86 (oitenta e seis) pontos, se mulher, e 96 (noventa e seis) pontos, se homem (...).

A pontuação aumentou, a partir de 2020, 1 ponto por ano, até atingir a pontuação de 100 pontos, se mulher (em 2033), e de 105 pontos, se homem (em 2028).

Ano	Homens	Mulheres
Até 31.12.2019	96	86
1º.01.2020	97	87
1º.01.2021	98	88
1º.01.2022	99	89
1º.01.2023	100	90
1º.01.2024	101	91
1º.01.2025	102	92
1º.01.2026	103	93
1º.01.2027	104	94
1º.01.2028	105	95
1º.01.2029	105	96
1º.01.2030	105	97
1º.01.2031	105	98
1º.01.2032	105	99
1º.01.2033	105	100

6.12.2 Regra de transição por tempo de contribuição + idade mínima

Prevista no art. 16 da EC nº 103/2019, é assegurada a aposentadoria, cumprida a carência de 180 contribuições, para o segurado que preencher, cumulativamente, os seguintes requisitos:

> I – 30 (trinta) anos de contribuição, se mulher, e 35 (trinta e cinco) anos de contribuição, se homem; e
>
> II – idade de 56 (cinquenta e seis) anos, se mulher, e 61 (sessenta e um) anos, se homem.

A partir de 2020, houve aumento de seis meses por ano, até que se possa atingir a idade de 62 anos para mulheres (em 2031) e 65 para homens (em 2027).

Para as duas regras de transição anteriores, a renda mensal inicial consistirá em 60% do valor do salário de benefício (média integral de todos os salários de contribuição desde julho de 1994), com acréscimo de dois pontos percentuais para cada ano de contribuição que exceder o tempo de 20 anos de contribuição para os homens e de 15 anos para as mulheres.

6.12.3 Regra de transição por pedágio de 50%

Essa regra consta do art. 17 da EC nº 103/2019, sendo destinada aos segurados já filiados ao RGPS até 13.11.2019, e que, nesta data, contavam com mais de 28 anos de contribuição se mulher, e 33 anos de contribuição, se homem, ficando assegurado o direito à aposentadoria quando preenchido os seguintes requisitos:

> I – 30 (trinta) anos de contribuição, se mulher, e 35 (trinta e cinco) anos de contribuição, se homem; e
>
> II – cumprimento de período adicional correspondente a 50% (cinquenta por cento) do tempo que, na data de entrada em vigor desta Emenda Constitucional, faltaria para atingir 30 (trinta) anos de contribuição, se mulher, e 35 (trinta e cinco) anos de contribuição, se homem.

Ressalta-se, todavia, que quem possuía, na data da reforma, 28 anos de contribuição (mulheres) e 33 anos de contribuição (homens) deverá contribuir por quatro anos, dois para se atingir a contribuição mínima (30 e 35) e mais dois anos de "pedágio". Para os que, na data da reforma, contavam com 29 anos de tempo de contribuição (mulheres) e 34 anos de tempo de contribuição (homens) deverá contribuir por um ano e seis meses.

Também deverá se cumprir a carência de 180 contribuições.

A renda mensal inicial da aposentadoria concedida por essa regra de transição corresponderá a 100% do salário de benefício, que deverá ser apurado com base na média aritmética simples dos salários de contribuição correspondentes a todo o período contributivo desde julho de 1994, multiplicada pelo fator previdenciário.

6.12.4 Regra de transição por pedágio de 100%

Prevista no art. 20 da EC nº 103/2019, esta regra assegura a aposentadoria ao contribuinte que preencher, concomitantemente, os seguintes requisitos:

a) 57 (cinquenta e sete) anos de idade, se mulher, e 60 (sessenta) anos de idade, se homem;

b) 30 (trinta) anos de contribuição, se mulher, e 35 (trinta e cinco) anos de contribuição, se homem;

c) para os servidores públicos, 20 (vinte) anos de efetivo exercício no serviço público e 5 (cinco) anos no cargo efetivo em que se der a aposentadoria;

d) período adicional de contribuição correspondente ao tempo que, na data de entrada em vigor da EC nº 103/2019, faltaria para atingir o tempo mínimo de contribuição referido no inciso II (pedágio de 100% do tempo faltante).

Lógica semelhante à regra anterior, nesta o segurado, além da carência e idade mínima, deverá cumprir o tempo que faltante para se aposentar mais 100% deste.

Por exemplo, uma trabalhadora de 57 anos que, em 12.11.2019 contava com 26 anos de contribuição, deverá contribuir por mais oito anos, quatro anos que faltavam para atingir o tempo de contribuição mínima mais quatro anos referente ao "pedágio".

O principal atrativo dessa regra é o valor dos benefícios, cuja renda mensal inicial é de 100% do salário de benefício, calculado com base na média integral de todos os salários de contribuição desde julho de 1994.

6.13 Aposentadoria por idade do trabalhador rural

O art. 201, § 7°, inciso II, da CF/1988 previu que, para todos os trabalhadores rurais em regime de economia familiar (seja o produtor rural, seja o garimpeiro, seja o pescador artesanal), o fator idade seria reduzido em cinco anos em relação aos trabalhadores urbanos. Trata-se da aposentadoria rural.

O trabalhador rural, munido de todas as peculiaridades de sua atividade e da legislação previdenciária norteadora de benefícios rurícolas, merece atenção especial. Isso porque é vasto o histórico de normas que regeu e hoje rege o sistema previdenciário próprio do homem, da mulher e da família rurícolas.

A verdade é que a própria Constituição se mostrou sensível ao que passa e sofre o trabalhador rural, e por isso resolveu o constituinte minorar em cinco anos o fator idade desse grupo. A própria Constituição mitigou a possibilidade de aposentação do rurícola. As Leis Complementares n°s 11/1971 e 16/1973 regravam que ao trabalhador rural a aposentadoria era devida a partir dos 65 anos, para homens e mulheres, e que comprovassem mínimo de três anos de atividade, anteriores e concomitantes ao atingimento do fator idade.

A CF/1988, por sua vez, determinou que a idade mínima seria de 55 anos para a mulher e 60 anos para o homem rurícola. Determinou, ainda, que lei (até então não criada) regraria sobre o tempo de serviço mínimo. Eis que, em 1991, a Lei nº 8.213, entre os arts. 48 a 51, passou a regular a aposentadoria rural. Definiu que seria de 15 anos o período de labor. A regra de transição, prevista no art. 142 da Lei nº 8.213/1991, e cuja tabela se encontra anteriormente colacionada, também é válida para os casos de aposentadoria rural.

Outrossim, o § 2º do art. 48 da Lei nº 8.213/1991 dispôs que o obreiro rurícola deve comprovar atividade em momento imediatamente anterior ao pedido. Tal expressão comporta alguns debates. O próprio STJ entende que:

> Não se deve exigir do segurado rural que continue a trabalhar na lavoura até às vésperas do dia do requerimento do benefício de aposentadoria por idade, quando ele já houver completado a idade necessária e comprovado o tempo de atividade rural em número de meses idêntico à carência do benefício (REsp nº 1.115.892/SP).

Portanto, comprovando o segurado direito de se aposentar, pela idade, terá direito ao benefício se, quando cumpriu o requisito etário, o segurado também cumpria com o tempo de serviço.

Também merece análise minuciosa o segurado rural, que pode ter algumas identidades. A primeira delas é a do segurado empregado, que presta atividade remunerada, não eventual e subordinado ao empregador, com carteira de trabalho assinada e preenchida, recolhimento das contribuições e demais tributos e FGTS. O segundo é contribuinte individual, que presta atividade sem vínculo empregatício, mas que contribui à Previdência Social, e também tem direito ao benefício. O trabalhador avulso, aquele que presta serviço a várias empresas, também pode perceber a benesse.

Por fim, mas não menos importante, tem-se o **segurado especial rural** (art. 11, inciso VII, alíneas *a*, *b* e *c*, da Lei nº 8.213/1991), residente no imóvel rural ou em aglomerado urbano ou rural próximo a ele que, individualmente ou em regime de economia familiar, ainda que com o auxílio eventual de terceiros a título de mútua colaboração, na condição de: produtor, seja proprietário, usufrutuário, possuidor, assentado, parceiro ou meeiro outorgados, comodatário ou arrendatário rurais, que explorem atividade agropecuária (até quatro módulos fiscais, medição realizada pelo Incra em cada um dos municípios brasileiros), seringueiro ou extrativista vegetal que exerça extração de forma sustentável em recursos renováveis, pescador artesanal habitual e o cônjuge ou companheiro, bem como o filho maior de dezesseis anos que comprovadamente trabalhe com o grupo familiar na terra da família.

Ademais, conforme § 1º do art. 12 da Lei nº 8.212/1991, regime de economia familiar é a atividade indispensável para a sobrevivência da família, que os membros da família desenvolvem mutuamente, sem ajuda de outros empregados.

O segurado especial possui outras prerrogativas: tem direito a todos os benefícios previstos no art. 39 da Lei nº 8.213/1991 (todos em valor de um salário mínimo, nos termos do inciso I do art. 39), e não precisa comprovar carência, não necessita demonstrar que laborou até o implemento da idade e não precisa comprovar pagamento de contribuições ao RGPS.

Ademais, o trabalhador rural, seja ele qualquer um dos segurados aqui referenciados, possui numerosas possibilidades de comprovar a atividade desempenhada, conforme o art. 106 da Lei nº 8.213/1991. O rol é meramente exemplificativo.

O trabalhador rural, pela peculiaridade, também possui algumas outras prerrogativas. Pode exercer atividade remunerada durante período não superior a 120 dias, corridos ou intercalados no ano civil (art. 12, § 13, da Lei nº 8.212/1991); pode exercer mandato eletivo de dirigente sindical ou de cooperativa rural; pode exercer mandato eletivo municipal do local que exerce a atividade rural; pode desenvolver atividade artística (desde que em valor inferior ao menor benefício do regime geral de previdência), dentre outras possibilidades, também previstas no § 13 do art. 12 da Lei nº 8.212/1991.

Todo o período referenciado servirá de contagem para a aposentadoria rural por idade, e, portanto, terá direito o trabalhador à minoração do requisito idade, em cinco anos.

A Reforma da Previdência manteve inalterada as condições de aposentadoria por idade rural, conforme redação do art. 201, § 7º, inciso II:

> II – 60 (sessenta) anos de idade, se homem, e 55 (cinquenta e cinco) anos de idade, se mulher, para os trabalhadores rurais e para os que exerçam suas atividades em regime de economia familiar, nestes incluídos o produtor rural, o garimpeiro e o pescador artesanal.

6.14 Aposentadoria por idade híbrida

A Lei nº 11.718/2008 incluiu, ao art. 48 da Lei nº 8.213/1991, a possibilidade de mesclar atividade rural e urbana na aposentadoria por idade. O trabalhador, tanto urbano quanto rural (rural, pela lei, mas urbano pela melhor interpretação da norma de caráter social, que veda discriminações a segurados urbanos que praticam atividade rural e vice-versa), pode, ao implementar idade de 60 anos para mulheres e 65 para homens, e 15 anos de labor, rural ou urbano, requerer aposentadoria híbrida.

É a própria letra do § 3º do art. 48. Tratou o legislador de implementar requisitos de uma e de outra aposentadoria e levou em consideração os termos da contagem de contribuição de serviço rural ou urbano com a idade urbana. Assim, se um segurado possuir comprovação de labor durante cinco anos no meio rural, e mais dez anos no meio urbano, e completar 65 anos, pode requerer e terá direito ao benefício misto.

Na possibilidade de o trabalhador rural ser considerado segurado especial, o cálculo do salário de benefício será compreendido como um salário mínimo (art. 29, inciso II, da Lei nº 8.213/1991). Muito embora o art. 55, § 2º, da Lei nº 8.213/1991 não considere o período comprovado anterior à vigência da lei como período de carência, há a possibilidade de contagem do tempo na aposentadoria híbrida. É como entende a doutrina (CASTRO; LAZZARI, 2014).

Na aposentadoria por idade híbrida, é também possível a utilização da tabela prevista no art. 142 da Lei nº 8.213/1991, mas somente a partir de 2008, quando se tornou possível o benefício.

O cálculo da renda mensal será similar ao da aposentadoria por idade, ou seja, de 70% mais 1% para cada grupo de 12 contribuições, até o máximo de 100% do salário de benefício. O § 4º do art. 48 da Lei nº 8.213/1991 dispõe que não há possibilidade de aplicação do fator previdenciário, se este for maior do que um, a fim de que não se dê mais uma benesse ao que complementa o tempo urbano com rural ou vice-versa, e porque o próprio parágrafo referencia os benefícios cujo fator não se aplica.

A aposentadoria híbrida permanece efetiva mesmo após a EC nº 103/2019, uma vez que não houve revogação expressa nem tácita. Apenas a idade e a carência devem ser ajustadas para contemplar as mudanças trazidas pela reforma (CASTRO; LAZZARI, 2021), elevando a idade mínima da mulher para 62 anos e a carência de 20 anos para os segurados homens que ingressarem na RGPS a partir de 13.11.2019.

Atualmente a aposentadoria híbrida é tratada pelo art. 51 do Decreto nº 3.048/1999 com redação dada pelo Decreto nº 10.410/2020, aplicando as novas regras permanentes de aposentadoria programada, porém não trata das regras de transição. Dessa forma, o trabalhador rural que não satisfaz o requisito para a aposentadoria por idade, fará jus ao benefício atendendo aos seguintes requisitos:

> I – sessenta e dois anos de idade, se mulher, e sessenta e cinco anos de idade, se homem; e
>
> II – quinze anos de tempo de contribuição, se mulher, e vinte anos de tempo de contribuição, se homem.

6.15 Aposentadoria da pessoa com deficiência

A aposentadoria por idade para **pessoa com deficiência** ocorre aos 60 anos, se homem; e 55 anos, se mulher, independentemente do grau de deficiência, desde que cumprido tempo **mínimo** de contribuição de 15 anos e comprovada a existência de deficiência durante igual período.

Homem com deficiência	60 anos + tempo de contribuição
Mulher com deficiência	55 anos + tempo de contribuição

Desde o advento da LC n° 142/2013, há a possibilidade da aposentadoria por tempo de contribuição para pessoa com deficiência.

	Grau da deficiência		
	Grave	Moderada	Leve
Homem com deficiência	25 anos	29 anos	33 anos
Mulher com deficiência	20 anos	24 anos	28 anos

A novidade trazida pela Reforma da Previdência foi a necessidade de avaliação biopsicossocial realizada por equipe multiprofissional e interdisciplinar para a constatação da deficiência. No mais, a EC n° 103/2019 manteve a possibilidade de adoção de critérios diferenciados para concessão de aposentadoria aos segurados com deficiência, que deve ser feito por meio de lei complementar. Atualmente, os requisitos para a aposentadoria da pessoa com deficiência constam da LC n° 142/2013.

6.16 Auxílio-doença (benefício por incapacidade temporária)

O auxílio-doença será devido ao segurado que, após cumprida, **quando for o caso**, a carência de 12 contribuições mensais, ficar incapacitado para o seu trabalho ou para a sua atividade habitual **por mais de 15 dias consecutivos**.

Assim dispõe a Lei n° 8.213/1999:

> Art. 60. O auxílio-doença será devido ao segurado empregado a contar do 16º dia do afastamento da atividade,

> e, no caso dos demais segurados, **a contar da data do início da incapacidade e enquanto ele permanecer incapaz.**
>
> (...)
>
> § 3º Durante os primeiros 15 dias consecutivos ao do afastamento da atividade por motivo de doença, incumbirá à empresa pagar ao segurado empregado o seu salário integral. (Grifos nossos.)

O auxílio-doença, em regra, necessita de 12 contribuições mensais de carência, porém, o auxílio-doença acidentário dispensa carência (situação na qual o segurado obrigatório ou facultativo sofre acidente de qualquer natureza ou contrai doença profissional).

Nota-se um interessante dispositivo presente na Lei nº 8.213/1991:

> Art. 118. O segurado que sofreu acidente do trabalho tem garantida, pelo prazo mínimo de 12 meses, a manutenção do seu contrato de trabalho na empresa, após a cessação do auxílio-doença acidentário, independentemente de percepção de auxílio-acidente.

É um dispositivo de cunho trabalhista, que garante a manutenção por 12 meses, mas não impede a demissão no caso de cometimento de falta grave por parte do empregado. Conforme a legislação previdenciária vigente, o auxílio-doença consiste numa renda mensal e será devido:

a) ao segurado empregado, a contar do 16º dia do afastamento da atividade, e, no caso dos demais segurados, a contar da data do início da incapacidade e enquanto ele permanecer incapaz.

- Para todos os demais segurados, o benefício será devido a contar da data do requerimento.
- Durante os primeiros 15 dias consecutivos ao do afastamento da atividade por motivo de doença **ou** de acidente de trabalho ou de qualquer natureza, caberá à empresa pagar ao trabalhador o seu **salário integral**.

b) O auxílio-doença também será devido durante o transcurso **de reclamação trabalhista** relacionada com a rescisão do contrato de trabalho, ou após a decisão final, desde que implementadas as condições mínimas para a concessão do benefício, observado o disposto na legislação previdenciária.

No caso em que o trabalhador exercer **mais de uma atividade**, será devido o auxílio-doença mesmo no caso de incapacidade apenas para o exercício de uma delas, devendo a perícia médica ser conhecedora de todas as atividades que o trabalhador estiver exercendo. Nesse caso, o auxílio-doença será concedido apenas em relação à atividade para a qual estiver incapacitado.

Observe o disposto no art. 60 da Lei nº 8.213/1991:

> Art. 60. (...)
>
> § 6º O segurado que durante o gozo do auxílio-doença vier a exercer atividade que lhe garanta subsistência poderá ter o benefício **cancelado** a partir do retorno à atividade.
>
> § 7º Na hipótese do § 6º, caso o segurado, durante o gozo do auxílio-doença, venha a exercer atividade **diversa** daquela que gerou o benefício, **deverá ser verificada a incapacidade para cada uma das atividades exercidas.** (Grifos nossos.)

Sempre que possível, o ato de concessão ou de reativação do auxílio-doença, judicial ou administrativo, deverá fixar o prazo estimado para a duração do benefício. Na ausência de fixação do prazo supracitado, o benefício cessará após o prazo de 120 dias, contado da data de concessão ou de reativação, exceto se o segurado requerer a sua prorrogação pelo INSS, na forma do regulamento.

O segurado em gozo de auxílio-doença, concedido judicial ou administrativamente, poderá ser convocado a qualquer momento para **avaliação das condições** que ensejar a sua concessão e a sua manutenção, observado o disposto na legislação previdenciária.

O segurado que **não concordar** com o resultado da avaliação mencionada poderá apresentar, no prazo máximo de 30 dias, recurso da decisão da administração perante o Conselho de Recursos do Seguro Social, cuja análise médica pericial, se necessária, será feita pelo assistente técnico médico da junta de recursos do seguro social, **perito diverso daquele que indeferiu o benefício**.

Durante a pandemia de Covid-19, foi editada a MP nº 1.006/2020, posteriormente convertida na Lei nº 14.131/2021, que, em seu art. 6º, autorizava o INSS a conceder o benefício de auxílio por incapacidade temporária mediante apresentação do atestado médico e/ou documentos complementares que comprovassem a doença como causa da incapacidade. Tal medida tinha por objetivo viabilizar a concessão de benefícios por incapacidade durante o período em que as perícias médicas do INSS foram suspensas em razão das medidas de contenção da Covid-19.

A constitucionalidade de tal medida foi questionada na ADI nº 6.928 pela Associação Nacional dos Peritos Médicos

Federais (ANMP), sob a argumentação de que seria "matéria completamente estranha" à matéria original da Medida Provisória. O STF julgou constitucional referido dispositivo, por entender que não se dissocia do tema original da MP à luz das medidas destinadas a facilitar o acesso de beneficiários do RGPS para concessão do auxílio por incapacidade temporária, no cenário pandêmico do coronavírus. O acórdão foi ementado da seguinte forma:

> AÇÃO DIRETA DE INCONSTITUCIONALIDADE. PREVIDENCIÁRIO. CONVERSÃO DO JULGAMENTO DA MEDIDA CAUTELAR EM DEFINITIVO DO MÉRITO. RECONHECIDA A LEGITIMIDADE ATIVA *AD CAUSAM*. ART. 6º DA LEI NACIONAL Nº 14.131/2021, DECORRENTE DA CONVERSÃO DA MEDIDA PROVISÓRIA Nº 1.006/2020. AUTORIZAÇÃO AO INSTITUTO NACIONAL DO SEGURO SOCIAL PARA CONCEDER BENEFÍCIO DE AUXÍLIO POR INCAPACIDADE TEMPORÁRIA PELA APRESENTAÇÃO DE ATESTADO MÉDICO E DOCUMENTOS COMPLEMENTARES. ALEGADA INCONSTITUCIONALIDADE DE EMENDA PARLAMENTAR. AUMENTO DE DESPESA. INEXISTÊNCIA. PERTINÊNCIA TEMÁTICA ENTRE A EMENDA PARLAMENTAR E O OBJETO DA MP Nº 1.006/2020. CONCRETIZAÇÃO DO DIREITO FUNDAMENTAL À PREVIDÊNCIA SOCIAL. AÇÃO DIRETA DE INCONSTITUCIONALIDADE JULGADA IMPROCEDENTE. (...) 3. A emenda parlamentar da qual resultou o art. 6º da Lei nº 14.131/2021, consistente em medidas destinadas a facilitar o acesso de beneficiários do Regime Geral de Previdência Social ao auxílio por incapacidade temporária, no cenário pandêmico do coronaví-

rus, não se dissocia de forma absoluta do tema original, motivo da edição da Medida Provisória nº 1.006/2020. 4. A norma questionada não gera aumento de despesa pública, não se estendendo a situações de auxílio-doença. Alteração excepcional e temporária, a vigorar até 31.12.2021, da forma de comprovação da incapacidade laboral do segurado do Regime Geral de Previdência Social para obtenção do auxílio-doença. 5. A norma impugnada, excepcional e transitória, concretiza o direito fundamental à previdência social do segurado incapaz para o trabalho ou para a atividade habitual, contribui para a eficiência na prestação do serviço público e reduz o impacto da pandemia da Covid-19 sobre a renda dos beneficiários do Regime Geral de Previdência Social. 6. Convertido o julgamento da medida cautelar em definitivo de mérito e julgada improcedente a ação direta de inconstitucionalidade, para declarar constitucional o disposto no art. 6º da Lei Nacional nº 14.131/2021. (STF. *Ação Direta de Inconstitucionalidade nº 6.928*. Requerente: Associação Nacional dos Peritos Médicos; Requerido: Presidente da República e Congresso Nacional. Rel. Min. Cármen Lúcia. Brasília, 23 de novembro de 2021.)

A concessão de benefício por incapacidade temporária por meio de análise documental perdurou, por força dessa lei, em todo o país, até 31 de dezembro de 2021, sendo as diretrizes de sua realização reguladas na Portaria nº 1.298, de 11 de maio de 2021.

Outrossim, a MP nº 1.113, de 20 de abril de 2022, inseriu o § 14 ao art. 60 da Lei nº 8.213/1991, para prever o seguinte texto:

§ 14. Ato do Ministro de Estado do Trabalho e Previdência poderá estabelecer as condições de dispensa da emissão de parecer conclusivo da perícia médica federal quanto à incapacidade laboral, hipótese na qual a concessão do benefício de que trata este artigo será feita por meio de análise documental, incluídos atestados ou laudos médicos, realizada pelo INSS.

No que diz respeito ao requisito carência, ressalte-se que, para a concessão do benefício, considerar-se-á somente as contribuições relativas à atividade da qual se propõe o afastamento.

Sobre a matéria, é importante dizer que não é devido o auxílio-doença (ou, após a EC nº 103/2019, auxílio por incapacidade temporária) ao segurado que se filiar ao RGPS já portador de doença ou lesão invocada como causa para a concessão do benefício, salvo quando a incapacidade sobrevier por motivo de **progressão ou agravamento** dessa doença ou lesão, visto que nesses casos será devido o benefício.

Logo, como o trabalhador irá se afastar apenas de uma de suas atividades, o auxílio-doença/auxílio por incapacidade temporária poderá apresentar um **valor inferior ao salário mínimo**, desde que, se somado às demais remunerações por ele percebidas, resultar em um valor superior ao piso do benefício.

Caso o trabalhador exerça várias atividades com a mesma profissão, será exigido de imediato o afastamento de todas. Por outro lado, caso o trabalhador exerça profissões diferentes e, durante o recebimento do auxílio-doença/auxílio por incapacidade temporária em relação a uma atividade, seja constatada a incapacidade do segurado para cada uma das demais atividades, o valor do benefício deverá ser revisto com base nos respectivos salários de contribuição.

A legislação previdenciária define que, quando o segurado que exercer mais de uma atividade se **incapacitar definitivamente** para uma delas, deverá o auxílio-doença ser mantido **indefinidamente**, não cabendo sua transformação em aposentadoria por incapacidade permanente enquanto essa incapacidade não se estender às demais atividades.

Como foi visto anteriormente, o auxílio-doença/auxílio por incapacidade temporária do empregado é devido a partir do 16º dia de afastamento, porquanto os primeiros 15 dias consecutivos de afastamento da atividade laboral por motivo de doença são pagos integralmente pela empresa contratante.

A empresa que dispuser de serviço médico, próprio ou em convênio, terá a seu cargo o exame médico e o abono das faltas correspondentes ao período de 15 dias iniciais de afastamento com remuneração paga pela empresa e somente deverá encaminhar o segurado à **perícia médica do INSS** quando a incapacidade ultrapassar 15 dias.

Com o advento do Decreto nº 8.691/2016, no caso de impossibilidade de perícia pelo INSS, o cidadão será submetido a perícia de órgãos e entidades públicos que integrem o **SUS**. Não obstante, existem os casos em que o reconhecimento da incapacidade será realizado pela recepção da documentação médica do segurado (médico particular do cidadão, o **médico assistente**).

Como pode ser observado, atualmente, a perícia será realizada, em regra, no **INSS**, mas também pode ser realizada, de forma subsidiária, no **SUS** ou em **médico assistente** do segurado.

Se concedido novo auxílio-doença/auxílio por incapacidade temporária decorrente da **mesma doença dentro de 60 dias contados da cessação do benefício anterior**, a empresa fica desobrigada do pagamento relativo aos 15 primeiros dias de afastamento, **prorrogando-se o benefício anterior** e descontando-se os dias trabalhados, se for o caso.

Se o segurado empregado afastar-se do trabalho durante 15 dias por motivo de doença, e retorna à atividade no 16º dia, e se dela voltar a **se afastar dentro de 60 dias** desse retorno em decorrência da **mesma doença**, fará jus ao auxílio-doença/auxílio por incapacidade temporária a partir da data do novo afastamento.

Se o retorno à atividade tiver ocorrido antes de 15 dias do afastamento, o segurado fará jus ao auxílio-doença a partir do dia seguinte ao que completar o período de 15 dias.

A impossibilidade de atendimento pela Previdência Social ao segurado antes do término do período de recuperação indicado pelo médico assistente na documentação **autoriza** o retorno do empregado ao trabalho no dia seguinte à data indicada pelo médico assistente.

O reconhecimento da incapacidade para concessão ou prorrogação do auxílio-doença decorre da realização de **avaliação pericial** ou da **recepção da documentação médica do segurado**, hipótese em que o benefício será concedido com base no período de recuperação indicado pelo médico assistente.

Para contar, o reconhecimento da incapacidade pela recepção da documentação médica do segurado poderá ser admitido, conforme disposto em ato do INSS:

a) nos pedidos de prorrogação do benefício do segurado empregado; ou

b) nas hipóteses de concessão inicial do benefício quando o segurado, independentemente de ser obrigatório ou facultativo, estiver internado em unidade de saúde.

Quanto à recepção da documentação médica supracitada, o INSS definirá:

a) o procedimento pelo qual irá receber, registrar e reconhecer a documentação médica do segurado, por meio físico ou eletrônico, para fins de reconhecimento da incapacidade laboral; e
b) as condições para o reconhecimento do período de recuperação indicado pelo médico assistente, com base em critérios estabelecidos pela área técnica do INSS.

Para monitoramento, controle do registro e do processamento da documentação médica recebida do segurado, o INSS deverá aplicar critérios internos de **segurança operacional** sobre os parâmetros utilizados na concessão inicial e na prorrogação dos benefícios.

Todo o supracitado **não afasta** a possibilidade de o INSS convocar o segurado, em qualquer hipótese e a qualquer tempo, para avaliação pericial.

Conforme já informado, nas hipóteses de impossibilidade de perícia por parte da Previdência Social, o INSS poderá celebrar, mediante sua coordenação e supervisão, **convênios**, termos de execução descentralizada, termos de fomento ou de colaboração, contratos não onerosos ou acordos de cooperação técnica para a colaboração no processo de avaliação pericial por profissional médico de órgãos e entidades públicos que integrem o **SUS**. A execução de tal convênio fica condicionada à edição de:

a) ato do INSS para normatizar as hipóteses possíveis de **delegação** ou de **simples cooperação técnica** com o SUS, sob coordenação e supervisão da autarquia; e

b) ato conjunto dos Ministérios do Trabalho e da Saúde para dispor sobre a cooperação entre o INSS e os órgãos e as entidades que integram o SUS.

O INSS deve processar de ofício o auxílio-doença quando tiver ciência da incapacidade do segurado mesmo que este não tenha requerido o benefício. O processamento de ofício visa a proteger o trabalhador em condições debilitadas de trabalho.

No caso do empregado (E) e do contribuinte individual (C), é facultado à empresa protocolar no INSS o requerimento do auxílio-doença referente ao trabalhador ligado a ela, visto que a empresa que adotar tal procedimento terá acesso às decisões administrativas referentes ao benefício requerido.

O segurado em gozo do auxílio-doença está **obrigado**, a qualquer tempo, independentemente de sua idade e sob pena de suspensão do benefício, a submeter-se a:

a) exame médico a cargo da Previdência Social; **e/ou**
b) processo de reabilitação profissional por ela prescrito e custeado; e/ou
c) tratamento dispensado gratuitamente.

Além dessas três modalidades, o segurado, em gozo de auxílio-doença, poderá, **facultativamente**, submeter-se a **procedimento cirúrgico** e/ou **transfusão de sangue**. Essa faculdade se deve a fatores culturais, pois existem religiões que não autorizam que seus fiéis "consumam" sangue ou "mutilem" os seus corpos.

O auxílio-doença cessa pela:

a) **recuperação** da capacidade para o trabalho;

b) pela **transformação** em **aposentadoria por incapacidade permanente** ou **auxílio-acidente** de qualquer natureza, nesse caso, se resultar sequela que implique redução da capacidade para o trabalho que habitualmente exercia; e

c) recusa aos exames exigidos pela previdência (art. 101 da Lei nº 8.213/1991).

Em princípio, o INSS poderá estabelecer, mediante avaliação pericial ou com base na documentação médica do segurado (médico assistente), o prazo que **entender suficiente** para a recuperação da capacidade para o trabalho do segurado.

Caso o prazo concedido para a recuperação se revele **insuficiente**, o segurado poderá solicitar a sua prorrogação, na forma estabelecida pelo **INSS**.

A comunicação da concessão do auxílio-doença conterá as informações necessárias para o requerimento de sua prorrogação. A recepção de novo atestado fornecido por médico assistente com declaração de alta médica do segurado, antes do prazo estipulado na concessão ou na prorrogação do auxílio-doença, culminará na cessação do benefício na nova data indicada.

Não obstante, o segurado, em gozo do auxílio-doença, **insuscetível** de recuperação para sua atividade habitual, deverá submeter-se a processo de reabilitação profissional para o **exercício de outra atividade**.

O benefício citado será mantido até que o segurado seja considerado reabilitado para o desempenho de atividade que lhe garanta a subsistência ou, quando considerado não recuperável, seja **aposentado por incapacidade permanente**.

Portanto, caso o segurado esteja incapacitado para sua atividade habitual, primeiro ele deve tentar se reabilitar para uma **nova atividade**; caso não consiga, será **aposentado por incapacidade permanente**.

É importante saber que o segurado empregado (E) em gozo de auxílio-doença é considerado pela empresa como **licenciado**. A empresa que, facultativamente, garantir ao segurado **licença remunerada** ficará obrigada a pagar-lhe durante o período do auxílio-doença a eventual **diferença**, ou seja, **a complementação** entre o valor do benefício e a respectiva remuneração. Imagine que o empregado receba R$ 1.200,00 de salário, porém, durante seu afastamento, o auxílio-doença seja no valor de R$ 1.050,00. Nesse caso, a empresa deverá arcar mensalmente com a diferença de R$ 150,00.

A novidade sobre o tema consiste na previsão da alta programada. Com a vigência da Lei nº 13.457/2017, é possível que o INSS, ao conceder o auxílio-doença, já estabeleça a data de cessação do benefício.

Kertzam (2016) explica o instituto da seguinte forma:

> O INSS poderá estabelecer, mediante avaliação médico-pericial, o prazo que entender suficiente para a recuperação da capacidade para o trabalho do segurado, dispensada, nesta hipótese, a realização de nova perícia. Caso o prazo concedido para a recuperação se revele insuficiente, o segurado poderá solicitar a realização de nova perícia médica (...). É a chamada alta programada, duramente criticada por grande parte da doutrina previdenciária. Com esta sistemática, os benefícios de auxílio-doença são cessados após o prazo estabelecido, independentemente de nova perícia-médica que aponte a recuperação para a capacidade para o trabalho. Se o segurado não estiver apto para o trabalho, pode solicitar a prorrogação do seu benefício.

Dispõe a Lei nº 13.457/2017 que, em eventual concessão do benefício do auxílio-doença sem fixação do prazo de cessação, encerrar-se-á automaticamente após 120 dias (§ 9º do art. 60 da Lei nº 8.213/1991).

Outra mudança relevante encontra-se no **art. 62 da Lei nº 8.213/1991**. A redação foi alterada para incluir o parágrafo único que dispõe sobre a necessidade da manutenção do benefício do auxílio-doença enquanto o segurado submeter-se à reabilitação profissional ou ainda à necessidade de concessão de aposentadoria por incapacidade permanente quando não for possível sua recuperação:

Redação originária	Redação dada pela Lei nº 13.457/2017
Art. 62. O segurado em gozo de auxílio-doença, insusceptível de recuperação para sua atividade habitual, deverá submeter-se a processo de reabilitação profissional para o exercício de outra atividade. Não cessará o benefício até que seja dado como habilitado para o desempenho de nova atividade que lhe garanta a subsistência ou, quando considerado não-recuperável, for aposentado por invalidez.	Art. 62. O segurado em gozo de auxílio-doença, insusetível de recuperação para sua atividade habitual, deverá submeter-se a processo de reabilitação profissional para o exercício de outra atividade. **Parágrafo único. O benefício a que se refere o *caput* deste artigo será mantido até que o segurado seja considerado reabilitado para o desempenho de atividade que lhe garanta a subsistência ou, quando considerado não recuperável, seja aposentado por invalidez.** (Grifos nossos.)

Outrossim, a Lei nº 13.846/2019 inseriu um novo parágrafo no art. 62 da Lei nº 8.213/1991, em que se deixa expresso que:

> Art. 62. O segurado em gozo de auxílio-doença, insuscetível de recuperação para sua atividade habitual, deverá submeter-se a processo de reabilitação profissional para

o exercício de outra atividade. (Redação dada pela Lei nº 13.457, de 2017)

§ 1º O benefício a que se refere o *caput* deste artigo será mantido até que o segurado seja considerado reabilitado para o desempenho de atividade que lhe garanta a subsistência ou, quando considerado não recuperável, seja aposentado por invalidez.

§ 2º A alteração das atribuições e responsabilidades do segurado compatíveis com a limitação que tenha sofrido em sua capacidade física ou mental não configura desvio de cargo ou função do segurado reabilitado ou que estiver em processo de reabilitação profissional a cargo do INSS. (Grifos nossos.)

A Reforma da Previdência alterou a nomenclatura do auxílio-doença para benefício por incapacidade temporária, porém os requisitos (qualidade de segurado, carência de 12 meses e incapacidade laborativa) permanecem iguais.

A mudança mais significativa feita pela EC nº 103/2019 no auxílio-doença foi a alteração da renda mensal inicial, que agora é calculada de acordo com a média aritmética de 100% dos salários desde julho de 1994 até a data de início do benefício.

Conforme o art. 61 da Lei nº 8.213/1991, o auxílio-doença, inclusive o decorrente de acidente do trabalho, consistia numa renda mensal correspondente a 91% (noventa e um por cento) do salário de benefício.

Antes da Reforma da Previdência, o salário de benefício correspondia à média aritmética simples dos maiores salários de contribuição correspondentes a 80% de todo o período contributivo. Com o Decreto nº 10.410/2020, o salário de benefício passou a ser o resultado da média aritmética simples dos salários de contribuição e das remunerações adotadas como base para contribuições a regime próprio de previdência social.

Além disso, a MP nº 871/2019, transformada na Lei nº 13.846/2019, acrescentou o § 2º e seguintes ao art. 59 da Lei nº 8.213/1991, que vedou a possibilidade de recebimento de auxílio-doença para o segurado recluso em regime fechado.

O segurado em gozo de auxílio-doença na data do recolhimento à prisão terá o benefício suspenso pelo prazo de até 60 (sessenta) dias, contados da data do recolhimento. Se após esse período ele permanecer preso em regime fechado, o benefício será cessado. Contudo, restaurado ao convívio social dentro do prazo de 60 dias, o benefício será restabelecido a partir da data da soltura.

6.17 O salário-família

O salário-família será devido, mensalmente, ao segurado empregado (E), **inclusive o doméstico (D)**, e ao trabalhador avulso (A), que tenham salário de contribuição inferior ou igual a R$ 1.655,98 (um mil seiscentos e cinquenta e cinco reais e noventa e oito centavos), na proporção do respectivo número de filhos ou equiparados, na forma de cota, observado o disposto na legislação previdenciária, da seguinte forma:

a) Ao empregado (E) pela **empresa** e ao doméstico (D) pelo **empregador doméstico**, mensalmente junto com o salário, efetivando-se a compensação quando do recolhimento das contribuições devidas (pela empresa ou pelo empregador doméstico).

b) Ao trabalhador avulso (A), **pelo Sindicato ou Órgão Gestor de Mão de Obra**, mediante convênio. Caso o salário do empregado não seja pago mensalmente, o salário-família deve ser pago juntamente com o último pagamento relativo ao mês.

c) Ao empregado, à empregada doméstica e ao trabalhador avulso aposentados por invalidez ou em gozo de auxílio-doença, pelo **INSS**, juntamente com o benefício.

d) Ao trabalhador rural aposentado por idade aos 60 anos, se do sexo masculino; ou 55 anos, se do sexo feminino, pelo **INSS**, juntamente com a aposentadoria.

e) Aos demais empregados e trabalhadores avulsos aposentados aos 65 anos de idade, se do sexo masculino; ou 60 anos, se do sexo feminino, pelo **INSS**, juntamente com a aposentadoria.

Em suma, o benefício é devido aos empregados, aos domésticos e aos trabalhadores avulsos, em exercício ou na inatividade. Quanto ao salário-família do trabalhador avulso, **independe** do número de dias trabalhados no mês pelo contribuinte, devendo o seu benefício corresponder ao **valor integral da cota**.

No caso em que o pai e a mãe são segurados empregados, domésticos ou trabalhadores avulsos, **ambos** têm direito ao salário-família. O benefício é pago pela empresa, mas esta deverá deduzir os valores pagos quando do recolhimento das contribuições patronais (a cargo da empresa) sobre a folha de salários.

Isso quer dizer que a empresa paga o benefício ao trabalhador e deduz das suas contribuições sociais a pagar, ou seja, em última análise, **o benefício não sai do bolso do empresário**.

A partir da publicação da EC nº 72, em 2 de abril de 2013, os segurados domésticos passaram, em tese, a ter direito ao salário-família. A ressalva "em tese" se deve ao fato de se tratar de **norma constitucional de eficácia limitada**, ou seja, necessita de regulamentação por meio de lei para que seus efeitos surtam.

Com o advento da LC nº 150 (Lei das Domésticas), em 2 de junho de 2015, o direito foi devidamente regulamentado.

A partir de **17 de janeiro de 2022**, o valor da **cota** do salário-família por filho ou equiparado de qualquer condição, **até 14 anos** de idade ou **inválido**, é de R$ 56,47 (cinquenta e seis reais e quarenta e sete centavos).

O pagamento do salário-família será devido a partir da data da apresentação da certidão de nascimento do filho ou da documentação relativa ao equiparado, estando condicionado à:

- apresentação anual de atestado de vacinação obrigatória, **até 6 anos de idade**; ou
- apresentação de comprovação semestral de frequência à escola do filho ou equiparado, **a partir dos 7 anos de idade**.

Se o segurado **não apresentar** o atestado de vacinação obrigatória e a comprovação de frequência escolar do filho ou equiparado, nas datas definidas pelo INSS, o benefício do salário-família será suspenso, **até que a documentação seja apresentada**.

Não será devido salário-família no período entre a **suspensão** do benefício motivada pela falta de comprovação da frequência escolar e o seu **reativamento**, salvo se comprovada a frequência escolar regular no período.

A comprovação de frequência escolar será feita mediante apresentação de **documento emitido pela escola**, na forma de legislação própria, em nome do aluno, no qual conste o registro de frequência regular ou o atestado do estabelecimento de ensino, o que comprova a regularidade da matrícula e a frequência escolar do aluno.

Para fins de fiscalização, a empresa deverá conservar, durante **10 anos**, os comprovantes dos pagamentos e as cópias das certidões correspondentes para exame pela fiscalização da RFB.

Os Auditores-Fiscais da Receita Federal (AFRFB) poderão requerer durante esse prazo qualquer documento comprobatório referente ao pagamento dos benefícios reembolsáveis para possíveis auditorias contábeis e tributárias.

O benefício salário-família será devido ao filho menor de 14 anos ou inválido de qualquer idade, sendo que a invalidez do filho ou equiparado maior de 14 anos será verificada em exame médico-pericial a cargo da Previdência Social.

O salário-família correspondente ao mês de **afastamento** do trabalho será pago **integralmente** pela empresa, pelo sindicato ou órgão gestor de mão de obra, conforme o caso. Já no mês da **cessação** de benefício, será pago pelo INSS.

Nas hipóteses de divórcio, separação judicial ou de fato dos pais, ou em caso de abandono legalmente caracterizado ou, ainda, perda do **pátrio poder** (ou **poder familiar**), o salário-família passará a ser pago diretamente àquele que sustentará o menor, ou a outra pessoa, se houver determinação judicial nesse sentido.

O antigo Código Civil de 1916 trazia a terminologia "pátrio-poder", enquanto o novo Código Civil de 2002 traz a terminologia "**poder familiar**", que nada mais é do que o **conjunto de responsabilidades e direitos que envolvem a relação entre pais e filhos (ou equiparados)**.

O direito ao benefício salário-família cessa automaticamente:

a) por **morte** do filho ou equiparado, a contar do mês seguinte ao do óbito;
b) quando o filho ou equiparado **completar 14 anos de idade**, salvo se inválido, a contar do mês seguinte ao da data do aniversário;
c) pela **recuperação da capacidade** do filho ou equiparado inválido, a contar do mês seguinte ao da cessação da incapacidade; ou
d) pelo **desemprego** do segurado.

Essas são as quatro formas de extinção do referido benefício. Para efeito de concessão e manutenção do salário-família, o segurado deve firmar **Termo de Responsabilidade (TR)**, no qual se comprometa a comunicar à empresa ou ao INSS qualquer fato ou circunstância que determine a perda do direito ao benefício, ficando sujeito, em caso do não cumprimento, às sanções penais e trabalhistas.

Em suma, ao assinar o Termo de Responsabilidade, o segurado compromete-se com a empresa ou a Previdência Social. Caso contrário, arcará com as sanções nas esferas penais e trabalhistas.

A **falta de comunicação oportuna** que implique de fato a cessação do salário-família, bem como a prática, pelo empregado, de **fraude** de qualquer natureza para o seu recebimento, autoriza a **empresa**, o **INSS**, o **sindicato** ou **OGMO**, conforme o caso, a **descontar** o valor das cotas indevidamente recebidas dos:

- pagamentos de cotas devidas com relação a outros filhos;
- na falta de outros filhos que gerem cotas, do próprio salário do empregado; e
- da renda mensal de benefício, sem prejuízo das sanções penais cabíveis.

Além disso, os valores a serem restituídos sofrerão correção monetária que também deverão ser pagos pelo aludido empregado.

Tem-se, ainda, que a legislação previdenciária afirma que o empregado deve dar quitação à empresa, ao sindicato ou ao OGMO de cada recebimento mensal do salário-família, na própria folha de pagamento, ou por outra forma admitida, de modo que a quitação fique plena e claramente caracterizada. O empregado deverá confirmar todos os meses o recebimento do benefício.

Por fim, as cotas do salário-família **não serão incorporadas**, para qualquer efeito, ao salário ou ao benefício devido ao segurado.

6.18 Salário-maternidade

O salário-maternidade é devido à segurada da Previdência Social, durante **120 dias**, com início 28 dias antes do término da gestação e 91 dias depois do parto. Em casos excepcionais, os períodos de repouso anterior e posterior ao parto podem ser prorrogados por mais duas semanas, mediante atestado médico específico.

O salário-maternidade é o único benefício previdenciário considerado parcela integrante do salário de contribuição, ou seja, sobre essa benesse incidirá as contribuições sociais devidas pela trabalhadora.

Desde 2013, o tempo de gozo do salário-maternidade no caso de adoção ou obtenção da guarda judicial será de **120 dias**, independentemente da idade da criança.

Além disso, em caso de aborto espontâneo ou legalizado (realizado em caso de estupro ou risco de vida para a mãe), a trabalhadora terá direito a duas semanas de salário-maternidade.

Com o advento do Decreto nº 10.410/2020, houve alteração no art. 98 do Decreto nº 3.048/1999, no qual constava que, no caso de empregos concomitantes, a segurada fará jus ao salário-maternidade relativo a cada emprego.

Com a alteração da norma, conforme o art. 98, em caso de segurada com empregos concomitantes, deverá observar as seguintes regras:

> Art. 98. A segurada que exerça atividades concomitantes fará jus ao salário-maternidade relativo a cada atividade para a qual tenha cumprido os requisitos exigidos, observadas as seguintes condições:
>
> I – na hipótese de uma ou mais atividades ter remuneração ou salário de contribuição inferior ao salário mínimo mensal, o benefício somente será devido se o somatório dos valores auferidos em todas as atividades for igual ou superior a um salário mínimo mensal;

Isso porque, com a EC nº 103/2019 e sua regulamentação pelo Decreto nº 10.410/2020, agora apenas contarão para aquisição e manutenção de qualidade de segurado carência, tempo de contribuição e cálculo de salário de benefício, as competências cujo salário de contribuição seja igual ou superior ao limite mínimo mensal do salário de contribuição.

> II – o salário-maternidade relativo a uma ou mais atividades poderá ser inferior ao salário mínimo mensal; e

III – o valor global do salário-maternidade, consideradas todas as atividades, não poderá ser inferior ao salário mínimo mensal.

Os únicos benefícios reembolsáveis ao empregador, conforme determina a legislação previdenciária, são o salário-família e o salário-maternidade.

6.19 Auxílio-acidente

O auxílio-acidente será concedido, como **indenização**, ao segurado empregado, **inclusive o doméstico**, ao trabalhador avulso e ao segurado especial quando, após a consolidação das lesões decorrentes de acidente de qualquer natureza, resultar **sequela definitiva**, conforme as situações discriminadas na legislação previdenciária, que impliquem redução da capacidade para o trabalho que habitualmente exerce.

O Decreto nº 10.410/2020 alterou o art. 104 do Decreto nº 3.048/1999, excluindo as demais hipóteses de concessão de auxílio-acidente, e mantendo apenas a constante no extinto inciso I (que "implique redução da capacidade para o trabalho que habitualmente exerce").

Todavia, quem cumpriu os requisitos para obter o auxílio-acidente antes de 31.06.2020 ainda pode requerer o benefício com base nas hipóteses da redação antiga do art. 104, a saber:

a) redução da capacidade para o trabalho que habitualmente exerce;

b) redução da capacidade para o trabalho que habitualmente exerce e exija maior esforço para o desempenho da mesma atividade que executada à época do acidente; ou

c) impossibilidade de desempenho da atividade que exercia à época do acidente, porém permita o desempenho de outra, após processo de reabilitação profissional, nos casos indicados pela perícia médica do INSS.

Outrossim, desde a Lei nº 13.846/2019, o auxílio-acidente não permite o direito à manutenção da qualidade de segurado (período de graça), independentemente de contribuições previdenciárias. Assim, para que o segurado mantenha essa qualidade e possa requerer outros benefícios da Previdência, deverá verter contribuições ao INSS, de acordo com a classe de segurado em que se enquadra.

6.20 Pensão por morte

A pensão por morte será devida ao conjunto dos dependentes do segurado, aposentado ou não, que falecer, a contar da data:

a) do **óbito**, quando requerido **até 180** (cento e oitenta dias) após o óbito, para os filhos menores de dezesseis anos, ou quando requerida no prazo de 90 (noventa dias), para os demais dependentes;

b) do **requerimento**, quando requerida **após o prazo previsto no item anterior**. Nesse caso, a data do início do benefício será a do óbito, porém, a data de início de pagamento será a do requerimento, **não sendo devida qualquer importância relativa ao período anterior à data do requerimento**;

c) da **decisão judicial**, no caso de **morte presumida**. Deve-se ressaltar que a morte presumida é a **presunção legal** de que uma pessoa faleceu, mesmo sem possuir provas do fato (certidão de óbito). Essa presunção encontra-se presente no Código Civil.

No caso de haver mais de um pensionista, a pensão por morte será rateada entre todos, em partes iguais (*pro rata*).

Antes da Reforma da Previdência, a cota-parte do beneficiário que deixasse de ser dependente seria revertida aos demais.

Todavia, após a EC nº 103/2019, as cotas por dependente cessarão com a perda dessa qualidade e não serão reversíveis aos demais dependentes, preservado o valor de 100% da pensão por morte quando o número de dependentes remanescentes for igual ou superior a cinco.

Com o advento da Medida Provisória nº 664/2014, convertida na Lei nº 13.135/2015, perde o direito à pensão por morte, **após o trânsito em julgado**, o condenado pela prática de crime de que tenha dolosamente resultado a morte do segurado.

Não obstante, também perde o direito à pensão por morte o cônjuge, o companheiro ou a companheira se comprovada, a qualquer tempo, simulação ou fraude no casamento ou na união estável, ou a formalização destes com o fim exclusivo de constituir benefício previdenciário, apuradas em processo judicial no qual será assegurado o direito ao contraditório e à ampla defesa.

O cônjuge ausente não exclui do direito à pensão por morte o companheiro ou a companheira que somente farão jus ao benefício a partir da data de sua habilitação e mediante prova de dependência econômica.

A partir da EC nº 103/2019, ou seja, dos óbitos que ocorreram a partir de novembro de 2019, caso o segurado não esteja aposentado, a definição da causa do óbito tem relação com o cálculo do valor da renda mensal da pensão. Se o óbito for decorrente de acidente do trabalho, de doença profissional e de doença do trabalho, a aposentadoria que serve de base será equivalente a 100% do salário de benefício. Na hipótese de o óbito decorrer de causa diversa, a aposentadoria que servirá de base terá um coeficiente de 60% do salário de benefício, com acréscimo de dois pontos percentuais para cada ano de contribuição que exceder o tempo de 20 anos de contribuição, no caso dos homens, e dos 15 anos, no caso das mulheres.

Para aqueles óbitos que ocorreram antes da Reforma da Previdência, a pensão por morte consiste numa renda correspondente a 100% do valor da aposentadoria que o segurado recebia ou daquela a que teria direito se estivesse aposentado por invalidez na data de seu falecimento.

A concessão desse benefício não será postergada pela falta de habilitação de outro possível dependente. Além disso, qualquer habilitação posterior que importe em exclusão ou inclusão de dependente somente produzirá efeito a contar da data da habilitação (sem efeito retroativo).

O Decreto nº 10.410/2020, em razão de norma prevista pela EC nº 103/2019, regulamentou, nos §§ 6º a 9º do art. 105 do Decreto nº 3.048/1999, a situação do rateio da pensão por morte em caso de ajuizamento de ação judicial para reconhecimento de condição de dependente.

Ajuizada tal ação, o autor poderá requerer a habilitação provisória, ao benefício da pensão, em que haverá o rateio da pensão e a reserva de sua parte, porém, os valores não serão pagos até o trânsito em julgado da sentença de reconhecimento da dependência. Do mesmo modo, iniciada a ação judicial, o INSS também poderá realizar o rateio de ofício, reservando a parte do suposto dependente até o trânsito em julgado.

Julgada improcedente a ação, o valor retido para pagamento ao autor será corrigido pelos índices legais de reajustamento e será pago de forma proporcional aos demais dependentes, de acordo com as suas cotas e o tempo de duração de seus benefícios. Por fim, fica assegurada ao INSS a cobrança dos valores indevidamente pagos em decorrência da habilitação a que se referem os §§ 6º e 7º.

Aqui vale ressaltar que o STJ, ao julgar o REsp nº 1.596.774/RS, no ano de 2017, estendeu o entendimento previsto no art. 112 da Lei nº 8.213/1991, aplicável à via administrativa, aos casos vencidos pela via judicial.

Para constar, o dispositivo supracitado é claro ao afirmar que o valor não recebido em vida pelo segurado (reconhecido na via administrativa) só será pago aos seus dependentes habilitados à pensão por morte **ou, na falta deles**, aos seus sucessores na forma da lei civil, independentemente de inventário ou arrolamento.

Observe que a lei traz a seguinte ordem de vocação para os valores reconhecidos na via administrativa:

- dependentes habilitados à pensão por morte; ou, **na falta destes**;
- demais sucessores, conforme prevê a lei civil pátria.

Com o advento do julgado do STJ mencionado, conclui-se que as mesmas regras se aplicam aos **valores reconhecidos judicialmente**.

São dependentes para efeito de benefícios os descritos a seguir:

	Beneficiários
1ª classe	Dependentes preferenciais
	Cônjuge e filhos
	Companheira ou companheiro
	Equiparado a filho
2ª classe	Pais
3ª classe	Irmão

Conforme dispõe a legislação, o cônjuge divorciado ou separado judicialmente ou de fato que recebia pensão de alimentos concorrerá em igualdade de condições com os demais dependentes.

A legislação previdenciária destaca que os **pais (dependentes de 2ª classe)** ou **irmãos (dependentes de 3ª classe)** deverão, para fins de concessão de benefícios, comprovar a inexistência de dependentes preferenciais (**de 1ª classe**), mediante declaração firmada diante do **INSS**. Para o ato de inscrição do dependente, a legislação previdenciária prevê que:

- no ato de inscrição, o dependente **menor de 21** anos deverá apresentar **declaração de não emancipação**;
- no caso de **dependente inválido**, para fins de inscrição e concessão de benefício, a invalidez será comprovada mediante **exame médico-pericial** a cargo do INSS.

A pensão por morte somente será devida ao filho e ao irmão cuja **invalidez** tenha ocorrido **antes** da emancipação **OU** antes de esse dependente completar 21 anos, desde que reconhecida ou comprovada, pela perícia médica do INSS, **a continuidade da invalidez até a data do óbito do segurado**.

Desde 2009, a perícia médica da Previdência Social deve comprovar que a incapacidade permanente do dependente perdurou até o óbito do segurado.

O pensionista está **obrigado**, a qualquer tempo, independentemente de sua idade e, sob pena de suspensão do benefício, a submeter-se ao:

- exame médico a cargo da Previdência Social;
- processo de reabilitação profissional por ela prescrito e custeado; e/ou
- tratamento dispensado gratuitamente.

Além dessas três modalidades, o pensionista poderá, **facultativamente**, submeter-se ao **procedimento cirúrgico** e/ou à **transfusão de sangue**. Atualmente, o aposentado por incapacidade permanente e o pensionista inválido que não tenham retornado à atividade estarão **isentos** do exame supracitado:

- após completarem 55 anos ou mais de idade e, quando decorridos 15 anos da data da concessão da aposentadoria por incapacidade permanente ou do auxílio-doença que a precedeu; **OU**
- após completarem 60 anos de idade.

Entretanto, essa isenção não se aplica quando o exame tem as seguintes finalidades:

- verificar a necessidade de assistência permanente de outra pessoa para a concessão do acréscimo de 25% sobre o valor do benefício;
- verificar a recuperação da capacidade de trabalho, mediante solicitação do aposentado ou pensionista que se julgar apto; e
- subsidiar autoridade judiciária na concessão de curatela.

A perícia citada terá acesso aos prontuários médicos do periciado no SUS, desde que haja a **prévia anuência** do periciado e seja garantido o sigilo sobre seus dados.

É assegurado o **atendimento domiciliar** e hospitalar pela perícia médica e social do INSS ao segurado com dificuldades de locomoção, quando seu deslocamento, em razão de sua limitação funcional e de condições de acessibilidade, imponha-lhe ônus desproporcional e indevido, nos termos do regulamento.

O **cônjuge ausente** somente fará jus ao benefício a partir da data de sua habilitação e mediante prova de **dependência econômica**, não excluindo do direito à companheira ou ao companheiro.

O **cônjuge divorciado** ou separado judicialmente ou de fato, **que recebia pensão de alimentos**, receberá a pensão em igualdade de condições com os seguintes dependentes:

- o cônjuge;
- a companheira;
- o companheiro; e
- o filho não emancipado, de qualquer condição, menor de 21 anos ou inválido ou que tenha deficiência intelectual ou mental ou deficiência grave.

Além do supracitado, considera-se importante ressaltar que, mesmo que o cônjuge divorciado renuncie a pensão alimentícia na separação, este poderá gozar da pensão por morte, desde que comprove necessidade econômica superveniente (posterior), como define a jurisprudência do STJ, a saber: Súmula STJ nº 336/2007: "a mulher que renunciou aos alimentos na separação judicial tem direito à pensão previdenciária por morte do ex-marido, comprovada a necessidade econômica superveniente".

No caso de **morte presumida**, a pensão poderá ser concedida, em caráter provisório:

- mediante sentença declaratória de ausência, expedida por autoridade judiciária, a contar da data de sua emissão; ou
- em caso de desaparecimento do segurado por motivo de catástrofe, acidente ou desastre, a contar da data da ocorrência, mediante prova hábil.

Se, por obra do destino, o segurado reaparecer, o pagamento da pensão cessa imediatamente e ficam os dependentes **desobrigados da reposição dos valores recebidos**, **salvo má-fé**.

O pagamento da **cota individual** da pensão por morte **cessa**:

- pela **morte** do pensionista;
- para o filho, a pessoa a ele equiparada ou o irmão, de ambos os sexos, **ao completar 21 anos de idade**, salvo se for inválido ou tiver deficiência intelectual ou mental ou deficiência grave;
- para o filho, enteado ou o irmão inválido, pela **cessação da invalidez**;
- para o filho, enteado ou o irmão que tenha deficiência intelectual ou mental ou deficiência grave, pelo afastamento da deficiência, nos termos do regulamento;
- pela adoção, para o filho adotado que receba pensão por morte dos pais biológicos;
- para o **cônjuge** ou o **companheiro**;
- se **inválido** ou com **deficiência**, pela cessação da invalidez ou pelo afastamento da deficiência, respeitados os períodos mínimos decorrentes da aplicação das alíneas *b* e *c*;
- em 4 meses, se o óbito ocorrer **sem** que o segurado tenha vertido **18 contribuições mensais OU** se **o casamento ou a união estável tiverem sido iniciados em menos de dois anos** antes do óbito do segurado;

- transcorridos os seguintes períodos, estabelecidos de acordo com a idade do beneficiário na data de óbito do segurado, se o óbito ocorrer depois de vertidas **18 contribuições mensais e pelo menos dois anos após o início do casamento ou da união estável**:
  - ☐ 3 anos, com menos de 21 anos de idade;
  - ☐ 6 anos, entre 21 e 26 anos de idade;
  - ☐ 10 anos, entre 27 e 29 anos de idade;
  - ☐ 15 anos, entre 30 e 40 anos de idade;
  - ☐ 20 anos, entre 41 e 43 anos de idade; ou
  - ☐ vitalícia, com 44 ou mais anos de idade.
- pelo decurso do prazo remanescente na data do óbito estabelecido na determinação judicial para recebimento de pensão de alimentos temporários para o ex-cônjuge ou o ex-companheiro ou a ex-companheira, caso não incida outra hipótese de cancelamento anterior do benefício.

Observe que, após a edição da MP nº 664/2014, convertida na Lei nº 13.135/2015, a pensão por morte, em regra, é temporária, sendo vitalícia apenas em alguns casos muito específicos.

Pela legislação atual, a pensão por morte possui tempo de duração:

Duração do benefício	Situação
4 meses	< 18 contribuições ou < dois anos de casamento/união estável
Duração do benefício	Idade do dependente / > 18 contribuições e > de dois anos de casamento/união estável
3 anos	< 21 anos
6 anos	Entre 21 e 26 anos

Duração do benefício	Idade do dependente / > 18 contribuições e > de dois anos de casamento/união estável
10 anos	Entre 27 e 29 anos
15 anos	Entre 30 e 40 anos
20 anos	Entre 41 e 43 anos
Vitalício	A partir de 44 anos

Cabe ressaltar que, para o cônjuge, existe a condição (**e não a carência**) de comprovação do recolhimento de 18 contribuições e do interstício de dois anos de relacionamento. **É uma condição específica para o cônjuge e não uma carência para o benefício.** A carência é **zero**.

Para o caso do **cônjuge**, foram cunhadas algumas regras que dificultaram a concessão de tal benefício. Observe-as:

■ Segurado faleceu antes de completar 18 contribuições ao RGPS ou a união entre o segurado e o dependente não completou dois anos: o dependente tem direito a receber a pensão por morte por apenas quatro meses.

■ Segurado faleceu, mas completou 18 ou mais contribuições ao RGPS e a união entre o segurado e o dependente era superior a dois anos: o dependente tem direito a receber a pensão por morte pelo seguinte período:
  □ três anos, com menos de vinte e um anos de idade;
  □ seis anos, entre vinte e um e vinte e seis anos de idade;
  □ dez anos, entre vinte e sete e vinte e nove anos de idade;
  □ quinze anos, entre trinta e quarenta anos de idade;
  □ vinte anos, entre quarenta e um e quarenta e três anos de idade; ou
  □ vitalícia, com quarenta e quatro ou mais anos de idade.

Serão aplicados, conforme o caso, a regra contida na alínea *a* ou os prazos previstos na alínea *c*, supra-apresentadas, **se o óbito do segurado decorrer de acidente de qualquer natureza ou de doença profissional ou do trabalho, independentemente** do recolhimento de 18 contribuições mensais ou da comprovação de dois anos de casamento ou de união estável.

Do supracitado, ressalta-se que, no caso de morte por acidente de qualquer natureza ou doença profissional ou do trabalho, o dependente terá direito a receber a pensão, de forma temporária ou vitalícia, a depender do caso concreto, sem ter de apresentar o mínimo de 18 contribuições recolhidas pelo segurado ou uma união de no mínimo dois anos.

Conforme dispõe a legislação, após o transcurso de pelo menos três anos e desde que nesse período se verifique o incremento mínimo de um ano inteiro na média nacional única, para ambos os sexos, correspondente à expectativa de sobrevida da população brasileira ao nascer, poderão ser fixadas, em números inteiros, novas idades para os fins previstos na alínea c apresentadas anteriormente.

Por sua vez, com a extinção da cota do último pensionista, a pensão por morte será encerrada. Não obstante, o dependente menor de idade que se tornar inválido, antes de completar 21 anos, deverá ser submetido a exame médico-pericial, não se extinguindo a respectiva cota se confirmada a invalidez.

Em síntese: **se o menor se tornar inválido antes de completar 21 anos, a sua cota de pensão por morte subsistirá mesmo após atingido a maioridade.**

Por fim, o tempo de contribuição ao RPPS será considerado na contagem das 18 contribuições mensais de que tratam este tópico.

6.21 O auxílio-reclusão

O auxílio-reclusão, cumprida a carência de 24 meses, prevista no inciso IV do *caput* do art. 25 da Lei nº 8.213/1991, será devido, nas condições da pensão por morte, aos dependentes do segurado de baixa renda, desde que o seu último salário de contribuição seja igual ou inferior a R$ 1.655,98 (isso considerando a atualização de 2022), recolhido à prisão em regime fechado que não recebe remuneração da empresa nem está em gozo de auxílio-doença, de pensão por morte, de salário-maternidade, de aposentadoria ou de abono de permanência em serviço.

O auxílio-reclusão é devido, apenas, durante o período em que o segurado estiver recolhido à prisão, sob regime **fechado. Não há de se falar em auxílio-reclusão no caso de liberdade condicional ou prisão em regime semiaberto**, a não ser, para este último, se a prisão ocorreu antes da EC nº 103/2019, ou seja, antes de 12.11.2019.

No caso de fuga, o benefício será **suspenso** e, se houver recaptura do segurado, será restabelecido a contar da data em que esta ocorrer, desde que ainda esteja mantida a qualidade de segurado.

O valor do auxílio-reclusão será apurado na forma estabelecida para o cálculo da pensão por morte, não poderá exceder o valor de um salário mínimo e será mantido enquanto o segurado permanecer em regime fechado.

Visando à modernização e ao aperfeiçoamento do procedimento, a certidão judicial e a prova de permanência na condição de presidiário serão substituídas pelo acesso à base de dados, por meio eletrônico, a ser disponibilizada pelo Conselho Nacional de Justiça, com dados cadastrais que assegurem a identificação plena do segurado e da sua condição de presidiário.

Até que o acesso à base de dados seja disponibilizado, o beneficiário apresentará trimestralmente atestado de que o segurado continua em regime fechado, que deverá ser firmado pela autoridade competente.

6.22 Reabilitação profissional

É um **serviço** da Previdência Social que tem o objetivo de oferecer, aos segurados incapacitados para o trabalho (por motivo de doença ou de acidente), os meios de reeducação ou readaptação profissional para o seu retorno ao mercado de trabalho.

Conforme dispõe a legislação previdenciária, a assistência (re)educativa e de (re)adaptação profissional, instituída sob a denominação genérica de habilitação e reabilitação profissional, visa a proporcionar aos beneficiários incapacitados para o trabalho (parcial ou totalmente), e às pessoas com deficiência, em caráter obrigatório e independentemente de carência, os meios indicados para proporcionar o reingresso no mercado de trabalho e no contexto em que vivem.

6.23 O serviço social

O serviço social é um serviço prestado aos segurados da Previdência com a finalidade de **esclarecer** seus **direitos sociais** e os meios de exercê-los. Tem como prioridade, além de facilitar o acesso a benefícios e serviços previdenciários, estabelecer o processo de solução dos problemas sociais relacionados com a Previdência Social. Tem direito ao serviço social todos os segurados, dependentes e demais usuários daquela.

6.24 Revisão da Vida Toda – Tema 1102 do Supremo Tribunal Federal

Até o advento da Lei n° 9.876/1999, o art. 29 da Lei n° 8.213/1991 ainda previa que o salário de benefício seria calculado pela média das 36 últimas contribuições, em período não superior a 48 meses. Com a publicação da Lei n° 9.876/1999, operou-se o alargamento do período básico de cálculo e o salário de benefício passou a corresponder aos 80% maiores salários de contribuição do segurado. No entanto, foi constituída regra de transição aos antigos segurados decorrente de mera inconveniência de conversão da moeda antes do Plano Real constituída a partir da competência do mês de julho de 1994, determinando a Lei n° 9.876/1999 a sua desconsideração no cálculo do salário de benefício.

> Art. 3º. Para o segurado filiado à Previdência Social até o dia anterior à data de publicação desta Lei, que vier a cumprir as condições exigidas para a concessão dos benefícios do Regime Geral de Previdência Social, no cálculo do salário-de-benefício será considerada a média aritmética simples dos maiores salários-de-contribuição, correspondentes a, no mínimo, oitenta por cento de todo o período contributivo decorrido desde a competência julho de 1994, observado o disposto nos incisos I e II do *caput* do art. 29 da Lei nº 8.213, de 1991, com a redação dada por esta Lei.

Essa regra de transição beneficia os segurados que possuem os maiores salários de contribuição vertidos após o Plano

Real, pois somente os 80% maiores destes serão considerados no cálculo do salário de benefício. No entanto, a regra transitória é prejudicial aos segurados que possuam os maiores salários de contribuição anteriores ao Plano Real, podendo gerar um salário de benefício de apenas um salário mínimo, acaso não exista salário de contribuição vertido a partir de julho de 1994 ou existam salários de contribuição mínimos a partir do Plano Real.

A discussão sobre a Revisão da Vida Toda foi levada até o STF, e decidida no Tema 1102 com Repercussão Geral, de relatoria do Ministro Marco Aurélio. O julgamento, finalizado em 25.02.2022, firmou, por 6 votos a 5, o seguinte entendimento:

> Possibilidade de revisão de benefício previdenciário mediante a aplicação da regra definitiva do art. 29, incisos I e II, da Lei nº 8.213/1991, quando mais favorável do que a regra de transição contida no art. 3º da Lei nº 9.876/1999, aos segurados que ingressaram no Regime Geral de Previdência Social antes da publicação da referida Lei nº 9.876/1999, ocorrida em 26.11.1999.

Todavia, o Ministro Nunes Marques efetuou, em 08.03.2022, pedido de destaque, para que o processo fosse retirado do plenário virtual e julgado em plenário físico. Deveras, num contexto de insegurança jurídica e instabilidade das decisões judiciais, tal medida traz a nítida possibilidade de se reverter o resultado do julgamento com os votos da nova composição do plenário físico.

6.25 Assistência social

Esse campo, ao contrário da previdência social, que é contributiva (só usufrui dos benefícios quem contribui ou contribuiu), e da saúde, que é disponibilizada a qualquer pessoa (pobre ou rico, independentemente de contribuição), é uma área que somente os necessitados podem utilizar!

Em última instância, é uma forma de o governo tentar reduzir o sofrimento das camadas mais pobres da sociedade. O art. 203 da CF/1988 define assistência social, bem como cita seus objetivos:

> Art. 203. A assistência social será prestada a quem dela necessitar, independentemente de contribuição à Seguridade Social, e tem por objetivos:
>
> I – a proteção à família, à maternidade, à infância, à adolescência e à velhice;
>
> II – o amparo às crianças e adolescentes carentes;
>
> III – a promoção da integração ao mercado de trabalho;
>
> IV – a habilitação e reabilitação das pessoas portadoras de deficiência e a promoção de sua integração à vida comunitária; e
>
> V – a garantia de um salário mínimo de benefício mensal à pessoa portadora de deficiência e ao idoso que comprovem não possuir meios de prover à própria manutenção ou de tê-la provida por sua família, conforme dispuser a lei;
>
> VI – a redução da vulnerabilidade socioeconômica de famílias em situação de pobreza ou de extrema pobreza.

O inciso IV, referente à habilitação e à reabilitação das pessoas com deficiência, trata de um **serviço da assistência social**, e não da Previdência Social.

Da mesma forma, o inciso V, que versa sobre garantia de um salário mínimo de benefício mensal à pessoa com deficiência e ao idoso, trata de um **benefício da assistência social**, e não da Previdência Social.

A assistência social é tratada tanto pela Constituição Federal como pela Lei nº 8.742/1993, conhecida como Lei Orgânica da Assistência Social (**LOAS**). Essa lei traz critérios que definem quais pessoas com deficiência e idosos terão direito ao benefício da assistência social. A norma é objetiva e descreve quem faz jus ao benefício de prestação continuada:

- **Idoso**: com idade superior a 65 anos, cuja família tenha uma renda mensal de no máximo 1/4 (25%) de salário mínimo por pessoa.
- **Pessoa com deficiência**: deverá comprovar que a deficiência obstrui a sua participação plena e efetiva na sociedade em igualdade de condições com as demais pessoas e, assim como os idosos, que sua família não perceba renda mensal superior a 1/4 (25%) de salário mínimo por pessoa.

São critérios objetivos, porém, na solução do caso concreto, o Poder Judiciário tem utilizado outros critérios para aferir o estado de miserabilidade do indivíduo e de sua família, garantindo-se os direitos fundamentais estabelecidos na Constituição. Portanto, embora constitucional o critério da renda familiar *per capita* inferior a 1/4 do salário mínimo, a forma de composição dessa renda deve ser aferida caso a caso, sem que isso implique afronta à constitucionalidade da regra legal.

A Lei nº 14.176, de 22 de junho 2021, autorizou que, a partir de 1º.01.2022, o critério da renda *per capita* de 1/4 do salário mínimo pode ser ampliado para até 1/2 (meio) salário mínimo, em razão dos seguintes critérios:

- o grau da deficiência;
- a dependência de terceiros para o desempenho de atividades básicas da vida diária; e

■ o comprometimento do orçamento do núcleo familiar, exclusivamente com gastos médicos, com tratamentos de saúde, com fraldas, com alimentos especiais e com medicamentos do idoso ou da pessoa com deficiência não disponibilizados gratuitamente pelo SUS, ou com serviços não prestados pelo SUAS, desde que comprovadamente necessários à preservação da saúde e da vida.

Além disso, a referida lei também regulamentou o auxílio-inclusão previsto na Lei nº 13.146/2015 (Estatuto da Pessoa com Deficiência), e que visa a estimular o ingresso de pessoas com deficiência no mercado de trabalho.

Conforme art. 26-A da Lei nº 14.176/2021, terá direito à concessão do auxílio-inclusão a pessoa com deficiência moderada ou grave que, cumulativamente:

> I – receba o benefício de prestação continuada, (...) e passe a exercer atividade:
>
> a) que tenha remuneração limitada a 2 (dois) salários-mínimos; e
>
> b) que enquadre o beneficiário como segurado obrigatório do Regime Geral de Previdência Social ou como filiado a regime próprio de previdência social da União, dos Estados, do Distrito Federal ou dos Municípios;
>
> II – tenha inscrição atualizada no CadÚnico no momento do requerimento do auxílio-inclusão;
>
> III – tenha inscrição regular no CPF; e
>
> IV – atenda aos critérios de manutenção do benefício de prestação continuada, incluídos os critérios relativos à renda familiar mensal *per capita* exigida para o acesso ao benefício, (...).

O valor do auxílio-inclusão corresponde a 50% do valor do benefício de prestação continuada, não sendo acumulado com o pagamento de (art. 26-C):

> I – benefício de prestação continuada de que trata o art. 20 desta Lei; [ao fazer o requerimento de auxílio-inclusão, o beneficiário autoriza a suspensão de seu BPC-Loas Deficiente.]
>
> II – prestações a título de aposentadoria, de pensões ou de benefícios por incapacidade pagos por qualquer regime de previdência social; ou
>
> III – seguro-desemprego.

No cálculo de renda *per capita* para a concessão do benefício, serão desconsideradas:

- as remunerações obtidas pelo requerente em decorrência de exercício de atividade laboral, desde que o total recebido no mês seja igual ou inferior a 2 (dois) salários mínimos;
- as rendas oriundas dos rendimentos decorrentes de estágio supervisionado e de aprendizagem; e
- o benefício de prestação continuada ou auxílio-inclusão pago a outro membro do grupo familiar (ou seja, mais de um membro da família poderá receber o benefício).

A intenção realmente é ajudar a camada mais pobre e necessitada da sociedade. A seguridade social, conforme a CF/1988, art. 195, será financiada pelos orçamentos dos entes políticos e pelas contribuições sociais. Afinal, a assistência é mais uma subdivisão da seguridade, assim como a previdência e a saúde. Do mesmo modo, assim esclarece o art. 204 da CRFB/1988:

Art. 204. As ações governamentais na área da assistência social serão realizadas com recursos do Orçamento da Seguridade Social [OSS], previstos no art. 195, além de outras fontes, e organizadas com base nas seguintes **diretrizes**:

I – **descentralização** político-administrativa, cabendo a coordenação e as normas gerais à esfera federal e a coordenação e a execução dos respectivos programas às esferas estadual e municipal, bem como a Entidades Beneficentes e de Assistência Social [EBAS], e;

II – **participação da população**, por meio de organizações representativas, na formulação das políticas e no controle das ações em todos os níveis. (Grifos nossos.)

Como se pode extrair dos incisos citados, a **coordenação geral da assistência social** pertence à esfera federal, enquanto a **execução** das ações concernentes a ela cabe à esfera estadual, municipal e às entidades beneficentes e de assistência social.

São exemplos de benefícios assistenciais:

- Pensão especial da Síndrome da Talidomida: esse é um benefício específico aos portadores da Síndrome da Talidomida nascidos a partir de 1º de março de 1958, data do início da comercialização da droga denominada Talidomida no Brasil. Trata-se de uma pensão especial, mensal, vitalícia e intransferível.
- Pensão especial por hanseníase: esse é um benefício devido às pessoas atingidas pela hanseníase que tenham sido submetidas ao isolamento e à internação compulsória em hospitais-colônias até 31 de dezembro de 1986. Trata-se de uma pensão mensal, vitalícia e intransferível.

- Auxílio Brasil: regulamentado pela Lei nº 14.284/2021, de 29 de dezembro de 2021, o programa é destinado a garantir renda básica para famílias em situação de pobreza, com renda familiar mensal *per capita* no valor entre R$ 100,01 (cem reais e um centavo) e R$ 200,00 (duzentos reais), denominada "linha de pobreza"; e extrema pobreza, caracterizada pela renda familiar mensal *per capita* no valor de até R$ 100,00 (cem reais), denominada "linha de extrema pobreza".

7

As conquistas dos direitos sociais

No contexto atual de reformas, comumente geradas entre tensões de cláusulas constitucionais sociais e mecanismos de decisão política, é necessário um olhar para os novos textos com uma perspectiva baseada em um ideal democrático-igualitário (GARGARELLA, 2013).

Nesse sentido, a pesquisa empírica realizada para conclusão deste capítulo baseia-se na aplicação de questionários e entrevistas intensivas semiestruturadas e análise de dados quantitativos e qualitativos, a fim de demonstrar a realidade prática dos usuários da previdência social. Com base nessa análise, é possível afirmar que a estrutura organizacional permanece burocratizada, rígida, de modo que o próprio Estado constitui óbice à universalização dos direitos sociais.

Isso quer dizer que, apesar do progresso prometido pelo Estado, as transformações não são tão profundas e, acima de tudo, as estruturas das instituições, em especial aquelas que cuidam da seguridade social, não cumprem o seu devido papel, permanecendo antiquadas e quase intocadas, um poder burocrata com poucas possibilidades de intervenção popular na política de transformações sociais.

7.1 A assimetria de informação

A expressão "assimetria de informação" foi expandida por George A. Akelorf (1970), quando escreveu o artigo "The market for lemmons". No ano de 2001, o autor ganhou o prêmio Nobel de Economia, no qual explorou esse conceito. A reforma da previdência e o próprio sistema da seguridade social pode apontar uma variante desse conceito: a desinformação assimétrica.

Na formulação de propostas legislativas da seguridade social, os atores envolvidos detêm quantidades de informação diferentes e, por isso, realizam juízos igualmente diferentes. A nova previdência com base no sistema da seguridade social cria uma série de limitações sociais, bem como algumas distorções, punindo e afastando a razão da proteção social.

Toda regulação contém elementos assimétricos de informação entre autoridade e usuário, no caso da previdência, os beneficiários e o servidor. Ao desempenhar suas atribuições de estabelecer ações que induzem e promovam o bem-estar social, é comum que os atores governamentais encontrem situação de baixo nível informacional em virtude da escassez de dados, ou porque não possuem determinada experiência prática com a vivência social de determinados segmentos da sociedade, em razão da parca qualidade da informação disponível.

A redução das assimetrias de informação entre atores governamentais e usuário da previdência faz-se por meio da imposição de procedimentos de revelação de informação (*mandatory disclosure*), ou de coleta e/ou encaminhamento da informação referente a estes.

As informações que chegam aos atores, gestores e propositores de alterações legislativas devem partir de forma primária para garantir a transparência, uma vez que a autoridade responsável pelo setor tem que possuir acesso à realidade daquele segmento.

Em um mundo complexo como o das sociedades atuais, a informação, em especial para aqueles que precisam alcançar determinados direitos, não é plenamente conhecida. Douglas North (1990) traz algumas hipóteses para a necessidade da transparência no âmbito das instituições.

Na visão do autor, é possível conceber um mundo em que os indivíduos operam com base em informações incompletas derivadas de modelos subjetivos que estão frequentemente errados. Concebe, também, um mundo em que a retroalimentação de informações é igualmente insuficiente para corrigir o problema e em que as regras que regulam o comportamento humano não surgem espontaneamente ou, quando criadas, são por quem tem o poder de colocar em pauta os seus interesses.

Ao superar a simplicidade do mundo descrita pela teoria neoclássica, é preciso entender que os seres humanos possuem racionalidade limitada, além das incertezas próprias do meio. E a partir dessa premissa, alguns atores governamentais começam a agir de modo a desviar determinados objetivos.

Para exemplificar melhor a ideia do quão importante é a detenção da informação, é possível relacioná-la aos custos de transação, que por sua vez podem ser divididos em dois tipos: os primeiros são os custos de mensuração (e outros surgidos antes que a transação seja concretizada), que se relacionam às dificuldades dos agentes em definir claramente o objeto da transação; e os segundos são os custos de *enforcement* (ou seja, os vinculados à efetivação daquilo que foi pactuado), que por sua vez se vinculam, entre outras coisas, à incerteza que os agentes têm com relação à propriedade do bem a ser trocado e, portanto, relacionam-se com problemas de legitimidade da transação a ser efetuada (GALA, 2003).

As incertezas próprias do sistema econômico e os elevados custos de transação justificam a existência das instituições, que passam a coordenar, neste contexto, as ações coletivas, promovendo a possível estabilidade requerida para o intercâmbio humano. Na definição de North (1990, p. 3), as instituições "são invenções humanas criadas para estruturar as interações políticas, econômicas e sociais ao longo do tempo". De forma geral, as instituições passam a consistir nas limitações informais, regras formais e suas características de *enforcement*.

Na realidade brasileira não é diferente. As instituições são feitas para estruturar interações políticas, econômicas e sociais e, consequentemente, a informação é uma ferramenta para fomento de alcance dos direitos e de maior credibilidade à democracia.

A informação e a participação do cidadão é algo tão ou mais relevante do que qualquer mudança; a partir do momento que qualquer reforma ou tomada de decisão fique apenas na mão do Estado, este perde de vista todas as dimensões históricas, esquecendo de prestar atenção à prática e à efetividade do constitucionalismo.

Um estudo consciente dessa história permitiria reconhecer que no Brasil, por dezenas de anos, movimentos constantes de avanço de poder concentrados na mão do Estado tendem a ignorar a opinião popular, pois muitas vezes o comezinho é visto como uma ameaça e, como tal, sofre resistência.

Nesse contexto, defende-se que é possível fomentar instrumentos de participação política transformadora, que muitas vezes não podem ser acessados pelos cidadãos das classes populares, além de fomentar a informação adequada para que o cidadão possa acessar aos direitos que lhe cabe.

É imprescindível a responsabilidade estatal de potencializar a garantia e a promoção social tanto em âmbito institucional como no atendimento da ponta das agências da previdência social, igualmente em nível nacional pela implementação das políticas públicas sociais por meio da legítima expectativa da população.

7.2 A judicialização como obstáculo para concessão dos benefícios previdenciários e assistenciais

O estudo da judicialização da matéria de Direito Previdenciário traduz a forma como os usuários do sistema se comportam diante de dificuldades, tais como a falta de informação e de organização institucional, enfrentadas na esfera administrativa. Além da análise da conduta dos usuários, a judicialização é um reflexo do comportamento do próprio Estado, representado pela autarquia federal, o INSS.

Há três fontes de informação para estudo dos processos judiciais na matéria que envolve previdência e assistência. A primeira delas é o CNJ (2021), que por sua vez mantém o "Painel Justiça em Números". Não menos importante, o CJF, que conserta o observatório da Estratégia Justiça Federal. E, ainda, relatórios de auditorias do Tribunal de Contas da União.

A forma como os recursos são alocados é um ponto interessante a ser observado, pois a partir do momento que já existe uma estrutura administrativa para análise e concessão de benefícios, há um desperdício de recursos quando se gasta com judicialização.

Esses comportamentos constituem resultado socialmente indesejado, porquanto não conferem eficácia ao que dispõe o texto constitucional quando trata das garantias dos direitos sociais. Portanto, neste tópico, as consequências da falta de eficiência no cumprimento dos objetivos eleitos pela sociedade serão analisadas.

7.2.1 O congestionamento da estrutura judiciária para demandas assistenciais e previdenciárias

A judicialização das questões previdenciárias é um fenômeno que ocorre há muitos anos. Pelo relatório produzido pelo CNJ (2021), "Justiça em números", a matéria sempre está no topo das demandas mais ajuizadas na Justiça Federal.

A origem da questão é imprecisa, mas após estudo empírico e sistematizado desta dissertação, surgiram argumentos distintos para analisar as implicações da judicialização. Contudo, de uma forma geral, as causas e as consequências da expansão do poder judiciário no processo decisório dos direitos sociais, em especial dos benefícios previdenciários, podem ser entendidas como consequências da má gestão administrativa do INSS.

Observa-se que não só houve avanços e, ao mesmo tempo, restrições de direitos previdenciários e assistenciais, mas também, como apontado na pesquisa citada, ainda há dificuldades de acesso da população às informações mínimas necessárias para concessão de um direito.

De maneira geral, os estudos sobre a judicialização da matéria de previdência e assistência apontam que os benefícios mais pleiteados são: auxílio-doença previdenciário, aposentadoria por idade rural, aposentadoria por incapacidade permanente previdenciária, aposentadoria por tempo de contribuição, amparo social à pessoa com deficiência, pensão por morte previdenciária, salário-maternidade, aposentadoria especial, auxílio-acidente acidentário, amparo social idoso (BPC) e auxílio-acidente previdenciário.

Todos os recursos para pagamento dos benefícios concedidos judicialmente decorrem do orçamento da assistência social, que por sua vez é elaborado pelas agências do INSS. Grande parte dos processos que envolvem a matéria previdência e assistência tramitam na Justiça Federal, em razão do que dispõe o art. 109, inciso I, da CF/1988.

Excepcionalmente, cabe à justiça estadual processar e julgar causas no foro do domicílio dos beneficiários quando a comarca não tenha sede do juízo federal; além disso, questões relacionadas às demandas que envolvam acidente de trabalho.

A Procuradoria Federal é o órgão responsável pelo acompanhamento das questões jurídicas de autarquias e fundações federais, em especial as demandas jurídicas que figuram como parte o INSS.

Ainda no âmbito da competência, a Lei nº 10.259/2001 instituiu os Juizados Especiais Cíveis e Criminais. A referida lei tem como propósito facilitar o acesso à justiça, em especial àquelas demandas previdenciárias, que envolvem verbas alimentares. Em seu art. 9º, dispõe que a primeira audiência deve ser marcada em até 30 dias após instaurado o processo. Contudo, como se verá adiante, o prazo para primeira audiência e possível acordo ultrapassa e muito o que prevê a legislação.

O art. 12 da mesma lei dispõe a necessidade de realização de exame técnico por pessoa habilitada, nomeada pelo juiz, que apresentará o laudo em até cinco dias antes da audiência, independentemente de intimação das partes. Não obstante, após o trânsito em julgado, como dispõe o art. 17, o pagamento será efetuado no prazo de 60 dias, contados da entrega da requisição, por ordem do juiz.

Pois bem, vê-se que a ideia do procedimento para obter o direito previdenciário ou assistência pela via judicial, à primeira vista parece ser simples e célere, mas, como se pode notar pelos dados fornecidos pelo CNJ (2021), a média de um processo que tramita no juizado especial ultrapassa o prazo de três anos.

Entre as seis espécies mais concedidas pelo INSS, encontra-se a aposentadoria por incapacidade permanente, com 37%, a aposentadoria por idade rural e o amparo social à pessoa com deficiência, ambas com 25%. Esses são os tipos com maior percentual de concessões judiciais conforme análise dos últimos cinco anos, bem superiores à média de judicialização no INSS, que é de 9,3%.

Ao analisar esses percentuais por espécie de benefício, verifica-se que seu comportamento oscila conforme a espécie de benefício e a unidade da federação onde o benefício é concedido.

7.2.2 Impacto na quantidade de processos judiciais

Para mensurar a quantidade de processos judiciais e os consequentes impactos no funcionamento estatal, foram utilizados como base os relatórios dos tribunais de conta em conjunto com os relatórios anuais do CNJ.

Nesse ponto, é importante observar que o Poder Judiciário classifica ações que envolvem direito previdenciário e assistencial em: direito previdenciário, razão pela qual quando falamos em demandas que envolvem direito previdenciário entende-se tanto benefícios assistenciais e benefícios previdenciários.

Por outro lado, o CNJ faz classificação detalhada dos tipos de processo, que nesse levantamento foram reclassificados em 15 tipos, para tornar possível a análise.

De acordo com o "Painel Justiça em Números", de 2014 a 2018, foram distribuídos cerca de 6.732.854 novos processos cujo assunto foi classificado como Direito Previdenciário.

Considerando apenas a Justiça Federal, a maior parcela dos processos novos está nos Juizados Especiais Federais, mas cabe destacar o elevado percentual de casos na segunda instância. Da análise dos dados apresentados pela referida pesquisa, do ano de 2016 até o último dia do ano de 2018, as demandas previdenciárias e assistenciais aumentaram exponencialmente. Ainda não é possível explicar a causa desse fenômeno, mas é possível analisar alguns dados como expostos amiúde.

Outro dado coletado revela que os processos previdenciários, em especial nas matérias relacionadas à concessão de benefício, foram alvo de judicialização. A maior parte desse crescimento das ações judiciais começou no ano de 2017, o que coincide com a edição da MP nº 767, de 6 de janeiro de 2017, convertida na Lei nº 13.457/2017. A referida MP autoriza o INSS a revisar os benefícios que foram deferidos judicialmente, para aferição das condições de incapacidade.

Prevê também que, na ausência de determinação do prazo de duração do benefício por incapacidade, este poderá ser cessado após 120 dias a partir da concessão (art. 60, §§ 8º e 9º, da Lei nº 8.213/1991).

Não obstante, a Lei nº 13.846/2019, que instituiu a possibilidade de revisão de benefícios com indícios de irregularidades, trouxe relevante impacto para judicialização em matéria previdenciária, porquanto autoriza o pagamento de um bônus aos servidores do INSS para cada processo analisado fora do horário de trabalho.

Tanto é que apenas no ano de 2020, o INSS cessou mais de 4 milhões de benefícios (DATAPREV, 2021). Evidente que há outros fatores para judicialização, mas fato é que pode ser uma reação à suspensão desses benefícios de maneira arbitrária por parte da autarquia, informação relatada por diversos entrevistados durante a pesquisa reportada no capítulo anterior.

Conforme se extrai de Relatórios coletados por sistemas oficiais, vê-se que o auxílio-doença é o principal benefício judicializado em todos os TRF. Segundo dados do relatório do TCU,[1] houve um levantamento para análise de procedência dos pedidos. Nesse cenário, os benefícios julgados, pendentes (estoque), providos, não providos e conciliados foram segregados por assunto e UF até o ano de 2017. Contudo, o cálculo do índice de provimento considerou o percentual de conciliações em relação ao total de decisões de mérito tomadas, ou seja, decisões favoráveis mais as ações não providas.

Cabe observar que o total de decisões de mérito não corresponde à quantidade de julgamentos. Segundo informações colhidas pelo TRF, há movimentações que não são enquadradas como provimentos ou não provimentos, como extinto

---

[1]. BRASIL. Tribunal de Contas da União (TCU). TC 022.354/2017-4. *Levantamento. Análise dos riscos inerentes à judicialização para a subsequente concessão de benefícios pelo INSS. Identificação dos fatores contribuintes para a referida judicialização*. Rel. André Luís de Carvalho.

por desistência,[2] por exemplo. Além disso, há casos em que o resultado do julgamento ou da sentença não foi especificado pela vara judiciária responsável.

O gráfico a seguir é baseado no relatório do TCU[3] e demonstra o percentual de provimentos no Brasil, em especial os Tribunais Regionais Federais. Importante analisar que, dentre as principais espécies de benefício, o maior índice de provimento é a aposentadoria por tempo de contribuição:

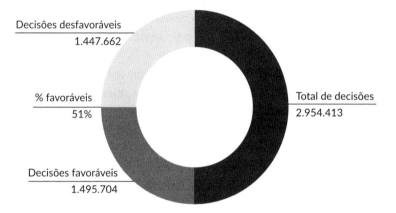

Total de decisões (2.954.413), equivale ao total de provimentos, não provimentos e conciliações. Decisões favoráveis é a soma de provimentos e conciliações. Os TRFs da 2ª e 3ª Região consideram conciliações como provimentos.

Fonte: Dados TRF, em resposta ao Ofício 06-307-TCU/SecexPrevidência.

---

[2] CPC/2015: "(...) Art. 485. O juiz não resolverá o mérito quando: § 4º Oferecida a contestação, o autor não poderá, sem o consentimento do réu, desistir da ação. § 5º A desistência da ação pode ser apresentada até a sentença." BRASIL. Lei nº 13.105, de 16 de março de 2015. Código de Processo Civil. Disponível: http://www.planalto.gov.br/ccivil_03/_ato2015-2018/2015/lei/l13105.htm. Acesso em: 18 set. 2018.

[3] BRASIL. Tribunal de Contas da União (TCU). TC 022.354/2017-4. Levantamento. Análise dos riscos inerentes à judicialização para a subsequente concessão de benefícios pelo INSS. Identificação dos fatores contribuintes para a referida judicialização. Rel. André Luís de Carvalho.

O gráfico demonstra que 51% dos processos judiciais possuem decisões favoráveis. Esse número será analisado posteriormente em conjunto com a quantidade de indeferimentos administrativos do INSS, mas não se pode deixar de observar que são mais de um milhão de cidadãos que deixaram de receber seu benefício corretamente, o que decerto lhe garantiria a sobrevivência.

É trivial a ideia de que muitas vezes há lei aplicável ao caso concreto, mas sua interpretação é ambígua (GICO JR., 2018). No caso do direito assistencial e em especial o previdenciário, a análise feita pela instância administrativa é completamente diferente da análise judicial, em especial sobre o aprofundamento fático, e certamente geram resultados diferentes. A solução para esse problema não é nem automática nem constante no tempo, mas sugere-se uma uniformização de entendimentos, em especial mecanismos de uniformização entre as instruções normativas internas do INSS, processos administrativos, jurisprudência e a própria legislação, em que se possa ao final atribuir um efeito vinculante às decisões definitivas das instâncias administrativas e judiciais.

Após essas importantes considerações, analisar-se-á o impacto financeiro causado ao Estado pela má gestão da instância administrativa do INSS.

7.2.3 Impacto financeiro na estrutura e despesas dos órgãos envolvidos

O último dado possível para validação dessa informação foi o dado colhido do exercício de 2016. Naquele ano, o custo operacional da judicialização dos conflitos relativos aos benefícios concedidos pelo INSS, calculado pela equipe de auditoria, conforme relatório do TCU, foi de R$ 4.668.410.970,40,[4] que corresponde a 24% do custo operacional total dos órgãos envolvidos.

Os órgãos envolvidos e os valores estão especificados na tabela a seguir, com destaque para a Justiça Federal de 1º e 2º Graus e para a PGF, nos quais a judicialização do INSS representa 38% e 24% do custo operacional, respectivamente.

Custo operacional do sistema de judicialização no exercício de 2016		
Órgão	Custo operacional judicialização	Custo operacional total
Justiça Federal de 1º e 2º Graus	R$ 3.312.615.807,36	R$ 8.661.137.246,04
Procuradoria Geral Federal (PGF)	R$ 774.103.530,76	R$ 2.804.440.837,75
INSS (ADJ-APS e PGE)	R$ 522.696.817,48	R$ 7.761.129.549,31
Defensoria Pública da União	R$ 58.994.814,80	R$ 436.998.628,16
Total	R$ 4.668.410.970,40	R$ 19.663.706.261,26

Fontes: SIAFI; resposta ao ofício de requisição 06-307/2017; relatórios de gestão AGU, DPU, 2017.

Para validação dos valores, foi incluído o custo operacional da judicialização na Justiça Federal de primeiro e segundo graus, além do percentual de processos julgados em matéria previdenciária e assistencial sobre o total de processos julgados nos juizados, turmas recursais e Tribunais Regionais Federais. Por fim, multiplicou-se pelas despesas de pessoal e demais despesas correntes.

---

[4] BRASIL. Tribunal de Contas da União (TCU). TC 022.354/2017-4. *Levantamento. Análise dos riscos inerentes à judicialização para a subsequente concessão de benefícios pelo INSS. Identificação dos fatores contribuintes para a referida judicialização*. Rel. André Luís de Carvalho.

Quanto à PGF e ao INSS, o custo operacional foi calculado considerando o quantitativo de procuradores federais e de servidores do INSS que atuam na questão, respectivamente, multiplicado pelas despesas de pessoal e por outras despesas correntes.

Quanto à DPU, o custo operacional foi calculado pela razão dos processos ativos de assistência jurídica em matéria previdenciária e assistencial sobre o total de processos ativos, multiplicado pelas despesas de pessoal e por outras despesas correntes. A metodologia utilizada para o cálculo do custo de PGF, INSS e DPU está detalhada minunciosamente no relatório do TCU.[5]

O quantitativo de magistrados e de servidores dos órgãos envolvidos diretamente na questão da judicialização é de 15.889 no exercício de 2016, conforme a tabela a seguir. Cumpre esclarecer que os membros e servidores contabilizados na tabela não atuam exclusivamente na questão previdenciária.

Quantitativo de servidores que atuam na questão da judicialização da previdência. Exercício 2016		
Órgão	Quantitativo previdenciário	Total
Magistrados – JF de 1º e 2º Graus	1.132	1.900
Servidores – JF de 1º e 2º Graus	10.777	28.575
Procuradoria Geral Federal (PGF)	1.670	3.100
INSS (ADJ-APS e PGE)	2.180	36.877
Defensoria Pública da União	140	613
Total	15.889	71.065

Fonte: Relatórios de gestão TCU, 2017.

---

[5]. BRASIL. Tribunal de Contas da União (TCU). TC 022.354/2017-4. *Levantamento. Análise dos riscos inerentes à judicialização para a subsequente concessão de benefícios pelo INSS. Identificação dos fatores contribuintes para a referida judicialização.* Rel. André Luís de Carvalho.

Como bem apontam os dados, os gastos da má gestão da previdência e a consequente judicialização têm um custo para o Estado, que no ano de 2017 totalizou R$ 4.668.410.970,40.

Sabe-se que os dados apontados pelo TCU podem não ser precisos, mas fato é que a falta de gestão no funcionamento da análise de concessão de benefícios tem um impacto financeiro. Ao final e ao cabo, é um custo que o cidadão tem de arcar pela falta de organização institucional e pelo excesso de mecanismos de burocracia criados pela própria previdência.

7.3 Os desafios para concessão de benefícios do INSS: análise entre os números de concessões administrativas e judiciais

A partir da análise dos processos judiciais previdenciários e assistenciais, é preciso analisar o aspecto descritivo entre o prisma econômico e a eficácia da legislação. Não obstante, o chamado aspecto descritivo da abordagem entre direito e consequências econômicas pode ser entendido sob um aspecto da aplicação da lei e suas consequências decorrentes da eficiência do funcionamento da estrutura da previdência.

Por exemplo, para considerar a lógica da judicialização e burocracia crescentes enfrentadas pelo cidadão no âmbito administrativo, apontam-se os dados de requerimentos, concessões e indeferimento dos benefícios no âmbito da própria previdência: no ano de 2016 foram realizados 8.680.134 requerimentos de benefícios.[6] Desse total, 4.387.234 são refe-

---

[6] Os demais benefícios são aqueles do RGPS com baixa frequência de concessões, as de natureza assistencial e os benefícios de legislação específica. Dentre as principais espécies estão Pensão Vitalícia Dependentes Seringueiro, Pensão por Morte Acidente do Trabalho, Pensão Vitalícia Seringueiros, Pensão por Morte de Ex-Combatente, Pensão Especial Hanseníase Lei nº 11.520/2007, Auxílio Suplementar Acidente Trabalho, Aposentadoria por Invalidez-Trab. Rural, Pensão por Morte de Trabalhador Rural e Pensão Vitalícia Síndrome Talidomida.

rentes a benefícios por incapacidade e 4.292.900 referentes a demais benefícios. Desse total de 8.680.134 requerimentos, foram concedidos 5.132.451; dessa quantidade de concessões, 2.807.042 são referentes a benefícios por incapacidade e 2.325.409 referentes a demais benefícios.

Do total de 8.680.134 requerimentos realizados, 4.164.435 foram indeferidos. Dessa quantidade de indeferimentos, 2.548.629 são referentes a benefícios por incapacidade e 1.615.806 são referentes a demais benefícios; ou seja, de todos os benefícios requeridos administrativamente, 48% são indeferidos.

Dessa quantidade de benefícios indeferidos no ano de 2016, foram propostas 2.525.195 (CNJ, 2016) ações judiciais relacionadas à demandas previdenciárias e assistenciais, o que corresponde a 60,5% do valor total dos benefícios indeferidos. Vejamos:

Funil de demandas previdenciárias e assistenciais no ano de 2016

Fonte: dados coletados do CNJ, 2018 e do INSS, 2016.

Fato é que não se conhece se as demandas ajuizadas naquele ano foram referentes aos benefícios indeferidos no mesmo período, mas algo que parece curioso é que a proporção de benefícios analisados, concedidos e indeferidos é muito semelhante, como se denota dos anos subsequentes.

Importante mencionar que os pedidos administrativos para benefícios assistenciais são exponencialmente menores aos benefícios previdenciários. Contudo, levou-se em consideração, para minimizar a margem de erro ao demonstrar as estatísticas.

No ano de 2017 foram realizados 9.388.515 requerimentos de benefícios. Desse total, 4.556.856 são referentes aos benefícios por incapacidade e 4.831.659 são referentes aos demais benefícios. Desse total de 9.388.515 requerimentos, foram concedidos 4.995.623; dessa quantidade de concessões, 2.970.338 são referentes a benefícios por incapacidade e 2.025.285 referentes a demais benefícios.

Do total de 9.388.515 (INSS, 2017) requerimentos realizados, 3.950.436 foram indeferidos. Dessa quantidade de indeferimentos, 2.350.796 são referentes ao benefício por incapacidade e 1.599.640 são referentes aos demais benefícios; ou seja, de todos os benefícios requeridos administrativamente, 42% são indeferidos.

Dessa quantidade de benefícios indeferidos no ano de 2017, foram propostas 2.657.945 (CNJ, 2018) ações judiciais relacionadas às demandas previdenciárias e assistenciais, o que corresponde a aproximadamente 66,9% do valor dos benefícios indeferidos:

Funil de demandas previdenciárias e assistenciais no ano de 2017

Fonte: dados coletados do CNJ, 2018 e do INSS, 2017.

Como mencionado anteriormente, não é possível aferir que as demandas ajuizadas naquele ano foram referentes aos benefícios indeferidos no mesmo período, mas a proporção de indeferimentos administrativos permanece muito semelhante.

Já no ano de 2018, foram realizados 9.898.639 requerimentos de benefícios. Desse total, 4.839.415 são referentes aos benefícios por incapacidade e 5.059.221 são referentes aos demais benefícios. Desse total de 9.898.639 requerimentos, foram concedidos 5.123.777, dessa quantidade de concessões; 2.941.528 são referentes aos benefícios por incapacidade e 2.182.249 são referentes aos demais benefícios.

Do total de 9.898.639[7] requerimentos realizados, 3.889.600 foram indeferidos. Dessa quantidade de indeferimentos, 2.457.022 são referentes ao benefício por incapacidade e 1.432.578 são referentes aos demais benefícios. Ou

---

[7]. BRASIL. INSS. *Dados abertos – previdência social e INSS*. Disponível em: http://www.previdencia.gov.br/dados-abertos/dados-abertos-previdencia-social/. Acesso em: 8 dez. 2019.

seja, de todos os requeridos administrativamente, 39,4% são indeferidos.

Dessa quantidade de benefícios indeferidos no ano de 2018, foram propostas 2.807.121 (CNJ, 2019) ações judiciais relacionadas a demandas previdenciárias e assistenciais, o que corresponde a aproximadamente 72% do valor total dos benefícios indeferidos:

Funil de demandas previdenciárias e assistenciais no ano de 2018

Fonte: dados coletados do CNJ, 2019 e do INSS, 2017.

Curioso observar que o percentual de indeferimento é muito semelhante, sempre fica em torno de 40% a 50%. Além disso, como mencionou o relatório elaborado pelo TCU,[8] há uma média de 51% de procedência dos processos que envolvem benefícios previdenciários e assistenciais.

---

[8]. BRASIL. Tribunal de Contas da União (TCU). TC 022.354/2017-4. *Levantamento. Análise dos riscos inerentes à judicialização para a subsequente concessão de benefícios pelo INSS. Identificação dos fatores contributivos para a referida judicialização.* Rel. André Luís de Carvalho.

A soma dessas constatações redunda na premissa de que há mais de um milhão de usuários preteridos de forma indevida pelo INSS na instância administrativa, isso porque, se há uma previsão de 51% de processos procedentes, conforme relatório do TCU,[9] ao analisar a quantidade de processos judicializados por ano, e ao considerar tal projeção da tutela jurisdicional, é possível inferir que há mais de um milhão de usuários da previdência social que possuem direito e deixam de ser assistidos de maneira correta.

Além disso, há de se considerar o universo da quantidade de requerimentos indeferidos de pessoas que talvez possam ter sido cerceadas de seus direitos na instância administrativa e não possuem a informação devida e, consequentemente, deixam de buscar outro mecanismo para efetivar aquilo que lhe poderia ser devido.

Há de se considerar, ainda, o baixo nível de informação daqueles que receberam o indeferimento e talvez por falta de informação não busquem meios para efetivar o cumprimento da tutela jurisdicional.

Por fim, esses procedimentos devem ser vistos como instrumento para soluções e busca de uma maior efetividade na criação de remédios ao alcance social.

7.4 Desjudicialização e debate institucional

Conclui-se que a efetividade do direito previdenciário e assistencial necessita de um conjunto de respostas políticas

---

[9.] BRASIL. Tribunal de Contas da União (TCU). TC 022.354/2017-4. *Levantamento. Análise dos riscos inerentes à judicialização para a subsequente concessão de benefícios pelo INSS. Identificação dos fatores contribuintes para a referida judicialização.* Rel. André Luís de Carvalho.

e ações governamentais mais amplas e não meramente formais e restritas às ordens judiciais.

Em face da omissão e da negligência do Estado, o cidadão, usuário da previdência, deve escolher qual comportamento adotar entre arriscar não ter seus direitos mínimos existenciais atendidos ou demandar assertivamente seus direitos, o que pode implicar um congestionamento do poder judiciário diante da precarização dos serviços prestados pelo INSS.

As demandas judiciais não podem ser consideradas como principal instrumento deliberativo na gestão dos direitos sociais, isso por si só é uma matéria extremamente sensível, pois envolve, muitas vezes, questões de sobrevivência e desenvolvimento da nação.

A desburocratização do acesso às agências do INSS e a necessidade de multiplicação da informação correta devem ser admitidas como elementos fundamentais na tomada de decisão dos gestores, além de, necessariamente, serem contempladas para melhoria do acesso ao direito já positivado.

Em realidade, ao criar obstáculos, o INSS acaba prejudicando o desenvolvimento social e desperdiçando recursos de maneira inconsequente. Não se pode mais admitir que a análise administrativa de um benefício com caráter alimentar seja totalmente desconforme à legislação.

Não é possível admitir, além disso, que mais de um milhão de pessoas tenham seus benefícios indeferidos de maneira equivocada. Essas injustiças comprometem ainda mais o acesso ao serviço da previdência, e consequentemente, contribuem para a perpetuação do contexto de desigualdade social e estrutural, o que não será resolvido com qualquer reforma que altere o sistema da previdência sem antes pensar no serviço prestado diretamente ao cidadão.

No contexto democrático brasileiro, a judicialização pode expressar reivindicações e modos de atuação legítimos de cidadãos e de instituições. O principal desafio é formular estratégias políticas e sociais, orquestradas com outros mecanismos e instrumentos de garantia democrática que aperfeiçoem os sistemas de seguridade com vistas à efetividade do direito e do desenvolvimento social do país.

A partir dessa perspectiva, poderiam ser definidos espaços de debates e diálogos institucionais para analisar a experiência do usuário, conforme pesquisa realizada neste trabalho, além da uniformização dos entendimentos das instruções normativas internas da previdência com a legislação e a jurisprudência dos tribunais.

É preciso implementar padrões de atendimento nas agências da previdência, de modo que o cidadão possa obter a informação necessária, além de evitar desperdício de recursos públicos com uma demanda que poderia ser resolvida na via administrativa.

7.5 A necessidade de informação ao cidadão como incentivo à eficiência estatal

A educação previdente deve ser um ponto de conversão entre o paternalismo do Estado e os vetores liberais. Isso porque, à medida que o Estado cria incentivos comportamentais previdentes, instrumentaliza-se uma emancipação individual.

A educação previdente poderá ser fomentada com transparência e divulgação das informações no tocante ao sistema previdenciário, além da desburocratização do acesso ao sistema, no qual aqueles que necessitarem poderão usufruir de maneira célere àquilo que lhe for devido.

Considerando a multicausalidade e a interdependência das vulnerabilidades e dos riscos sociais do cenário brasileiro, é preciso investir na articulação, em nível nacional, com ministérios e secretarias especiais, visando contribuições para a construção de uma cultura de gestão intersetorial, com orientações específicas de subsídio e implementação das ações relacionadas ao âmbito da assistência social.

A propagação de informações deve fortalecer o cidadão como próprio articulador do desenvolvimento local e promotor da autonomia e dos direitos individuais. A partir de um processo gradativo de aproximação da informação com o cidadão hipossuficiente, é possível facilitar o acesso a serviços, programas e projetos da rede social e assistencial, além das demais políticas sociais.

Nem toda decisão do Estado, ou seja, nem toda escolha chega a ser uma política pública, que é a concretização de várias decisões políticas. Ademais, as políticas públicas devem ser vistas como um "processo ou conjunto de processos que culmina na escolha racional e coletiva de prioridades, para a definição dos interesses públicos reconhecidos pelo direito" (BUCCI, 2006, p. 264).

Apesar da redemocratização, o Brasil permanece até hoje como uma das sociedades mais desiguais do mundo, o que proporciona o surgimento de diversos conflitos socioeconômicos e culturais na população em geral.

No intuito de minimizar esses conflitos e melhorar o bem-estar de toda a coletividade, nos últimos anos, o poder público vem disseminando políticas públicas por meio de programas governamentais.

Dentre os pontos de atuação governamental, ainda é preciso focar no desenvolvimento da população de baixa renda do país. A informação e a desburocratização da previdência, bem como a facilidade nos acessos dos benefícios previdenciários e assistenciais devem ser tratadas com prioridade.

Não adianta reformar o sistema de seguridade social buscando economia para os cofres públicos e não reforçar o processo de desburocratização, transparência e acesso à informação para o cidadão mais vulnerável.

É necessário permitir a visibilidade às situações de pobreza. A invisibilidade do oprimido, a omissão e o descaso com as violações aos direitos mais básicos terminam por minar a coesão social (DUQUE, 2009, p. 164).

Em que pese a necessidade de tratamento de igualdade entre os usuários do sistema, é sabido que a informação ou a falta dela pode favorecer a uns em detrimento de outros (LIPSKY, 2010, p. 12). Essa análise da precariedade do serviço na previdência é adequada para se compreender a dimensão subjetiva da injustiça institucional, existente entre o acesso privilegiado ao direito daqueles que detêm determinado nível de informação e aqueles que são oriundos de uma classe vulnerável, desprovidos do conhecimento de seus direitos, que inevitavelmente desfavorece os indivíduos das classes populares.

7.6 A informação e a desburocratização para o acesso à previdência social como instrumento de redução de desigualdade e afirmação de cidadania

Na análise realizada neste trabalho, o desperdício de recursos com a burocracia pode ser entendido como um fenômeno que demonstra a ineficiência do funcionamento administrativo das agências da previdência social.

Fenômenos como a judicialização, quantidade de benefícios indeferidos e demora na análise da concessão do pedido formulado administrativamente demonstra que o desenho institucional do funcionamento da previdência é um problema não enfrentado pelos atores governamentais. Muito se fala em déficit, redução das contas públicas, gastos estrondosos com a previdência, mas pouco se diz sobre a despesa desnecessária com a burocracia criada pelo próprio Estado.

A informação e a desburocratização do sistema da previdência no Brasil exigem uma política voltada à universalização efetiva. Isso quer dizer que é imperioso um rompimento com o modelo atual e o consequente reparo das deformidades existentes para que se possa promover mudanças que desenvolvam o sistema da seguridade social.

Não basta que o sistema e, por conseguinte, a previdência social sejam pautadas em princípios que apontem para a universalização do acesso, é indispensável que essa universalização se torne eficiente. O Estado como arquiteto de escolhas pode incentivar e até mesmo determinar o comportamento previdente da coletividade, a fim de equalizar transferência de rendas e garantir equilíbrio atuarial no sistema da seguridade social.

As tecnologias assistivas e adaptativas propiciam este processo de comunicação e interação, em que o foco reside na capacidade de compartilhar, aprender, interagir e construir coletivamente a sociedade.

Portanto, maior ênfase deve ser dada ao detalhamento dos esforços das autoridades do setor em realizar o provimento dos dados de gastos com negativas administrativas indevidas, despesas com poder judiciário, estrutura da procuradoria e movimentação dos servidores públicos para julgamento, com vistas a embasar soluções céleres e atender o usuário da previdência em suas escolhas.

É inevitável mencionar que a demanda por acesso à informação pública é real e precisa ter mais do que instrumentos normativos e econômicos para sua concretização. Retomando a ideia de Bobbio (2019), temos que a liberdade não é tomada ou concedida para sempre, o acesso à informação é um dos itens que estarão em constante discussão, seja para sua expansão, seja para seu encolhimento.

Temas como transparência e *accountability* tendem a dominar os próximos anos o foco dos grandes debates; dessa forma, o processo de normatização desses temas, iniciado desde o século XVIII, encontra-se em processo acelerado de construção. Regulado em mais de 100 países por leis específicas, o acesso à informação pública tomou proporções mundiais e a delimitação de direitos e deveres dos atores envolvidos já se encontra avançada, muito embora ainda pareça não haver um diálogo entre as leis criadas e a sua verdadeira efetividade, em especial no campo dos direitos sociais. Isso porque o Brasil ainda é um país longe de ser desenvolvido, mas há potencialidade para tanto.

Com o advento da informação como um ativo econômico e político, o debate em torno de sua disponibilização e acesso se torna latente na agenda da sociedade, quando se exige maior participação e transparência dos Estados no tocante às suas ações e aberturas de seus arquivos.

O acesso à informação pública que, por natureza, está intimamente ligado ao regime democrático, deve ser um objetivo das nações que desejam fortalecer o direito à informação como uma política que permita e garanta a participação da sociedade na atuação governamental. Não apenas uma participação governamental, mas a efetividade daquilo que a Constituição e as leis propõem para erradicar a pobreza e promover o desenvolvimento social.

A condução da política de informação na era digital vem sendo pautada pelo aumento da capacidade potencial que todos os atores têm de monitorar, controlar e tomar conta uns dos outros, incrementando a capacidade absoluta de uma determinada comunidade política de avaliar políticas públicas, influenciar a retroalimentação de seu ciclo, bem como trabalhar para fazer estabelecer os contornos de sua agenda.

Como demonstrado na pesquisa realizada neste trabalho, 70% dos usuários da previdência utilizam internet e WhatsApp como meios informativos. Com a ideia de governança, entendida como condução de uma sociedade política a um determinado fim (CANABARRO, 2014), é preciso mencionar que qualquer modelo de governança anárquica tem na política de poder (político e econômico, sobretudo) o principal mecanismo de resolução de disputas.

Há que se considerar, ainda, que, em 2018, 6 milhões de analfabetos possuíam 60 anos ou mais, o que equivale a uma taxa de analfabetismo de 18,6% para esse grupo etário.

O reconhecimento de tal situação é ponto fundamental para que se evite guiar o futuro do desenvolvimento da governança da internet em moldes que – apesar de institucionalmente sofisticados – não passam de soluções anárquicas.

Tome-se como exemplo o INSS digital, de modo que não traz as informações devidas, não diminuiu a quantidade de benefícios indeferidos e aumentou o tempo para análise de concessão de benefícios.

Em síntese, a análise histórico-institucional, quando aplicada à governança da internet, é capaz de explicar a resiliência do *status quo*, demonstrando explicitamente o reforço da posição dos *governance makers* (e dos atores com eles alinhados); e de permitir a reflexão a respeito da paralisia institucional existente hoje, bem como dos prospectos e caminhos para a reversão de tal cenário.

A partir desse cenário, de nada adianta partir para a conjuntura global de internet sem antes pensar em como utilizar tais mecanismos para promover a justiça social e distributiva, bem como em superação à pobreza e à desigualdade social, que são intrínsecas aos ciclos de acumulação e de governança no plano sistêmico (KAHLER, 2009, p. 3).

Ultrapassado esse cenário, é possível buscar interações entre tecnologia e sociedade. É inevitável a utilização desses mecanismos para transformação na política de informação e comunicação. Apesar das pessoas idosas e mais vulneráveis ainda terem certa dificuldade com a utilização dos meios eletrônicos, pode ser um caminho transformador para permitir acesso às informações primariamente e o acesso facilitado na busca da concessão de seus direitos.

Diante das possibilidades mencionadas, não se pode esquecer de uma das mais importantes condições vitais para o avanço rumo à expansão da cobertura previdenciária e assistencial: construção de espaços de representatividade e debates democráticos. Não se pode abandonar a experiência do usuário com o sistema, como demonstrado nesta pesquisa.

A construção de um padrão de excelência de atendimento é sem sombra de dúvida uma contribuição para o início de uma mudança. O cidadão precisa ser entendido, precisa ser ouvido, pois não se pode esquecer os princípios dispostos na

Constituição, de modo que a seguridade é a forma solidária para redução das desigualdades sociais existentes no país, que se manifestam, inclusive, por meio de cada cidadão que compõe os espaços democráticos e devem auxiliar na construção dessas alternativas de melhoria.

Assim, é preciso democratizar as decisões sobre a previdência social, ampliando o controle democrático da sociedade sobre essa política social. É preciso também vinculá-las às diretrizes macroeconômicas vigentes, não no sentido funcional, atualmente adotado, mas como estratégias reais de proteção social. Nessa perspectiva, a mudança começa pela experiência do cidadão que constrói uma narrativa dos principais problemas da previdência, longe daqueles amplamente discutidos nas pautas de reformas políticas.

Os obstáculos ao acesso do direito começam na primeira experiência, quando buscam de alguma forma a informação que deveria ser facilitada e acessível. Não bastasse isso, há ainda outros obstáculos diante do grau de vulnerabilidade social. Tal leitura traz a importância de mapear os verdadeiros problemas da previdência, que passam não só por uma análise econômica, mas por um mapeamento de experiências dos usuários, que muitas vezes deixam de ter acesso ao mínimo para sua sobrevivência em razão da burocracia e falta de informação.

Os números mostrados e as experiências analisadas asseveram a necessidade de construção de alternativas para permitir maior acesso aos cidadãos e para concessão dos benefícios assistenciais e previdenciários. É preciso fomentar a informação de maneira mais adequada. Urge melhorar o funcionamento institucional da previdência de modo que as análises dos benefícios sejam eficientes.

Forçoso reconhecer que a mudança depende da vontade política, mas é possível a promoção da articulação entre os cidadãos e o Estado, de modo que o Estado deixe de desperdiçar recursos com demandas que podem ser evitadas, pois já existe uma forma de composição de soluções de conflitos em âmbito administrativo. É preciso que se concilie entendimentos entre a legislação vigente e as instruções normativas da previdência.

Referências

AFONSO, Luís Eduardo; FERNANDES, Reynaldo. Uma estimativa dos aspectos distributivos da previdência social no Brasil. *Rev. Bras. Econ.*, Rio de Janeiro, v. 59, n. 3, 2015.

AKERLOF, George A. The market for lemons: quality uncertainty and the market mechanism. *The Quarterly Journal of Economics*, v. 84, n. 3, 1970, p. 488-500. Disponível em: http://www.jstor.org/stable/1879431. Acesso em: 1º maio 2022.

ANDRADE, Eli Iôla Gurgel. Estado e Previdência no Brasil. In: MARQUES, Rosa Maria (org.). *A Previdência Social no Brasil*. São Paulo: Fundação Perseu Abramo, 2003.

ANFIP/FAETS. *Análise da seguridade social 2017*. Brasília: ANFIP, 2018.

ARAÚJO, Odília Sousa. *A reforma da previdência social brasileira no contexto das reformas do Estado*: 1988 a 1998. Natal: Editora da UFRN, 2004.

BAECQUE. Gérard de; VIGNAUD, Gérard de. *La nouvelle législation sur les dommages de guerre*. JCP 1947, I, 612; Christine Bréchon-Moulènes, Les régimes législatifs de responsabilité publique, LGDJ, 1974.

BALERA, Wagner. *Noções preliminares de direito previdenciário*. 2. ed. São Paulo: Quartier Latin, 2010.

BALERA, Wagner. *Sistema de seguridade social*. 5. ed. São Paulo: LTr, 2009.

BALERA, Wagner. *Sistema de seguridade social*. 4. ed. São Paulo: LTr, 2006.

BARROSO, Luís Roberto. *A judicialização da vida e o papel do Supremo Tribunal Federal*. Belo Horizonte: Fórum, 2018.

BARROSO, Luís Roberto. *O direito constitucional e a efetividade de suas normas*. 5. ed. Rio de Janeiro: Renovar, 2001.

BARROSO, Luís Roberto; BARCELLOS, Ana Paula de. O começo da história: a nova interpretação constitucional e o papel dos princípios no direito brasileiro. *Revista da EMERJ*, Rio de Janeiro, v. 6, n. 23, 2003. Disponível em: https://www.emerj.tjrj.jus.br/revistaemerj_online/edicoes/revista23/revista23_25.pdf. Acesso em: 12 jun. 2022.

BOBBIO, Noberto. *Estado, governo, sociedade*: fragmento de um dicionário político. Tradução Marco Aurélio Nogueira. 22. ed. Rio de Janeiro: Paz e Terra, 2019.

BORZUTZKY, S. *Politics, social policies and inequalities in 20th century*. Chile: Book ms, 2001.

BORZUTZKY, S. *Chilean politics and social security policies*. Unpublished PhD Dissertation. 1983.

BRASIL. *D.1 – Quantidade de benefícios cessados, por clientela, segundo os grupos de espécies – 2018/2020*. Brasília, 2021. Disponível em: https://www.gov.br/trabalho-e-previdencia/pt-br/acesso-a-informacao/dados-abertos/dados-abertos-previdencia/previdencia-social-regime-geral-inss/arquivos/copy_of_versao-onlinte-aeps-2020/secao-i-beneficios/subsecao-d-beneficios-cessados/beneficios-cessados/d-1-quantidade-de-beneficios-cessados-por-clientela-segundo-os-grupos-de-especies-2017-2019. Acesso em: 1º maio 2022.

BRASIL. Conselho Nacional de Justiça. *Justiça em números*. Brasília, 2021. Disponível em: https://www.cnj.jus.br/wp-content/uploads/2021/09/relatorio-justica-em-numeros2021-12.pdf. Acesso em: 5 maio 2022.

BRASIL. *Lei nº 14.112, de 24 de dezembro de 2020*. Disponível em: http://www.planalto.gov.br/ccivil_03/_ato2019-2022/2020/lei/L14112.htm. Acesso em: 1º maio 2022.

BRASIL. *Emenda constitucional nº 103, de 12 de novembro de 2019*. Disponível em: http://www.planalto.gov.br/ccivil_03/constituicao/emendas/emc/emc103.htm. Acesso em: 1º dez. 2019.

BRASIL. Conselho Nacional de Justiça. *Justiça em números*. Brasília, 2019. Disponível em: https://www.cnj.jus.br/wp-content/uploads/conteudo/arquivo/2019/08/justica_em_numeros20190919.pdf. Acesso em: 10 dez. 2019.

BRASIL. *Pesquisa Nacional por Amostra de Domicílios 2018*. Rio de Janeiro: IBGE, 2018. Disponível em: https://www.ibge.gov.br/estatisticas/sociais/. Acesso em: 1º dez. 2020.

BRASIL. *Lei nº 10.259, de 12 de julho de 2001*. Disponível em: http://www.planalto.gov.br/ccivil_03/leis/leis_2001/l10259.htm. Acesso em: 1º maio 2022.

BRASIL. *Emenda Constitucional nº 20, de 15 de dezembro de 1998*. Disponível em: https://legis.senado.leg.br/norma/540615. Acesso em: 1º dez. 2019.

BRASIL. *Lei nº 8.213, de 24 de julho de 1991*. Disponível em: http://www.planalto.gov.br/ccivil_03/leis/l8213cons.htm#:~:text=%C2%A7%201%C2%BA%20Entende%2Dse%20como,sem%20a%20utiliza%C3%A7%C3%A3o%20de%20empregados. Acesso em: 15 jun. 2020.

BRASIL. *Constituição da República Federativa do Brasil*. Brasília, 1988. Disponível em: http://www.planalto.gov.br/ccivil_03/constituicao/constituicao.htm. Acesso em: 1º maio 2022.

BUCCI, M. P. D. *Direito administrativo e políticas públicas*. São Paulo: Saraiva, 2006.

CANABARRO, Diego Rafael. *Governança global da internet*: tecnologia, poder e desenvolvimento. 2014. Tese de Doutorado em Ciência Política – Universidade Federal do Rio Grande do Sul, Porto Alegre, 2014.

CANOTILHO, José Joaquim Gomes. *Direito constitucional e teoria da constituição*. 4. ed. Coimbra: Almedina, 2001.

CASTRO, Carlos Alberto Pereira de; LAZZARI, João Batista. *Manual de direito previdenciário*. 25. ed. Rio de Janeiro: Forense, 2021.

CASTRO, Carlos Alberto Pereira de; LAZZARI, João Batista. *Manual de direito previdenciário*. 24. ed. Rio de Janeiro: Forense, 2020.

CASTRO, Carlos Alberto Pereira de; LAZZARI, João Batista. *Manual de direito previdenciário*. 16. ed. Rio de Janeiro: Forense, 2014.

COIMBRA, J. R. F. *Direito previdenciário brasileiro*. Rio de Janeiro: Ed. Trabalhistas, 2001.

CONSEIL D'ÉTAT DA FRANÇA. *Responsabilidade e socialização do risco*. Tradução de Marcelo Dias Varella. Brasília, 2006.

COSTABAL, M. *Efectos económicos de la reforma previsional*. Chile: gestion Vi, 1981.

CRUZ, Paulo Márcio. *Política, poder, política, ideologia e Estado contemporâneo*. Florianópolis: Diploma Legal, 2001.

DELLI CARPINI, Michael X.; KEETER, Scott. *What americans know about politics and why it matters*. New Haven, CT: Yale University Press, 1996.

DORNELLES JUNIOR, Paulo Roberto. *A plataformização das relações de trabalho*: como as tecnologias inovadoras das plataformas digitais impactam na economia e desafiam as estruturas do direito do Trabalho. São Paulo: Tirant lo Blanch, 2020.

DOWNS, Anthony. *An economic theory of democracy*. New York: Harper and Row, 1957.

DUQUE, Marcelo Schenk. *A proteção do consumidor como dever de proteção estatal de hierarquia constitucional*. São Paulo: Revista dos Tribunais. n. 71, p. 142-167, jul./2009.

DWORKIN, Ronald. *Freedom's law*: the moral reading of the American Constitution. Oxford: Harvard University Press, 1996.

GALA, P. A. Teoria institucional de Douglass North. *Revista de Economia Política*, São Paulo, v. 23, n. 90, abr.-jun./2003.

GARGARELLA, Roberto. *Latin American Constitucionalism. 1810-2010. The engine room of the Constitution*. New York: Oxford University Press, 2013.

GICO JR., Ivo Teixeira. Hermenêutica das escolhas e a função legislativa do Judiciário. *Revista de Direito Empresarial*, Belo Horizonte, ano 15, n. 2, p. 55-84, maio-ago./2018. Disponível em: https://ssrn.com/abstract=3251548. Acesso em: 5 out. 2019.

GINSUBURG, Tom. *The design of constitutions*. New York: Cambridge University Press, 2003a.

GINSUBURG, Tom. *Judicial review in new democracies*: constitutional courts in asian cases. New York: Cambridge University Press, 2003b.

GOUVÊA, Gustavo. Professores lideram casos de aposentadoria por invalidez em 2018. *EsHoje*. 2018. Disponível em: http://eshoje.com.br/professores-lideram-casos-de-aposentadoria-por-invalidez-em-2018/. Acesso em: 1º maio 2022.

HABERMAS, J. *Mudança estrutural da esfera pública*: investigações quanto a uma categoria da sociedade burguesa. Rio de Janeiro: Tempo Brasileiro, 2003.

HABERMAS, J. *Direito e democracia*: entre facticidade e validade. Rio de Janeiro: Tempo Brasileiro, 1997. 2 v.

HIRSCHMAN, A. *The strategy of economic development*. New Haven: Yale University Press, 1958.

HOCHSCHILD, Jennifer L. Where you stand depends on what you see: connections among values, perceptions of fact, and political prescriptions. In: *Citizens and politics*: perspectives from political psychology. James H. Kuklinski (ed.). New York: Cambridge University Press, 2001.

HOOGENBOOM, Marcel. *Standenstrijd en zekerheid*. Een geschiedenis van de oude orde en de sociale zorg in Nederland. Amsterdam: Boom, 2004

HUMPHREYS, Robert. *Poor relief and charity 1869–1945*. The London Charity Organization Society, 2001.

INSTITUTO UNIVERSITÁRIO EUROPEU. *Finlândia, estrutura de carreira acadêmica*. Disponível em: https://www.eui.eu/ProgrammesAndFellowships/AcademicCareersObservatory/AcademicCareersbyCountry/Finland. Acesso em: 1º maio 2022.

JOOP M., Roebroek; HERTOGH, Mirjam. *De beschavende invloed des tijds*. Twee eeuwen sociale politiek, verzorgingsstaat en sociale zekerheid in Nederland. Den Haag: VUGA, 1998.

KAHLER, M. *Networked politics*: agency, power and governance. Ithaca: Cornell University Press, 2009.

LAPO, Flavinês Rebolo; BUENO, Belmira Oliveira. Professores, desencanto com a profissão e abandono do magistério. *Cad. Pesqui.*, n. 118, p. 65-88, 2003.

LE MESTRE, Renam. *Droit du service public*. Paris: Gualino Editeur, 2003.

LIPSKY, M. *Street-Level bureaucracy*: dilemmas of the individual in public services (30th anniversary edition). New York: Russell Sage Foundation, 2010.

LUHMANN, Niklas. *Sociología del riesgo*. 3. ed. en español. México: Universidade Iberoamericana, 2006.

LUPIA. Arthur; MCCUBBINS, Mathew D. *The democratic dilemma*: can citizens learn what they need to know? New York: Cambridge University Press, 1998.

LUYTEN, Dirk. *France, the Netherlands and Belgium*: social peace, organizational power and the State. Seeking peace in the Wake of War: Europe, 1943-1947. Stefan-Ludwig Hoffmann et al. (ed.). Amsterdam: University Press, 2015. p. 247-276. Disponível em: www.jstor.org/stable/j.ctt18z4gn8.14. Acesso em: 1º maio 2022.

MARSHALL, T. H. *Cidadania, classe social e status*. Rio de Janeiro, Zahar, 1967.

MARTINEZ, Wladmir Novaes. *Princípios de direito previdenciário*. 4. ed. São Paulo: LTr, 2001.

MARTINS, Sergio Pinto. *Convenções da OIT*. São Paulo: Atlas, 2009.

MESA-LAGO, C. *Reforma de la seguridad social y pensiones en America Latina*: importáncia y evaluación de las alternativas de privatización. Santiago: Naciones Unidas, Eclac, 1994. (Série de Reformas Política Pública 28.)

MESA-LAGO, Carmelo. *As reformas da previdência na América Latina e os seus impactos nos princípios de seguridade social*. Tradução da Secretaria de Políticas de Previdência Social. Brasília: Ministério da Previdência Social, 2007.

MILLS, Catherine. *Traité de Securité Sociale*. Tome II – L'économie de la securité sociale. Paris: Librairie Générale de Droit et Jurisprudence, 1981.

MORAES, Antônio Carlos Flores de. *Introdução ao direito do trabalho*. 6. ed. São Paulo: LTr, 1993.

NAÇÕES UNIDAS BRASIL. *Declaração Universal dos Direitos Humanos*. 1948. Disponível em: https://brasil.un.org/pt-br/91601-declaracao-universal-dos-direitos-humanos. Acesso em: 1º maio 2022.

NORTH, D. C. *Institutions, institutional change and economic performance*. New York: Cambridge University Press, 1990.

OCDE. Better Life Index. *Educação*. Disponível em: http://www.oecdbetterlifeindex.org/pt/quesitos/education-pt/. Acesso em: 1º jun. 2017.

OLEA, Manuel Alonso; PLAZA, José Luis Tortuero. *Instituciones de seguridad social*. 14. ed. Madrid: Editorial Civitas, 1995. 26 p.

ORGANIZAÇÃO INTERNACIONAL DO TRABALHO. *Convenção concernente às normas mínimas para a seguridade social*. 1952.

PAGE, Benjamin I.; SHAPIRO, Robert Y. *The rational public*: fifty years of trends in americans' policy preferences. Chicago: University of Chicago Press, 1992.

PIZÓN, José Martinez. *Políticas de Bienestar*. Um Estúdio sobre los Derechos Sociales. Madrid: Tecnos, 1998.

QUE PASA, Agosto 28, 1999: 62. Superintendencia de Administradoras de Fondos de Pensiones (SAFP). *Boletín Estadístico Mensual*, Noviembre 1987; Diciembre 1998.

RAWLS, John. *Justice as fairness*: a restatement. MA: Harvard University Press, 2001.

ROCHA, Daniel Machado da. *O direito fundamental à previdência social na perspectiva dos princípios constitucionais diretivos do sistema previdenciário brasileiro*. Porto Alegre: Livraria do Advogado, 2004.

SARLET, Ingo Wolfgang. *A eficácia dos direitos fundamentais*. 7. ed. Porto Alegre: Livraria do Advogado, 2007.

SILVA, Maria Lucia Lopes da. *Previdência social um direito conquistado*. 2. ed. Brasília: Edição do Autor, 1997.

SOCIAL SECURITY. Programs throughout the world. *Social Security*. Disponível em: https://www.ssa.gov/policy/docs/progdesc/ssptw/. Acesso em: 1º maio 2022.

SPOSATI, Aldaíza. Regulação social tardia: características das políticas latino-americanas na passagem entre o segundo e o terceiro milênio. In: *VII Congresso Internacional del CLAD sobre la Reforma del Estado y de la Administración Pública*, 2002. Portugal, Lisboa, 2002.

TAVARES, Marcelo Leonardo. *Direito previdenciário*. 4. ed. rev. atual. e ampl. Rio de Janeiro: Lumen Juris, 2002.

TOCQUEVILLE, Aléxis. *A democracia na América*. Belo Horizonte: Itatiaia, 1977. Livro I.

TOUCHARD, Jean. *Historia de las ideias politicas*. Madrid: Editorial Tecnos S.A., 1961.

VIANNA, Cláudia Salles Vilela. *Previdência social*: custeio e benefícios. 3. ed. São Paulo: LTr, 2014.

WOOD, G.; GOUGH, I. A comparative welfare regime approach to global social policy. *World Development*, v. 34, n. 10, 2006.

ZALLER, John. *The nature and origins of mass opinion*. New York: Cambridge University Press, 1992.